사법권력 횡포에 당한
피해 사례와 구조활동

판사 양심에
석궁을 쏘는 여자

사법권력 횡포에 당한 피해 사례와 구조활동

판사 양심에 석궁을 쏘는 여자

2021년 6월 15일 초판 발행

지은이 조남숙
펴낸이 조남숙

펴낸곳 사법정의국민연대 부설 **정의언덕 출판사** ｜ **출판등록** 제 2018-000131 호
주소 서울시 종로구 통일로 150-1, 3층 (교남동)
전화 (02) 722-4889
이메일 yesno7700@hanmail.net
홈페이지 www.yeslaw.org
구매 및 후원계좌 우리은행 1002- 330- 260423 이상인

ISBN 979-11-974237-0-3(03060)

사법권력 횡포에 당한
피해 사례와 구조활동

판사 양심에
석궁을 쏘는 여자

조남숙

더 이상 불의한 재판을 통한 피해자가 발생하지 않길

이 책을 집필한 조남숙 선생님은 공권력피해구조연맹 상임대표이자 사법정의국민연대 집행위원장 직책을 맡고 있는 용맹스런 사법개혁 투쟁가이자 친근한 시민운동가이다. 조 대표 역시 학교 교직원으로 근무하던 남편의 사고와 죽음으로 야기된 억울한 사법피해자인 탓에 동병상련의 고통을 겪고 있는 피해자들의 입장을 대변하는 일들이 가능했다.

이 시대의 부정부패한 법집행자들을 응징하는 데 앞장서며 법이 오직 그 자체로 법대로 집행되는 사법정의 실현을 위해 동분서주하며 온몸으로 투쟁해오는 도중에 맞이한 남편의 사례는, 그가 더욱더 사법개혁에 몰두하게 하는 원동력이 되었다. 그런 노력의 결과로 얻어진 사법개혁의 공로들이 지대하며 역사적인 결과물을 가져왔다.

대표적인 업적들을 살펴보면 검찰의 역할 중에는 원고와 피고가 서로 타협을 하도록 유도하는 합의의 의무도 있는 만큼 저자의 투쟁의 결과로 검찰조정위원회가 만들어지는 계기가 됐다. 이어서 사법피해자들을 위해 재심을 청구하는 방법과 불의한 판결을 한 판사들을 상내로 국가배상소송을 하는 방법들을 담은 판사피해사례집을 제출하여 특별재판부 신설을 제안하는 등, 그의 공헌이 지대하다. 그뿐 아니라 작년에 공수처 법안이 국회에 통과되었는데 조 대표는 이 땅에서 가장 처음 공수처를 제안한 장본인이기도 하다.

조 대표는 2004년에는 변호사에 의한 피해사례집을 냈고, 2007년에는 검찰에 의한 피해사례집을 냈는데, 이제 이 책 〈판사 양심에 석궁을 쏘는 여자〉를 통해 더 이상 불의한 재판을 통한 피해자가 발생하지 않도록 판사에 의한 피해사례를 열거하고 있다. 책 내용에는 사법피해자 조남숙 구조단장으로서의 투쟁일기가 눈물겹게 펼쳐져 있다.

독실한 크리스천인 조 대표는 행동하는 기독교인이 되고자 몸소 믿음과 행위가 일치하도록 몸부림쳐왔다. 하나님의 정의는 사법정의로 실현된다는 사실을 깨달은 그는 오늘날의 사법부가 공의가 무시되고 정의가 사라진 뇌물의 왕국처럼 변해가고 있는 적폐의 진원지임을 발견하고, 그 사실을 지속적으로 세상에 고발해왔다. 아울러 지난해 강도의 굴혈처럼 뇌물을 삼키는 집단이 되어 부정부패의 온상이라는 사실을 불이익을 당하고 투옥을 당하면서도 시민운동을 통해 알려왔다.

구약시대 아모스 선지자는 "공의를 물같이, 정의를 하수같이"라는 명언을 남겼다. 이스라엘 국가가 번영과 풍요를 누리던 시대에 활동하던 선지자였던 아모스는 백성들의 사업이 번창하고 국력이 강성해질 무렵, 내부적으로는 부정부패가 홍수처럼 범람했고, 지도자들이 온갖 뇌물과 착취를 일삼는 바람에 민생은 날로 피폐해졌다. 이를 목도한 아모스는 당시 종교 지도자들을 향해 "모든 단 옆에서 저당 잡은 옷 위에 누우며 저희의 신의 전에서 벌금으로 얻은 포도주를 마심이라"(아모스 2장 8절)라고 그들의 부패상을 폭로했다.

오늘날의 한국교회들도 그 시대와 조금도 다르지 않다. 대형교회들은 사법적폐들의 피신처가 되고 방패막이를 해주고 있으며, 그들의 불의한 헌금으로 호의호식하고 있으니 말이다. 아모스 당시 지도자들은 "은을 받고 의인을 팔며, 신 한 켤레를 뇌물로 받고, 궁핍한 자를 팔며, 가난한 자의 머리에 있는 티끌까지 탐내는 그들의 횡포는 하늘을 찌르는 듯했다. 그리고 공법을 쓸개로 변하게 하고, 정의를 쓰레기같이 땅에 버렸으며, 진실한 선지자들의 입을 막음과 동시에 저들로 하여금 타락의 길을 걷도록 유인하기까지 했다(암 2:12)"고 나와 있다.

바로 이때 아모스는 당시 백성들의 두령과 종교 지도자들을 향해 입

판사 양심에 석궁을 쏘는 여자

에서 불을 뿜듯 하나님의 진노의 심판이 있으리라는 예언을 토해내면서 하나님께로 돌아올 것을 부르짖은 것이 바로 "오직 공의를 물같이, 정의를 하수같이 흘릴지로다"(암 5:24)라는 포효였다. 이제라도 대한민국 사법부와 기득권세력들을 비호하는 교회들은 적폐들을 청산하고 "오직 공의를 물같이, 정의를 하수같이" 흐르게 하는 정직하고 진실하게 거듭나야 할 것이다.

〈판사 양심에 석궁을 쏘는 여자〉의 출간을 축하하며, 이 책이 널리 읽혀 "오직 공의를 물같이, 정의를 하수같이"와 같은 세상이 열리기를 바란다.

2021년 1월 1일
Social Movement Group NK VISION2020 최재영 목사

사법적폐를 물리치는 계기가 되기를

현대인은 바쁘다.

밥벌이도 바쁘지만 부수적인 활동과 인적 관계로 인한 그 활동력이 무척이나 많이 요구되는 세상이기 때문이다 그런 세상에 이웃을 위해 내 자신을 헌신하고 이웃들과 손잡고 눈물흘리는 일이야말로 더더욱 어렵다.

80년대 이후 이 사회는 쏟아져 나오는 민주화 요구와 인권의식이 더더욱 크게 요구되었다 그만큼 국민들의 지식수준이 높아졌기 때문이다.

침묵하던 사람들도 주먹을 쥐고 팔을 흔들 줄 알았으며 거리에 뛰쳐나가 공익적 주장을 요구할 수 있게 되었다. 그러나 그 이면에는 아직도 주권과 인권을 포기당한 사람도 기하급수적으로 늘어났다. 천민자본주의의 모순에 의한 구조적 희생자들이 더 늘었기 때문이다. 노조가 생겼다 해도 그 노조가 조합원 한 사람 한 사람의 아픔을 다 감당치는 못했다. 의료사고를 담당하는 인권이 신장되었다 해도 구체적 도움이 필요한 사람들이 더 늘어났다. 사법과 법률적 희생자도 많았고 경제적 피해자도 엄청 늘어났다 국가는 이들의 아픔을 외면했다.

이때 조남숙 대표는 자신이 남편을 불법적 교육 현장의 폭력으로 잃고난 뒤 직접 그 구조적 모순의 현장으로 뛰어든 케이스다. 오랜 기간 사법부와 싸워왔으며 사법적폐 무리들과 정면으로 맞부딪쳐온 걸출한 용기를 가진 사람이다.

이번에 사법적폐를 한 권의 책으로 엮어 출판하는 것은 그가 현장에서 직접 부딪히며 싸워온 땀의 결정체다.

이책으로 사법적폐를 물리치는 데 큰도움이 될것으로 본다.

이 적(작가, 평화협정운동본부 공동대표)

엉터리 판결한 판사들 응징하여, 사법정의 실현하자!

유명 인사인 의사 아무개 씨는 어렸을 때 자신의 부친이 법조인이나 정치인이 되지 말고 의사가 되라고 적극 권유했다고 한다. 법조인이나 정치인은 본의든 아니든 한번 잘못하면 사회에서 매장 당하기가 쉬우니 그런 직업을 갖지 말고 사람을 치료하는 의사가 되는 게 좋다고 했다. 더구나 의사는 전쟁이 나도 부상자를 치료할 수 있어 오히려 대접을 받을지언정 생명의 위협을 받을 염려도 없으니 더할 나위 없이 좋다고 하셨다는 것이다.

- 맞는 말이다.

나도 기왕 시민운동을 할 바에는 장애자나 결손가정 돕기 운동, 환경운동, 참교육운동 같은 위험이 적고, 일반인에게 인식도 좋은 시민운동을 하였더라면 하는 아쉬움이 남기도 한다. 하지만 하필이면 가해자를 처벌받게 해야만 피해자가 구조되고, 공권력을 남용한 비리 검, 판사를 처벌 받게 해야만 피해자가 구조되고 결국 구조해야 단체도 살 수 있는 이런 운동을 하게 되었는지, 운명의 신이 나에게 내린 명령이 아닌가 하는 생각마저 든다.

이를 운명으로 받아들이고 구조운동을 하면서도, 구조라는 것이 도 저히 내가 해낼 수 없는 일 같아 보였고, 부족한 법률 지식 때문에 한계 를 느껴 하루라도 빨리 이 운동을 접고 차라리 편하고 쉬운 시민운동을 하는 게 좋겠다고 느낄 때가 한두 번이 아니었다. 그것도 힘도 없으면서 비리 판검사를 처벌하는 운동을 하다 보니 앞으로 갈수도 뒤로 물러설 수도 없는 막다른 길에서 고통을 당할 때 촛불정부가 탄생했다. 사법개 혁을 하겠다고 할 뿐 아니라 사법개혁을 완수해야만 할 처지에 있다고 하는 문재인 대통령을 보니 용기와 희망이 생겼다.

"판사는 판결로 말하고 시민단체는 성명서로 말한다."고 외쳐왔던 대 로 내 사건을 내가 판결하고, 승소하는 판결문을 작성하기 위해 22년간 시민운동을 했다. 결국 판사 피해 사례를 모아 〈판사 양심에 석궁을 쏘 는 여자〉의 제목으로 책을 발간하게 되었다.

- 행동하는 기독교인이 되겠다고 했다가 시민운동가로 변신

필자는 중학교 때부터 교회에서 목사님을 보필하는 반주자로 교회생 활을 하면서 행동하는 기독교인이 되겠다는 뜻을 키웠고 고아원 원장이 되어 가난한 아이들을 돌보는 일을 하고 싶어 했다. 또 봉사정신을 나타 낸 소설 상록수를 쓴 작가 심훈과 같은 글을 쓰는 작가가 되고자 했다. 그러한 꿈을 이루기 위해 서울에서 학교를 졸업하고 고향에서 유치원 선 생으로 근무하다 집안 좋고 농촌계몽운동을 하고자 했던 착한 남편을 선택해 결혼을 했다.

남편은 축구선수까지 하면서도 고교를 우수한 성적으로 졸업했다. 서울법대만 4수 하고도 낙방하자 포기하고 고향에서 밤 농장을 운영했다. 농사도 배워야겠다는 생각에 연세대학교 부설농업개발원에 입학했으며, 수석으로 졸업하자 스승의 권유로 실습조교 겸 행정직 직급으로 채용되어 연세대학교 농업개발원 과수원예실습농장을 운영하면서 학생들에게 실습지도 강의를 했다.

그러나 연세재단의 부정한 사업계획(기증자의 유지를 저버리는 사건)을 추진하던 고 방우영 재단이사장 (조선일보사 전 대표)과 남편의 스승인 강영희 원장은 남편의 인사고과를 허위로 상신하므로 인해 학교는 부당하게 행정직급에서 기능직으로 강등 발령을 했다. 이로 인해 장기간 긴 소송전쟁에서 패소하므로 인해 누명도 벗지 못하고 억울한 삶만 사시다 저 세상 사람이 되었다.

필자는 일산에서 명동에 있는 서울YMCA 주부클럽에서 장애자들을 위한 10년 동안의 봉사활동을 했으며, 실습농장 사택에 살면서 작은 마을 부녀 회장도 하고, 동네 아이들 공부도 지도했다. 남편을 대신해 방통대 낙농학과를 다니기도 하고, 도둑넘을 잡기 위해서는 도둑넘 소굴로 들어가야 된다는 생각에 연세대학교 사회교육원 자원봉사학과도 수료했다.

- 주부(엄마)가 비리 판, 검사, 경찰, 변호사 잡는 시민운동가로 변신하는 법

그렇게 가정에 충실한 아내요, 아이들의 엄마였는데 남편이 1989년

부정부패추방시민연합

경 연세대학으로부터 부당한 인사발령을 받은 사건이 발생하면서 고아원 원장이 되려는 꿈은 사라졌다. 그 대신에 남편의 권리회복을 위해, 법 동냥을 위해 경실련, 흥사단, 참여연대 등에 남편 사건의 도움을 청하면서 시민운동을 하는 법을 배우게 되었다.

민주화운동으로 해직된 교수, 해직기자 등이 뭉쳐 만든 부정부패추방시민연합(공동대표 이세중 변호사, 한완상 교수)에서 활동을 했다. 대부분이 복직되었으나, 남은 회원들은 사법피해자들이고 보니 단체 운영조차 어려워졌다. 필자는 부정부패추방시민연합의 백만감시단 단장 이문옥 (전 감사관)을 이어 백만시민감시단 단장으로 임명받아 봉사를 한 경력으로 백만감시단이 아닌 전국공권력피해자연맹을 창립하자고 제안했다. 부추련 집행부는 장기간 고민 끝에 허락을 했다. 1998. 6. 26. 한국프레스센터에서 비리 판사, 검사, 경찰, 변호사 등을 고발하는 기자회견을 하면서 전국공권력피해자연맹 (전공련)을 창립했다.

그 당시 발표했던 성명서에 보면 우리는 "국회는 신속히 비리 판, 검사 재판하는 특별재판부 신설할 것을 촉구한다. 변호사 10년 이상 경력자 중 판, 검사 임용하라!. 사법고시 합격자 수를 늘려 변호사 기근 현상을 해소하라!"고 외쳤던 대로 특별재판부가 아닌 공수처가 신설되었으며, 변호사 5년 이상 경력자 중에서 판검사 임용하고 있으며, 변호사 만 명이 넘은 시대가 되도록 했다.

전공련은 1999. 1. 8. 경 신촌로타리 현대백화점 앞에서 상여에 전두환, 노태우 얼굴 사진을 크게 붙이고 집회를 했다. 상여를 메고 연희동 전두환 집까지 도보로 행진하는 집회를 하려 했으나 경찰반대에 막혀 백화점 앞에서만 했다. 당연히 언론에 크게 보도가 되었고 성공한 집회였다.

그 후 부추련의 내부 갈등으로 전공련은 1999. 5.1.독립단체로 새출발을 하게 되었으며, 이때부터 필자가 대표 겸 구조단장, 사무총장 등 1인 3역의 업무를 해야만 했다

1998년부터 ~ 2000년까지 사피자 출신 10명은 머리에 서류가방을 이고 서울대, 연, 고대를 돌면서 선배들이 이렇게 엉터리 수사하고, 판결을 하고 있다고 진정과 대자보를 걸고 집회를 한 결과, 서울법대 제20대 학생회에서는 1년여 동안의 노력 끝에 15명의 사법피해자들 사건에 대해 2000. 4. 24. 〈나를 기소하라〉라는 제목으로 사법피해 사례집을 발간해 주었다. 〈나를 기소하라〉라고 했던 이유는 "사법피해자들이 무고한 사람을 고소한 것이라면 차라리 자신을 무고죄로 기소하라"는 취지였다고 했다. 얼마나 수사가 엉망이었으면 사법피해자들은 차라리 "나라도 기소하라"라고 했겠는가? 2000년 당시 검찰의 현주소였다. 그러나 지금도 검찰이나 사법부는 변한 것이 없어 보여, 〈나를 기소하라〉라고 했던 글을 부록으로 소개한다.

서울법대 학생회로부터 지원사격을 받은 사피자 1기생 15명은 2000. 9. 경 비리 판, 검사들에 대해 국회에 탄핵 촉구운동을 했으며, 사피자들은 자신들이 속한 지역 국회의원 사무실에 찾아가 서명을 받아내는데 성공을 했으나 정작 탄핵소추를 해주는 의원은 없어 좌절되고 말았다.

2001.6. 경 MBC문화방송국은 1999. 1. 경 대전 이종기변호사의 전관예우 및 수임비리 사건을 폭로했다는 이유로 전, 현직 판검사들이 MBC문화방송국을 상대로 13억 원의 손해배상청구를 했다. 이에 각 시민단체에 서명운동과 대검찰청 앞에서 소 취하 촉구운동을 전개한 결과 원고로 참여했던 판, 검사들이 자진 소 취하를 하도록 하는 데 성공했다.

그 후 사법개혁을 완수하기 위해서는 제도적 시스템 개선이 먼저라는 판단에서 세계인권의 날에 즈음해 2001.12.10. 사법개혁국민연대를 창립하면서 검찰개혁을 주장했으며, 그 결과 같은 해 12.19. 노무현 후보가 대통령으로 당선되도록 기여를 했다. 또한 참여정부에 사법제도개혁을 제안한 결과 청와대에 사법제도개혁위원회가 만들어졌으며, 대법원에도 사법개혁위원회를 만들어진 결과 국민배심원제도가 신설되었다.

2004. 4. 20.경에는 노무현 대통령이 탄핵을 당하자, 참여연대 느티나무 카페에서 기자회견을 한 후, 헌법재판소 앞에서 1인 시위를 했다. 성명서 내용은 비리 판, 검사 탄핵을 거부했던 국회를 터 잡아, "한나라당은 대통령 탄핵을 하면서도, 사법피해자들을 양산한 비리 판, 검사 탄핵을 거부했던 사태에 대해 반성하고 사과하라!", "17대 열린우리당은 비리 판, 검사 탄핵과, 부당하게 대통령 탄핵심판을 강행한 헌재 재판관 탄핵을 적극 검토하라."라고 외친 결과 헌재는 탄핵을 기각했다.

이후 2007. 4. 25. 법의 날을 기해 사법개혁국민연대를 사법정의국민연대로 명칭을 변경해 사법개혁과 구조운동을 함께 했다. 기자회견 때마다 비리 판검사도 처벌받을 수 있는 "고위공직자비리수사처"를 신설해야만 한다고 외쳐온 결과 2019. 12. 29. 국회에서 공수처 법이 통과하는 계기가 된 것 같다. 공수처장으로 임명된 김진욱 처장은 기독교신자로서 도산 안창호선생의 어록을 빌어 "진실은 반드시 따르는 자가 있고, 정의는 반드시 이루는 날이 있다"라는 말씀만으로도 22년 동안 길은 좁고 시련은 넓었던 수많은 사연으로 투쟁해온 일들이 보람과 희망을 갖게 했다.

▲ 사개련과 공구련은 22일 기자회견을 갖고 비리 판. 검사도 탄핵하지 못하는 국회는 대통령에 대한 탄핵을 철회하라"고 주장했다.

- 법 동냥 (시민운동 법)으로 승소하는 법 & 중이 제 머리는 못 깎는 법

중이 제 머리 못 깎는다는 말처럼 정작 나에게 닥친 남편이 연세대학교로부터 억울하게 부당한 인사처분을 당한 사건은 해결하지 못하자, 목마른 사람이 우물을 판다고 어쩔 수 없이 내 사건을 위해 스스로 법을 파고들어야 했고, 법정에서 내 사건을 이겨 보기 위해 집념을 불태웠다.

상대는 최고의 변호사를 앞세워 나를 공격하나 내가 선임한 변호사들마다 말도 못하고 그것도 경실련 자문변호사들을 돌아가며 무려 5명씩이나 선임해 대응했으나 아무런 이유없이 자진 사임하였다. 할 수 없이 시댁 빽(당시 이민우 국방부 차관이 사촌형님)을 동원해 충남 공주군 국회의원이었던 윤재기 변호사를 선임해 대응했으나 인사고과를 허위로 상신한 황씨 과장을 내세워 위증하므로 인해 95년 3월경 패소했다. 항소심에서는 위증자를 고소하자, 이젠 농업개발원 위임전결규정을 내세워 재판장이던 김용담(전 대법관)은 단 2회 변론으로 패소 판결을 했다.

그 후 다시 소장을 제출했으나 김용담 전 대법관이 판결한 판결문을 보고 모두 기각판결을 했다. 결국 스승인 강영희 원장이 허위로 만든 일용잡급직 문서 한 장 때문에 32년 동안 소송을 해야만 했으며, 법원은 문서 한 장을 인정해 주지 않아 남편은 평생 재판만 하다 돌아가셨다. 근무 중 사고는 무조건 업무상재해라는 대법원 판례가 수두룩한데도 패소했다. 결국 남의 사건은 백전백승인데 필자 사건은 한번 승소하고, 그 후 승소한 적이 없으니 백전백패다. 그러나 어떠한 방법으로 학교가 승소했는지 보여주어 사법개혁을 하고자 한다.

- 시민운동 법으로 사피자 구조하는 법 & 책으로 사피자 구조하는 법

사법피해자 구조운동을 해본 결과 의외로 피해자들이 많다는 것을 알게 되었다. 그들 역시 억울하게 피해를 당한 경우였으나 법적으로 입증하는 방법을 몰라 증거가 있어도 법률에 반하는 주장을 하다가 자살골을 넣는 사례도 많았다. 다시 할 수 있는 방법은 있으나 돈이 없어 포기하는 사례도 많았다. 이러한 사례를 모아서 어떠한 법적기술로 승소할 수 있는지에 대해 책으로 발표해야 사법개혁도 되고 법이 법대로 되는 세상이 될 것이라는 판단에 사례를 모으기 시작했다.

피해자 구조를 위해 몸으로 부딪치고 문서로 투쟁하면서 다행히 구조가 이루어지면 그 기쁨에 지금까지 활동을 해 왔다. 이러한 구조사례들을 모아 2004년 7월 17일 제헌절을 기해 변호사피해사례집 〈재판이냐 개판이냐 짜고 치는 재판 청산을 위하여〉라는 책을 발간했으나 기자회견만 하고 책 판매는 하지 못했다. 다만 언론사들은 변호사피해사례를 적극 보도해 준 결과 한달 동안 YTN에 내 얼굴이 사법개혁의 광고 모델로 나오기까지 했다.

2006.12.경에는 BBK 사건도 있고, MB가 교회장로이지만 전과가 17범이나 된다는 보도기사를 보고 MB 대통령 후보를 낙선시키고자 고발도 했다. 이어 2007. 3. 1. 삼일절을 기해 독재검찰로부터 국민들을 해방하자는 취지로 검찰 피해사례집인 〈사기 치는 법, 사기 당하는 법〉이라는 제목의 책을 발간했다. 남의 재산이나 권리를 가로 채려면 문서를 위조한 후 사기소송을 반드시 진행해야만 한다. 사기꾼의 행각은 검찰의 철저한 비호를 받아 위조문서를 정상문서로 둔갑시켜야 완전범죄가 된다는 점을 분명히 알리기 위해 검찰 피해 사례집을 발간했으나, MB가 대통령이 되자 교보문고에서 판매되던 책은 서서히 줄어들게 되었고 끝내 중지되고 말았다.

다만, "사기 치는 법, 사기 당하는 법"이란 칼럼을 통해 "검찰의 손과 마음이 진정 인간다움만 있다면 그 어떠한 사건들도 소송으로 가지 않는다. 즉 처벌에 앞서 피해금액을 최대한 피해자에게 반환해주면 형을 감면해주는 조건으로 조정하도록 하면 된다. 청탁을 해야만 승소가 보장되는 사법풍토 때문에 승소해도 50% 만큼 피해자도 손해가 발생된다. 때문에 합의 쪽을 선택한다."라는 메시지를 준 결과 검찰조정위원회가 만들어졌다. 책은 안 팔렸어도 필자의 제안으로 피해자들을 구조하는 검찰조정위원회가 만들어진 것에 큰 보람을 느낀다.

그 후에 발생된 '스폰서 검사', '그랜저 검사'는 판사가 검사에게 기소 청탁을 하고 전직 검사가 판사에게 사기판결을 청탁하는 등 법집행자들의 비리가 끊임없이 터져 나왔다. 결국 박근혜 정부는 국정농단, 사법농단이라는 사건으로 촛불정부가 탄생되었으며, 국민 스스로 법을 바로세우지 않으면 안 된다는 것을 알게 해준 계기가 되었다. 필자 역시 촛불정부 덕택에 골리앗과 다윗의 전쟁에서 성공의 별을 따게 되었으므로 촛불에 참여한 모든 국민들에게 감사함을 드린다.

판사 양심에 석궁을 쏘는 여자

- 국민특별재판부 신설하여, 사법피해를 예방하는 법 & 책으로 나쁜 놈들 응징하는 법

어떤 사건이든 한번 판결이 난 이상 이를 뒤바꾼다는 것은 정말 힘든 일이다. 판결이 잘못됐다는 것을 주장하여 재심소송을 해도 양심 없는 비리 판사 옆에서 근무하는 판사는 제 식구 감싸기에 바빠 아무리 증거를 가지고 입증해도 이길 수가 없다. 판사의 고의적 판단 유탈에 대해 재심이라는 법적 절차는 존재하지만 재심에서 이기기란 하늘의 별 따기보다 힘든 일이었다.

근본적인 해결을 위해서는 판검사 비리를 수사하는 공수처가 신설되어야 하나 사법부와 검찰은 자신들의 부정을 덮어두고자 이를 적극 반대하였고 국회 역시 판검사 출신 의원들이 상당수이다 보니 어려웠다. 법이 제정된 지 70년이 지났지만 이들 법조인 카르텔을 견제할 제도를 만들어 내지 못하여 이제까지 난감하던 중이었으나 문재인 정부 들어 24년 만에 공수처 법이 국회에서 통과되었다.

그러나 공수처에 많은 기대는 하고 있지만 일반 서민들이 검판사가 직권을 남용했다고 고소해 본들 수사를 잘 할 수 없을 것으로 본다. 다만, 비리 판검사, 경찰관을 상대로 한 국가배상 사건은 '국민특별재판부'를 신설해 심리하도록 하는 것이 바람직하다고 보아 이를 제안하게 되었다.

특별재판부 신설의 필요성을 입증하고자, 근로자가 부당하게 해고당한 사건인데도 불구하고 부장판사는 대법원 판례를 고의적으로 오판하여 패소시킨 '정선태 피해' 사례, 전관예우 변호사 때문에 10억 이상 공사비를 들여 신축한 고급가든 식당마저도 한 푼도 보상을 받지 못하고 패소한 '한동식 피해' 사례, 모교대학을 졸업하고 12년 동안 행정직 근로를 제공한 근로자에게 일용잡급직으로 전직 발령한 '고 이장우 사례' 사건은 법을 위반해 패소시킨 대가로 법원장으로 승진한 판사들, 근무 중 사고로 근로자가 병들어 죽어가는 사건마저도 판결문을 조작해 판결한 판사 등이 아무런 죄의식 없이 최고의 권력을 누리며 잘 살고 있다는 것을 모든 국민들에게 폭로하면서, 다시는 이런 피해가 발생하지 않도록 하려면 비리 판검사들을 심판하는 특별재판부 신설이 가장 바람직하다는 판단에 특별재판부 신설을 제안한다.

▲ 20대 국회, 정운호-홍만표 게이트 특검 촉구 기자회견

　그동안 시민단체법에 따라 부도덕한 사회고위층 인사의 실명을 거명해 집회를 통해 확인사살(망신)을 시도하곤 했던 것은 고위층인사들이

사회적 지위와 체면 때문에 함부로 약자에게 칼을 휘두르지 못하게 하려는 목적도 있었다. 사기 판결한 판사들은 어떤 방법으로 사기 판결을 하고, 사기꾼들은 어떤 방법으로 판, 검사, 변호사에게 로비를 해서 승소했는지에 대해 책으로 폭로하는 것만이 가장 바람직하다고 보아 판사로부터 피해본 사건을 모아 〈판사 양심에 석궁을 쏘는 여자〉라는 제목으로 책을 발간하게 되었다.

너무도 억울한 일을 당하여 한 가정이 송두리째 비참하게 된 필자 사건으로 피 말리는 투쟁을 하다 보니 내 스스로 목숨을 내놓고 판사 목에 방울을 달게 되었다. 이것이 전화위복이 되어 미력하지만 시민운동가로서 소시민들이 한마음으로 뭉쳐 맹렬히 투쟁했던 한걸음 한걸음의 발자취들을 모은 이 작은 책이 이 땅에 공정과 정의를 세우고, 부당한 공권력의 피해로부터 싸우는 누군가에게 작은 도움이 되기를 바랄 뿐이다.

이 책을 발간하기까지 물심양면으로 도움을 주신 사법연대 고문 이적 목사, 강석현, 조기형, 박홍규, 공동대표 선한길 교수, 송태경 교수, 김원열 교수, 한만희 교수, 정익우 변호사, 정희창 변호사, 정원기 변호사, 영진법무법인 김동하 국장, 신문고뉴스 추광규 기자, 기독교신문 안계정 기자 등에 깊은 감사를 드린다.

인간해방의 횃불, 근로기준법 실현을 위해 온 몸을 불태운 전태일 열사의 실록을 펴낸 통일운동가 최재영 목사님께서 분에 넘치는 축사를 해주셨으며, 남편 사건 역시 근로기준법을 위반한 부당한 인사발령의 시작으로 사법개혁 운동가가 된 이 시점에 전태일 열사를 만나게 된 것 역시 정의는 이렇게 꽃필 수 있다는 것에 든든한 힘과 용기가 되었다.

끝으로 이탄희 의원이 임성근 부장 판사를 탄핵 발의로 헌정사상 최초의 '판사 탄핵'이라는 보도기사를 보고, 본 단체가 2001년도 탄핵 청원을 하던 때부터 국회가 판검사들에 대한 탄핵 소추를 해왔다면 지금처럼 판사가 대통령보다 더한 권력과 권한을 누리는 세상이 되지는 않았을 것이다.

윤석열 총장에 대한 징계 사건도 법원의 기각판결 때문에 결국 추미애 장관이 물러났다. 그것도 대통령으로부터 재가를 받아 징계결정을 한 사건인데도 불구하고 도리어 법무부가 절차를 위반했다는 이유만으로 판사가 기각하므로 인해 판사의 위력을 알게 해준 사건이 되었다.

장보연 교수가 '법은 사람을 위해 있다'라고 기고한 글을 보면 법은 실제 인간의 삶을 보호하는 한에서만 존재의 의미가 있다고 했다. 특히 약자나 가난한 자의 권리를 억누르고 사랑할 수 있는 자유를 가로막을 때 법은 파괴된다고 했다.

그런가하면 의정부나 대전 '이종기사건'으로 노출된 전관예우 법조브로커, 떡값관행 등의 먹이사슬로 대변되는 법조비리 문제를 법적 장치만으로 해결될 수 없다고 보아 서울대 법대교수 22명, 변호사 등이 모여 "〈법률가 윤리와 책임〉이라는 제목으로 2000. 9. 27. 경 책을 냈다. 이 내용은 "윤리 어긋난 법은 법이 아니다."라고 했으며, 판결은 누구나 이해 가능한 판결을 해야 하고 예측 가능한 판결이라야 공정한 판결이라고 했다.

본 단체가 "사법개혁 없이 정치개혁 어림없다."라고 외쳐온 대로 국회가 비리 판, 검사들을 탄핵소추를 했더라면 지금처럼 판사들 멋대로 하는 판결은 자제되었을 것이며, 국민 80%가 불신하는 사법부가 되지는 않았을 것이다.

99.1. 탑골공원 사법개혁 촉구대회

이 책을 통해, 국민이 준 권력으로 선량한 시민을 불행과 죽음의 늪으로 몰아넣는 비양심적이고 부도덕한 법집행자들이 이 땅에 더 이상 생겨나지 않기를 두 손 모아 기원한다. 참고로 독자들에게 고소장, 재심 소장, 국가배상, 성명서 등을 작성하는 법을 보여주고자, 법원에 제출한 소장 등을 그대로 소개한다.

2021. 4. 27.

공권력피해구조연맹 상임대표 겸 사법정의국민연대 집행위원장 조남숙

"윤리 어긋난 법은 법이 아니다"

- 법대교수·변호사 등 모여 <법률가의 윤리와 책임> 펴내

"저주받으라, 법률가여! 너희는 지식으로 들어가는 열쇠를 가지고도, 스스로 들어가려하지 않고 오히려 들어가려는 사람들까지 막는구나!" '전관예우'에 '전별금', '브로커를 동원한 사건수임' 등 법조계의 비리에 대한 세인의 눈총이 따가운 가운데 현직 법대교수와 판사·변호사가 모여 법조인의 직업윤리에 관한 책을 펴냈다.

최기원·한인섭 교수 등 서울법대 교수 22명은 최근 대표적인 '운동권 변호사'인 박원순 참여연대 사무처장, 인천호프집 화재사건을 재판했던 박시환 서울 남부지방법원 부장판사와 함께 <법률가의 윤리와 책임>이라는 책을 펴냈다. 모두 4편으로 구성된 이 책은 △법조윤리의 의의 △법관과 검사의 윤리 △변호사의 윤리 △공공영역과 법조인의 윤리 등으로 나눠 법조인이 갖추어야 할 도덕관념과 윤리덕목에 대해 논하고 있다.

최대권 교수는 '새 시대의 법조윤리'라는 글을 통해 '의정부나 대전 사건에서 노출된 전관예우·법조브로커·떡값관행 등의 먹이사슬로 대변되는 법조비리 문제는 법적 장치만으로 해결되지 않는 윤리의 문제'라며 "윤리가 전제되지 않는 법은 법일 수 없다"고 강조했다.

또 '검사의 윤리와 책임'을 역설한 신동운 교수는 "검찰에 대한 신뢰는 정치적 사건을 불편부당하게 법대로 처리해 정치적 중립성을 확립할 때 굳건히 뿌리 내리게 될 것"이라고 주장했다.

법학계에 만연한 '전공 간 담벽쌓기'와 '내 전공 제일주의' 관행을 딛고 헙법·형사법에서 사회보장법과 영미법에 이르기까지 각기 다른 전공자들이 모여 집필한 이 책은 이번 학기부터 서울 법대 1학년 교양필수 과목인 '법률문장론'의 교재로 사용되고 있다.

한겨레 2000년 9월 27일 수요일

정인환기자 inhwan@hani.co.kr

차례

제1부　|　골리앗 연세대 불의에 맞서다

제2부 | 사법개혁의 발걸음

제7부 ㅣ 엮고 나서

부록

제1부

골리앗 연세대 불의에 맞서다

기나긴 싸움의 시작
(스승이 제자의 인권을 유린하는 법, 제자가 정의봉으로 응징하는 법)

- 남편의 꿈과 살아온 길

남편은 우수한 성적으로 공주고등학교를 졸업 했으며 축구선수를 했었다. 친구 세 명 중 한 사람은 법조인, 한 사람은 의사, 한 사람은 교수가 되기로 약속을 했다고 한다. 결국, 친구들은 약속한 대로 한 친구는 삼성병원 의사가 되었으며, 한 친구는 공주사대 교수가 되었으며, 법조인이 되겠다던 남편만 이행을 못 했다.

남편은 서울대 법대를 가지 않으면 사법고시에 합격할 수 없다는 판단에 서울대만 4년 응시했으나 낙방했다. 당시 국방부차관이셨던 이민우 사촌 형님은 차라리 연세대나 고대라도 가라고 했다고 한다. 그것도 힘써 줄 것이니 낮은 대학이라도 가라고 했으나 남편은 부정한 방법으로 갈 수는 없다면서 거절하고 서울대만 고집하다. 시골로 낙향하게 되었다.

고향 공주에서 3만 평 밤 농장을 관리하다 행정병으로 군 제대 후, 농사 짓는 법도 배워야 된다는 생각에서 연세대학교 농업개발원(이하 농개원)에 입학하게 되었으며, 남편은 낙농학과와 원예학을 각각 수석으로 졸업했으며 그것도 장학금까지 받으며 장학생으로 졸업을 했다.

- 훌륭한 스승과 나쁜 스승의 만남

원예학 담당교수이자 일산삼애실습농장의 농장장이던 원세호교수는 장차 농개원 원장으로 임명받을 위치에 있었던 관계로 남편에게 모교를 발전시켜 보자고 하면서 실습조교 업무와 삼애과수원예 농장을 관리해 달라고 하자, 남편은 모교를 위해 스승의 부탁을 거절할 수 없어 밤 농장을 형님한테 물려주고(현 시가 50억원), 학교에 77년 3월 경부터 과수원예 책임자 겸 실습조교 업무를 하면서 근무하게 되었다. 원 교수는 남편과 함께 6천 평 과수원예 농장에 대대적 토지평탄 작업을 한 후 전국에 있는 갖가지 유실수 과수나무를 모아다 남편과 같이 심기 시작한 결과 4년 만에 우리나라 최초로 과수원예실습농장으로 인정받게 되었다.

당시 농개원 신영오원장은 연세우유 처리장 활성화로 낙농학과 학생들을 대거 입학하도록 했으며, 숭실대학교재단 이사장까지 역임한 바 있는 고 배민수목사 유족들로부터 당시 2천억대 일산삼애전수학교를 학교에 기증하도록 했으며, 홍은동에 있는 원예농장도 고 김주황 선생으로부터 농개원에 기증하도록 했다. 과천 원지동 임야 십만 평도 농개원에 기증하도록 하는 데 기여를 했다

그러나 조선일보 대표였던 고 방우영은 80년경 연세재단 이사로 있으면서 농개원은 폐지하고 원주대학에 낙농학과 신설을 추진하고 있었다. 그런 계획 하에서 원세호 교수를 농개원 원장으로 임명하는 것이 아닌 생물학과 교수인 강영희 교수를 농개원 원장으로 발령했다. 강 원장이 부임한 후 임시직원으로 있던 직원들에게 박 선생은 농장 사무장으로, 정 선생은 덕소농장 사무장으로, 남편은 삼애농장 부사무장으로 각각 발령했다. 남편은 삼애농장 부사무장으로 임명, 농장 부사무장 업무, 정 선생이 하던 목장장 업무, 과수원예농장 관리, 학생들 실습강의 등 1인4역의 근로를 하도록 강요 받았다.

당연히 삼애농장 사무장으로 승진시켜 주겠다고 해서 강 원장 말을 믿고 열심히 근로를 제공했다. 그러나 3년이 지나서 갑자기 덕소농장 사무장으로 발령할 것이니 우선 전근가라고 회유하였으며, 강제로 전근을 가야만 했다. 강 원장은 그 즉시 6천 평 삼애과수원예 농장에 심어둔 갖가지 과실수들을 전부 벌목한 후 축구장으로 만들어 버렸다.

89년경 농개원은 폐원하기로 하고 전 직원들에게 인사발령을 했으며, 남편은 12년 만에 행정직급에서 기능직 초봉으로 발령하는 반면 가짜 실습조교였던 정씨는 2년 만에 행정직 16호봉으로 발령했다. 정씨는 돈쓰고 빽 써서 정식 직원이 됐다고 자랑하고 다녔다. 결국, 남편은 강

원장에게 김말이를 못 해서 전직 발령을 받은 것이라면서 동료직원들은 자기들이 더 답답해 했다.

- 임시직(비정규직) 제도는 주인 없는 연세대학이 원조

주인 없는 연세대학교는 우선 임시직으로 채용한 후, 다시 기관장 상신에 의해 재 채용하는 것이 인사 관행이었다. 그러나 대부분 2~3년 만에 정식직원으로 발령했다. 그러나 남편은 1981. 3. 1. 부사무장으로 발령받던 날 다른 동료직원 3명은 정식 사무직원으로 발령을 했음에도 남편만 형식상 부사무장으로 발령을 했을 뿐, 강원장은 학교에 정식직원 상신을 남편만 하지 않아 정식직원으로 재 채용이 되지 아니했다. 이때까지만 해도 기독교 대학이, 스승인 강원장이 배신하리라 생각을 못하고 늘상 학교가 어렵다고 하면서 조금만 참아 달라고 하여, 강 원장 말만 믿고 정식직원이 되길 손꼽아 기다린 결과 12년 동안이나 방치한 뒤 도리어 사무직급에서 기능직급으로 강등한 부당한 인사발령을 했다.

소송을 통해 알고 보니 남편의 인사고과를 일용잡급직 근무를 하고 있다고 허위 상신을 한 결과 학교는 단순노무직 용원직으로 발령했고, 가짜 실습조교는 실습조교 업무를 하고 있었다고 거짓 상신한 결과 2년 만에 정식기술직 16호봉으로 승진발령을 받았다는 것을 알게 되었다.

한편 남편의 부당한 인사발령을 받게 된 1989. 4. 경 시부모님이 사 주신 일산 방송국 앞 도로 옆에 위치했던 일산농장을 담보로 대출받아 생활을 해오다가 마침내 더 이상 버틸 능력이 없어 700평 중 절반을 매 도했다. 그러나 부당한 인사 발령쇼크로 법무사만 믿고 인감증명서를 준 것이 화근이 되어 법무사는 매수자에게 청탁받고 부동산 전체에 대 한 매매예약 가등기를 한 결과 절반의 농지마저 아무런 재산권행사를 할 수 없게 만들었다. 결국 절반의 토지를 반환 받는 데는 소송을 통해 5년이라는 긴 세월이 흘러야 했으며, 필자는 남편 사건도 투쟁해야만 하 고, 부동산 사건도 서울에서 의정부법원까지 오가면 농장 찾는 일에 매 달려야만 했으나, 2007년 남편의 사고와 2008. 2. 학교의 사기소취하 로 경제적으로 버틸 능력이 없어 남은 절반의 농장마저 강제경매로 인 해 2000년경 공동소유자 유 씨가 차지하고 말았다.

- 참 스승의 조언으로 사법개혁 운동가가 되는 법

너무나 어처구니 없는 발령에 자살하고 싶었지만 스승이고 상관이셨 던 신영오 교수님은 근무하면서 투쟁을 해야만 한다고 위로해 주셔서 근 무하면서 투쟁하기 시작했다. 필자는 투쟁 방법을 알기 위해 경실련, 참여연대, 흥사단을 다니면서 법적투쟁 방법을 배우기 시작했으며, 연세춘추에 투고한 결과, "남편을 제자리에"라는 제목으로 보도를 해주었다. 그러나 남편은 근무 중 정신적 쇼크로 실신하여 입원을 해야만 했다.

남편의 사건 기사를 보고 학교 직원노동조합은 임시직은 폐지하고, 공개채용을 하겠다고 선언하기에 이르렀고, 고 송장 전 총장은 95년경 근로기준법 위반으로 벌금 100만원을 받았으며, 학교는 노동지방사무소에 93년도 취업규칙을 신고한 것만 보더라도 학교마저도 인사규정은 있으나 주먹구구식으로 기관장들의 인사 청탁에 의해 좌지우지 운영을 하다 보니 남편과 같은 사건이 발생했다. 그러나 사무직급을 아무런 이유 없이 최하 기능직으로 강등 발령한 사례는 없었다고 한다.

경실련에서 학교에 발송한 의견서에도 보면,

1. 이장우씨는 농업개발원 소속직원으로서 12년간 학교(농업개발원) 발전을 위해 성실하게 근무해 왔습니다.
2. 연세대는 이장우씨에 대한 직급 및 호봉수 부여는 형평성을 잃은 처사로 판단됩니다.
3. 이장우씨의 직급 호봉수는 적절한 수준으로 그동안의 정신적 피해와 경제적 손실을 보상되어야 합니다.
특히 사회적으로 인정받는 유수한 사학재단 연세대학에서 이러한 인사상의 문제점이 시정되지 않는다면 이는 불공정의 정도를 떠나 교육적인 측면에서나 인도적인 측면에서 심각한 문제라 아니할 수 없을 것입니다.

라고 한 바와 같이 학교는 진리와 자유를 위해 영재들을 교육시키는 연세재단은 상상도 할 수 없는 반인간적이고도 반윤리적 행위를 하고 있었다. 학교 인사규정 직원구분에 보면, 남편은 과수원예 실습지도 및 과수원예 실습농장을 관리하였음으로 남편의 직위 및 직급은 전문사무직급이었다.

제3조(직원의 구분) 직원은 행정직, 전문직, 기술직, 용원직으로 한다.

1. 행정직 : 학교 행정일반에 대한 업무를 담당하는 직원

2. 전문직 : 연구 또는 전문적인 업무를 담당하는 직원.

3. 기술직 : 기능적인 업무를 담당하는 직원

4. 용원직 : 단순한 노무에 종사하는 자

필자는 경실련 자문변호사들을 무려 5명씩이나 선임해 대응했으나 다들 아무런 문서도 제출하지 못하고 자진 사임을 했다. 마지막엔 최고의 노동 전문변호사를 선임해 대응했으나 3개월이 지나도 재판은 열리지 않았다. 사무장은 호봉만 좀 받고 행정직 지위확인은 포기하는 것이 어떠냐고 했다. 이에 자진 사임을 하라고 한 후, 할 수 없이 시댁 빽(당시 이민우 국방부 차관이 사촌형님)을 동원해 충남 공주군 국회의원이었던 윤재기 변호사를 선임해 대응했고, 지금 보아도 손색이 없게 변론을 잘해 주었다.

그러나 학교는 인사고과를 허위로 작성한 공범자 황규복 과장을 증인으로 내세워 위증하자 패소했고, 항소심은 강영희 원장의 처조카 김용담 재판장은 농개원 위임전결규정을 오판하는 방법으로 판결문을 조작해 패소판결을 했다.

그러나 고대 법대교수로 퇴직한 고령의 노 교수님을 소개받아 상담한 결과 "안방에 가면 시어머니 말이 맞고, 부엌에 가면 며느리 말이 맞다." 라고 하면서 재단이사장 방우영, 송자 총장, 강영희 원장 등을 피고로 하여 "임명장에 기한 행정직 확인" 소장을 작성해 주셔서 다시 소장을 제출했다.

학교의 소송대리인 최종백 변호사는 남편이 직원들과 동등하게 근무했었다는 사실과 대학 전임강사로 예우하여 강사료로 지급한 사실을 숨기기 위해 인사카드의 비고란에 기재된 "직원이라기보다는 강사 (364일 직원들과 똑같이 근무하지만 강사료로 지급)"라는 내용을 고의적으로 삭제한 후 복사된 인사카드를 법원에 제출했다. 필자는 나홀로 소송을 하다가 마지막 방희선 변호사를 선임해 대응한 결과 서울서부지원 최춘근 재판장은 "피고 학교는 원고에게 행정직급, 32호봉으로 발령하라"는 강제조정결정문을 1998. 2. 20. 받아내는 데 성공했다.

그러나 학교는 강제조정결정에 응하지 않았다. 재판장은 강제조정에 응하지 않자 농업개발원 강원장과 총무처장들을 강제 구인까지 하였다. 그러자 연세대는 "원고에게 소 취하를 하면 합의를 해주겠다."고 교목실장 박명철목사를 앞세워 회유했다. 필자는 박명철 목사를 믿고 소 취하를 하였으나, 학교는 약속을 지키지 않아 원고는 다시 소송을 할 수밖에 없었다.

1996가합 5834 임명장에기한 사무직확인의 소
1998 2. 20. 강제직권조정, 서부지원 최춘근 재판장
조정문 :피고는 원고에게 행정직 32호봉에 위자료 1천만원을 지급하라.

원고는 10년 전에 제출했던 소장을 다시 제출해야만 했고, 당연히 강영희원장이 1981. 3. 2. '일산 삼애농장 부사무장'으로 발령한 발령장 근거로 다시 지위확인 소송을 시도해보았으나 법원은 오직 김용담이 판결한 판결이유로 부당하게 기각을 했다.

98가합8073임명장에 기한 사무직이행등 재판장 소순무

99나188833 임명장에기한사무직이행 등 서울고법 재판장 이우근

2001 다 29381 임명장에기한사무직이행 등 2002. 11. 8. 기각

재판장 윤재식, 송진훈, 변재승, 이규홍

원고는 다시 2003.경 강영희 원장이 원고에 대한 인사고과를 허위보고한 것을 터 잡아 공동불법행위로 인한 손해배상을 청구해 보았으나 이 역시 김용담이 판결한 판결 이유로 기각을 당했다.

2003가합 1953손해배상(기)2004.7.30.기각 재판장 임치용

2004나 62742 손해배상(기) 2007. 6. 5. 기각 재판장 이성보

2007다 44729 손해배상(기) 2008. 11. 13. 기각 주심 박일환

원고는 김용담이 농업개발원 위임전결규정의 직제규정과 다른 판결을 했다는 사실을 2010. 7. 경 우연히 알게 된 후, 김용담과 강원장을 피고로 2010. 12. 23. 소를 제기한 결과 (2011가합 21766) 학교가 법원의 문서제출명령에 의해 2012. 7. 제출한 학교정관의 직인규정 제9조(직인의 사용)에 의해 피고 학교가 소송사기로 승소하였다는 것을 알게 되었다.

그러나 연세대학교 직인규정에 보면,

1) 직인은 소정의 결제과정이 통제가 끝난 문서에 한하여 사용하여야 한다.
2) 직인관수 책임자는 별표 1의 직인 사용대장에 날인할 문서의 관계사항을 기입
하여야 한다. 다만, 문서 발송대장 및 제 증명서 발급대장에 기록한 것은 이에
갈음할 수 있다.

또한 대법원 판례를 본다면,

"임명장(삼애농장 부사무장에 명함)에 확인을 구하는 것은 일종의
법인체 문서이므로 법률행위로써 해석은 당사자가 표시 항에 부여한 객
관적 의미를 명백하게 하는 것으로써 즉, 당사자 간 표시한 문헌에 의하
여 그 객관적 의미가 명확하게 드러나지 않는 경우에는 그 문헌의 내용
과 법률행위 이루어진 동
기 및 경위 당사자 간 그
법률행위에 의하여 달성하
려고 하는 목적과 진정한
의사거래의 관행 등을 종
합적으로 고찰하여 사회
정의와 형평이념에 맞도록
논리와 경험의 법칙 그리
고 사회일반의 상식과 거
래의 통념에 따라 합리적
으로 해석해야 한다고 대
법원 판례 1994. 4. 29. 제

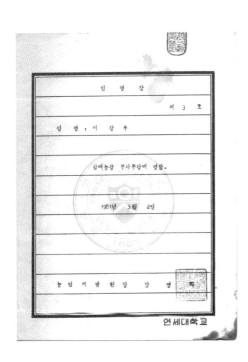

3부 판결 94다 1142를 볼 적에, 원고는 피고 강영희가 평범한 사무직급에서 부사무장으로 승진시키는 것이라 해서 피고들이 원하는 목적달성에 임하고자 휴가, 휴일도 없이 1인3역의 업무를 충실히 하였으므로 본 권 청구는 위 내용과 같이 그 의미가 있으므로 원고는 피고 학교의 사무직원임이 분명합니다."라고 변론한 바대로 법률과 대법원 판례에 의해 원고는 이미 학교 승인을 받아 강원장이 부사무장으로 보직발령을 했음으로 최소한 1981. 3. 경부터 정직 사무직원이면 임시직 경력을 승봉해 16호봉으로 급여를 지급해야만 되는 것이었다. 그러나 위 사건 역시 김용담이 판결한 판결문에 의해 기각당하고 말았다.

그러나 이럴 경우,

남편의 인사고과를 허위보고한 과실에 대해 손해배상 청구를 했던 "2007다 44729 손해배상(기)"의 사건은 2008. 11. 13. 원고 패소로 확정되었음으로 이 사건을 문제 삼아 다시 손해배상청구를 해야만 했다. 이렇게 확실한 무기가 있는데도 불구하고 필자는 학교가 너무나 무섭고 두려워, 남편의 업무상재해만 합의를 해달라고 요구했으나, 끝끝내 학교가 업무상재해마저 거절해 할 수 없이 10년의 시효가 지나가기 전 2018. 9. 경 학교가 소송사기로 승소했다는 이유로 다시 소장을 제출해 서울중앙지법에서 진행 중에 있다.

- 근무 중 사고로 다친 업무상재해 사건마저 고 이장우가 패소한 이유

남편은 근무 중 1997. 9. 16. 추석날 중앙도서관 체크포인트 계단에서 내려오다가 굴러 떨어지는 추락사고로 뇌출혈이 발생하자, 직무상 요양신청을 했으나 부당하게 반려했다. 그러나 95년도부터~ 98년도까지 강영희 원장은 농개원을 재단에 이관되도록 혁혁한 공로가 있다는 이유로 강원장은 부총장으로, 황규복 과장은 입학관리처장으로 이충일 과장은 총무처장으로 근무하고 있는 반면, 필자는 93년도부터 소송을 시작해 계속 진행 중에 있다 보니, 자신들 비리를 파헤치고 있는 남편에게 업무상재해로 인정해 줄 수가 없었다.

즉 재해로 인정할 경우, 남편은 편안하게 병원에서 치료도 받고 정상적인 급여도 받게 된다. 더더욱 추후 악화될 경우, 평생 가족들까지 보장해 주는 급여만도 월 500만원 이상이다.

이러한 이유로 이충일 총무처장은 사학연금공단에 지급해 주는 직무상요양급여 신청에 승인만 해주면 되는데도 승인을 해 주지 않았다.

필자는 할 수 없이 2001년 3월경 업무상재해로 인한 손해배상 청구를 했다. 학교는 세브란스병원의 허위로 작성된 응급진료를 가지고 "남편이 술 먹고 넘어져 다쳤다"라고 응급진료기록을 증거로 제출한 결과 1심에서 패소하였으며, 항소심에서는 중앙대학교병원의 허위 감정과 최은수 재판장은 증인신문조서에도 없는 말을 만들어 2005. 2. 2. 패소판결한 결과 2005. 6. 24. 패소로 확정되었다. 이에 연세의료원 허위 진단서를 문제 삼아 소송을 해보았으나, 서울대병원의 애매한 감정으로 다시금 패소하여 2010. 12. 23. 대법원까지 패소했다.

- 판결문 조작하여 판결한 댓가로 최은수 전 부장판사가 천벌을 받는 법

필자는 할 수 없이 최은수 전 부장판사와 학교를 상대로 소송한 결과 신촌세브란스병원에서 작성한 1997. 9. 16. 같은 해 9. 23. 검사한 진단 방사선 진료기록 및 CT감정 결과 고려대 안암병원 신경외과 정용구 교수, 인제대학교서울백병원 윤상원 교수, 박용신경외과의원 박용 원장 모두 "급성경막하혈종, 뇌좌상"이라는 진단서를 해주었다. 더더욱 박용의사 증인은 "CT필름에서 오른쪽 앞(전두부)에 흰색의 미세한 구름모양의 음영은 출혈을 의미하며(음영증가) 신경외과 전문의사면 누구나 판독이 가능한 음영이라고 하면서 "통상적인 충격으로는 이 정도의 출혈이나 상흔은 일어나지 않으며, 최소한 1m 이상의 높은 데서 떨어졌을 때 생길 수 있다"고 증언했다.

남편의 사고 사건은 원문에 이어지는 성명서, 최은수 전 부장판사와 김동오 부장판사에 대한 고소장으로 대신한다. 따라서 남편은 최은수 전 부장판사가 사기 판결한 2005. 2.2. 이후부터 10년 동안 정신과병원에 갇혀 살다가 증거가 있는데도 학교가 거절해 남편은 누명도 벗지 못하고, 2015. 2. 2. 10년이 되는 날 돌아가셨다,

- 법 좋아하면 집안 망하는 법 & 하늘은 스스로 돕는 자를 돕는다.

결국 하늘은 스스로 돕는 자를 돕는다고 하였듯이, 남편의 근무 중 사고에 대해서 의로운 박용신경외과 원장님, 정용구 교수님, 윤상원 교수님, 이상운 의사님 도움으로 술도 못하는 남편에게 술 먹고 넘어진 사

고라고 누명 씌워 사망하게 한 학교와 나쁜 스승 강영희 원장을 응징할 수 있게 되었다. 더더욱 남편의 직위 확인 사건도 학교가 자기들 손으로 제출한 직인규정에 의해 학교가 사기변론으로 승소했다는 것을 입증할 수 있게 되었다.

그러나 최초 사건에서 선임했던 변호사 말대로 호봉만 더 받고 94년도에 포기를 했드라면 32년 동안 소송전쟁을 하는 일은 없었다고 내내 후회를 했다. 그리고 왜 사무장이 그런 말을 했는지 10년이 지나서 이해하게 되었다. 그 뿐인가 2001년 9월경 서울고법 이우근 재판장은 조정을 권유했다. 노동법상 형식상 임시직으로 채용하였더라도 정식직원과 동등한 근로를 제공했다면 정식 직에 준한 호봉으로 급여를 지급하도록 법률이 정해져 있고 보니, 이우근 재판장은 용원직급을 인정하고 호봉만 정상적으로 받아도 급여가 월 300만 원 이상이므로 남편의 직위는 포기하고 합의를 하라고 했다.

그러나 이때도 법이 있는 줄 알고, 남편의 직위는 명예요, 사회적 명예인데 어떻게 직위를 포기할 수 있냐, 진실을 어떻게 포기할 수 있냐! 라고 항의하면서 거절한 결과 이렇게 긴 싸움을 하게 되었으나, 이때도 조정을 하는 것이 백 번 유리했다. 학교의 부당한 인사발령을 인정할 경우, 강원장의 과실이 인정해야만 하기 때문에 이우근 판사도 학교 힘에 의해 도리 없이 조정을 권유했던 것 같다. 계산해 보면 미지급 임금만 3억 원 이상이 되었음으로 그 돈으로 집을 샀더라면 돈 걱정 없이, 아이들이 편안한 마음으로 학업에만 열중하였을 것이다.

아들은 "엄마 내가 얼마나 울었는지 알어, 백 번도 더 울었어"라고 몇 년 전에서야 처음으로 고백했다. 그럼에도 학교는 남편이 사망하자, 이젠 아들과 필자를 잡겠다고 남편 병원비용 4천만 원에 대해 아들이 거래하는 은행마다 압류하고, 신용불량자로 등재하자 아들 카드는 중지되고, 신용등급은 하락하여 월 500만 원 한도였던 것이 월 50만원으로 추락했다. 그것도 국제결혼까지 하면서 딸이 사준 문산 집에 근저당설정을 해주고서야 풀어주었다. 이젠 달달 30만 원씩 납부하지 않는다고 강제경매를 신청해 현재 진행 중에 있다.

선생님으로 근무했다는 증거들이 넘쳐 나지만 95%의 진실이 5%의 가짜가 돈 쓰고 빽 쓰면 승소하는 것이 사법부 현주소이고 보니 이렇게 단순한 사건도 학교 손으로 설립한 전문지도자 양성교육기관을 수료하고 모교에서 12년을 근무했는데도 판사들은 법을 위반해 모두 김용담 사기판결문만 앞세워 기각했다. 필자는 필자의 사건을 통해 판사들이 얼마나 멋대로 판결하는지 보여 주고 싶었다.

32년 동안 패소에 패소를 거듭하고 있는 것은 무엇을 의미하는 것일까? 진리와 자유를 지켜내야 할 최고의 명문사학이 허위문서 제출과 황당하기 짝이 없는 위증이 "재판의 기술"이 될 수 있다는 반증이다. 담당 판사는 법을 위반해 사기판결 해주면 된다.

결국 32년 동안 소송전쟁을 한 결과 나의 삶과 가정은 학교의 불법과 횡포에 풍비박산이 났으며, 피폐해질 대로 피폐해졌다. 그렇지만 필자는 골리앗의 불의에 무릎을 꿇을 수 없어 진실 싸움을 계속하였고, 2021년 현재에도 그 싸움은 여전히 진행 중이다.

다만, 얻어진 것은 "소송사기로 승소하는 법"을 온 국민들에게 자랑할 수 있게 되었다. 내 머리도 못 깎는 주제에 변호사도 아닌 주제에 대법원까지 확정된 사피자를 구조한다고 잘난척 하다가 옥살이한 덕에 판결문을 해석할 만한 실력을 갖추게 한 것 역시, 그들(공권력)이 날 잡으려 했기 때문에 소송사기로 승소한 사기꾼들을 잡는 실력을 쌓게 되었다.

본문 중에 나오는 이야기를 통해, 기독교 정신을 바탕으로 진리와 자유의 뜻을 따라 겨레와 인류에 이바지할 사람을 가르치기 위해 세워진 진리와 자유의 전당 연세배움터에서, 그것도 "널리 은혜를 베풀어 대중을 구조 한다"는 박시제중의 세브란스 정신마저 유린한 채, 병들어 죽어가는 모교출신 교직원을 갖다버리는 만행을 서슴치 않았던 스승과 세브란스병원 의사들의 단합된 집단폭행으로 남편을 사망하도록 한 가해자 연세대학교 집행부처럼, 나쁜 스승 강영희 원장처럼, 김용담 전 대법관이자 새문안교회 장로처럼 사악하고 파렴치한 자들이 이 땅에 더 이상 버티지 못하도록 시민들이 응징해 주길 바란다.

골리앗 연세대학교 부정에 맞서다

- 연고전으로(진료기록 감정) 확정된 판결을 20년만에 뒤집는 법 -

　필자의 남편은 23년 전 추석날인 1997년 9월 16일 추락 사고가 발생한 후, 그 후유증으로 2015년 2월 2일 작고하였으나, 사고 당시 진료기록 감정채택으로 23년 만에 진실이 입증될 전망에 있어 '누워서 송편 먹기 감정'이라고 했다.

사건 ; 서부지방법원 2020가합 35359 부당이득금

원고 : 선정당사자 조남숙

피고 : 학교법인 연세대학교 외2

1. 증거가 있어도 법을 몰라 패소한 이유

1997년 9월 16일 사고가 발생한 후 연세대 세브란스병원이 아닌 타 병원에 입원했다면, 남편(망 이장우)은 근무 중 사고로 인정받아 지난 세월 동안 험난한 사법투쟁의 길에 들어서지 않았을 것이다.

가. 원고는 부당한 인사발령에 대해 전직발령 무효확인 소를 1993. 9.경 제기했으나 서울고법 부장판사 김용담의 사기판결로 1995. 2.경 대법원에서 패소로 그 판결이 확정되었다. 그러나 원고는 임명장에 기한 행정직급 확인 소송을 1996. 7. 경 다시 제출해 소송 중에 있었다.

나. 남편은 1997. 9. 16. 추석날 근무 중 사고로 오후 5시경 응급실로 이송되었으나 세브란스병원은 그 다음날 아무런 이상이 없다고 퇴원시 켰다. 그러나 계속되는 두통으로 다음 날인 9월 18일 응급실에 입원한 후 3개월 동안 입원치료를 받았다.

세브란스병원에서 퇴원을 강요해 할 수 없이 1997년 11월 5일 경 퇴원한 후 연희정신과에 입원했다. 4개월 만에 다시 1998년 2월 경 동서 한방병원에 입원한 결과 "경막하출혈"이라는 진단이 나왔다.

다. 동서한방병원의 "경막하출혈"이라는 진단서를 가지고 직무상 요양신청만 하였거나 타 병원에 입원한 후 사학연금공단에 직무상 요양급여만 신청했더라도 업무상재해로 쉽게 인정받을 수 있는 사건이었음에도 불구하고 법을 몰라서 가해자 연세대학교 세브란스병원만 입원하고 보니, 허위 진단서만 받게 된 원인이 되었다.

2. 피고학교가 상대측 원고변호사를 앞세워 승소하는 법

가. 원고의 소송대리인 방씨는 96가합 58345호 사건에서 청구취지 및 청구원인 정정신청서를 제출한 바와 같이 남편은 8년 동안 과수원예 농장에서 지속적으로 농약을 살포하였던 관계로 농약중독으로 정신적, 신경적 질환으로 구로병원으로부터 진단서를 받아 산업재해보상보험에 의한 요양신청서를 1994. 9. 경. 제출했음에도 학교가 이를 거절한 사실이 있다.

나. 학교는 강영희 부총장과 이충일 총무처장의 불법을 은닉해주고자, 남편이 합병증과 부당전직 발령 쇼크로 정상적인 생활을 할 수 없는 상태였음에도 불구하고, 안전관리가 미비한 도서관 체크포인트(작은 공간)에 근무하도록 방치한 결과 사고가 났다.

다. 그러나 당시 원고 대리인 A변호사는 남편이 농약중독으로 인한 업무상재해를 겪고 있을 뿐 아니라 근무 중 사고로 발생한 뇌출혈이 있었으므로 세브란스병원 대신 다른 병원에 입원한 후, 사학연금공단에 요양신청을 하거나 소송을 하도록 하면 쉽게 해결될 사건을 가지고 학교를 위해 업무상재해도, 이미 승소한 결정문이 있어 무조건 승소할 수 있는 직위확인 사건도 있었음에도 1998년도부터 2001년 경 까지 아무런 법적자문을 해주지 아니하였다.

원고는 법을 몰라 남편에 대한 간병만 하다가 2001. 4. 경에서야 학교를 상대로 업무상재해로 인한 손해배상 청구 소송을 하게 되었다.

라. 그 후 원고는 2002. 12. 10. 사법개혁국민연대를 창립해 운영해 오다가, 2003. 1. 초경 사법연대 공동대표로 원고 대리인이었던 A변호사를 추대했다. A변호사는 원고가 업무상재해 사건으로 민사소송을 진행하고 있었다는 것을 잘 알고 있음에도 2004.경에도 사학연금공단에 소송을 해야만 된다는 사실을 알려주지 아니했다.

원고는 세브란스병원 의사들 상대로 2007. 6.경 소를 제기하였으며, 원고는 최은수 전 부장판사가 증인신문조서에 없는 말을 가지고 패소판결한 사실을 알고 2007. 12. 13. 재심소장을 제출했다.

이 당시에도 A변호사를 2009. 5. 경 선임해 진행을 했으나 그는 사학연금을 상대로 소송을 해야만 된다는 사실을 원고에게 알려주지 않아 계속하여 피고학교를 상대로 장여급여 청구만 2007. 5. 17. 경 제출하고, 2009. 5.경에 재차 장여급여 청구만 했으나 반려 당했다.

마. 원고는 이런 줄도 모르고 A변호사 부탁으로 헌법재판소 재판관으로 추천하고, 대법관으로도 추천해주었으나 A변호사는 여기에 더해 자신을 헌법재판관 후보로 지지한다는 행사까지 요구했으나 집회를 해줄 능력이 없어 2014. 7.경 결별하게 되었다.

결국 A변호사는 피고 학교로 부터 로비를 받기 위해 선임계만 제출했으나 재심사건은 2009. 9. 13. 기각 당했으므로 차라리 최은수 부장판사의 판결문을 가지고 국가배상을 하도록 권유했다거나 학교와 합의를 하도록 주선했다면 남편이 사망하는 일이나, 자식들이 정신우울증으로 고통 받는 삶을 살지 않았을 것이다.

A변호사는 원고의 도움으로 가장 훌륭한 양심 변호사로 인정받고 교수까지 되었으나, 그는 우리 가정을 파탄시킨 잘못이 있다. 3년 전에서야 이런 사실을 알고, 따지러 갔으나 "내가 왜 알려줘야 하느냐"라는 황당한 답변에 더 이상 할 말이 없어 그냥 돌아왔다.

3. '과거력' 세 글자에 10억 원 사건이 패소하는 법

가. 원고는 근무 중 사고에 대해 소송을 한 결과 이화여대 목동병원 의사들의 허위감정으로 2003. 3. 7. 기각 당했다.

나. 항소심에서는 간호사 출신 손명숙 변호사를 선임해 맞섰으나 이 역시 학교 측의 로비로 손 변호사가 허위 감정을 신청하여 해임했다. 나 홀로 소송으로 사고 당시 촬영한 CT필름에 대한 진단방사선과협의진료소견만 중앙대병원 민병국의사가 감정을 했으나, 민병국 의사는 '외상에 의한 뇌출혈인지, 자발적 뇌출혈인지 알 수 없다'고 감정하였으며, 최은수 재판장은 증인신문조서도 없는 말을 만들어 엉터리 판결한 결과 2005. 7. 5. 원고 패소로 확정되었다.

다. 원고는 세브란스병원에서 허위진단서 때문에 패소했다는 이유로 허위 진단서를 발급한지 9년 10개월 만인 2007. 7. 경 소장을 제출했으나 단 한 번의 심리도 하지 않고 민유숙 판사는(현, 대법관) 그냥 기각했다.

라. 항소심에서는 서울대학교병원 영상의학과 손철호 의사가 감정을 한 결과, 손철호의사는 "종합적으로 이 부위의 경막하 혈종의 원인으로 외상이 많은 경우를 차지하고 있다."면서 "다만, 확실한 외상과 과거력이 있다면 외상으로 인한 출혈의 가능성이 높다."라고 감정을 했다.

1997. 9. 16. CT영상
양쪽 전두영역 경막하 부위에 소량의 급성혈종이 의심되고 있습니다. 그러나 인공음영도 함께 섞여 있는 모양입니다.

1997. 9. 23. CT. 영상좌측 전두엽영역 경막하주위로 만성경막하혈종 양상의 저음영 병변이 증가되어 있고, 우측 경막하 부위에는 급성 및 아급성 시기의 경막하 혈종 양상이 관찰되고 있습니다. 그리고 양측 전두엽(곧은 이랑)을 따라 저음영의 병변이 관찰되고 있으며, 이것은 부종에 의한 것으로 생각됩니다. 현재 필름 영상 하에서 두개골의 골절은 확인할 수가 없습니다.

결론: 종합적으로 이 부위의 경막하 혈종의 원인으로 외상이 많은 경우를 차지하고 있습니다. 다만 확실한 외상과 과거력이 있다면 외상으로 인한 출혈의 가능성이 높다고 하겠습니다.

이러한 감정으로 피고학교 소송대리인 김선중 변호사는 "서울대병원 필름 감정은 말 그대로 확실한 외상의 과거력이 있을 때 그렇다는 것일 뿐, 이장우의 외상이 있음을 반증하는 증거는 아니다. 오히려 뇌출혈의 원인은 외상 외에도 고혈압과 관련된 경우가 흔하며 동정맥기형, 혈관염, 종양 등에 의해서도 발상할 수 있다."라고 사기 변론하자 재판장은

학교 측 주장만 그대로 인정해 2010년 9월 경 원고 청구를 기각했고 대법원은 2010. 12. 24. 원고 패소로 확정되었다.

마. 그러나 손철호 의사가 외상에 의한 급성경막하출혈이라고 감정했다면 피고 세브란스병원 응급실 박원녕 의사, 신경외과 하윤의사, 김동석 의사들은 허위진단서를 작성한 것이 된다. 판결문에도 보면 "이 사건 사고 당시 이장우에게 추락시 일반적으로 동반되는 두부 표면의 외상이 있었던 것으로는 보이지 않는 점"이라는 이유로 패소를 했기 때문에 "외상에 의한 뇌출혈이 맞다"라고 감정했다면 원고가 승소할 수 있었을 것이다.

바. 원고는 연세대가 서울대병원에 청탁해 서울대병원도 허위 감정할 것을 우려해, ▲1997. 9. 16. CT필름과 ▲1997. 9. 23. CT필름 두개만 서울대학병원에 감정을 의뢰하고 ▲1997. 10. 9. 필름은 인제대학교 백병원에 감정을 의뢰했다. 이에 대해 백병원 신경외과 윤상원 의사는 "환자의 CT와 MRI 소견으로 볼 때 상기소견은 두부외상 후 발생하는 뇌좌상으로 인한 것으로 사료된다."라는 판독했다.

사. 그러나 원고소송대리인 유철민 변호사가 서울백병원의 소견서와 동서한방병원의 진단서에 의해 뇌좌상이라는 진단명은 "두부에 심한 외력을 받아 뇌 실질에 생긴 '뇌좌상'"이라고 주장했다면 판사는 부당하게 기각판결을 못했을 것이다.

결국 두부에 심한 외력에 기한 '뇌좌상'이라는 증거가 있었음에도 불구하고 '과거력'이라는 세 글자를 제대로 대응하지 못해 10억 원의 사건이 패소했다.

아. 영상의학과 교수가 MRI영상 사진만으로 환자의 증세를 알 수 없다면, 더더욱 뇌출혈이 된 것은 맞으나 사고 당시 환자가 넘어지는 것을 목격한 목격자가 있어야만 외상인지 아닌지 알 수 있다는 것이니, 이 얼마나 말장난의 극치인가. 결국 **'과거력'**이라는 세 글자로 10억짜리 사건이 패소했고, 학교는 허위진단서로 승소했다.

4. 확정된 판결을 깨는 법 & 법으로 증거를 입증하는 법

가. 손철호 의사 때문에 패소당한 원고는 남편의 억울함을 회복시켜보고자, 사기 판결한 전직판사 최은수 변호사를 상대로 소를 제기했고, 2014. 7. 4.경 박용 의사는 "이장우가 연세대학교 중앙도서관 체크포인트에서 내려오다 굴러 떨어져서 발생된 대뇌 경막하출혈 및 그 이후 발생된 모든 관련 후유증이 업무상재해"라고 양심선언(증언)을 하였다. 또한 사고 당시 세브란스병원에서 1997. 9. 23. 작성한 진단방사선 진료기록 및 CT감정을 한 결과 고려대 안암병원과 인제대학교 서울백병원, 박용신경외과의원 모두 "급성경막하혈종, 뇌좌상"이라는 진단을 2014. 4.경 받았다.

나. 그럼에도 법원은 2018. 2. 경 기각을 했다. 판사는 오직 중앙대병원은 외상인지 자발성인지 구분이 어렵다고 하고, 서울대병원에서는 과거력이 있어야 외상이라고 했기 때문에 신경외과 의사가 아무리 증언을 해도 소용이 없다는 식으로 기각판결을 했다. 그러나 원고는 소송비용 5백만 원이 없어 항소를 포기해야 했다.

다. 원고는 한편, 소멸시효가 지나가기 전에 허위 감정한 중앙대병원을 상대로 2015. 2. 경 소장을 제출해 진행 중에 있었다. 원고는 진료기록 감정만 채택해 달라고 진정하자, 서부지원은 2018. 1. 24. 이를 채택했고, 대한의사협회에서 감정을 하기로 결정했다.

그러나 대한의사협회감정만 기다릴 수가 없어 정의화 전 국회의장이 운영하는 부산 김원묵기념봉생병원에서 CT감정 상담 받을 수 있었다. 동 병원 신경외과 이상준 과장은 "이렇게 큰 사고가 있었는데 수술을 안 했느냐"라고 하면서 곧 바로 상해진단서를 작성해 주었다. 이러한 증거가 있었음에도 불구하고, 법원 감정이 있어야 판사가 인정하기 때문에 감정을 기다렸다.

대한의사협회는 신청 1년 3개월 만인 지난 2019. 4. 1. 회신을 했다. 의사협회 역시 '높은 데서 굴러 떨어지면서 다친 외상에 의한 뇌출혈'이라는 회신이 왔다.

그러나 중앙대학교병원에서 감정한 진료기록에 대해 감정을 받지 않으면 피고 학교가 중앙대학교병원이 허위감정을 해서 원고가 패소했다고 주장하면 증거가 있어도 승소할 방법이 없다. 이에 원고는 중앙대병원에 감정서를 신청했던 대로 다시 감정을 신청했다. 그러나 대한의사협회는 2019. 12. 12. 사실과 다른 내용으로 감정서를 보내왔다. 즉 회신 내용을 보면 "외상성 원인이라고 하더라도 이것이 최초 경미하였을 경우, 만성적인 임상 경과를 보이면서 자발성, 뇌출혈과 구분이 쉽지 않을 수 있음. 최종 진단은 당시 외상병력과 임상 증상 등을 고려하여 최종 판단하는 것이 좋을 것임을 의미하는 것임"이라고 허위 회신을 하였다.

중앙대학교병원에서 작성한 판독회신

1997.9.23. 판독 결과
1. 경막하혈종의증 우측 전두부, 피질부 좌상과 감별진단 필요함.
2. 경막하 fluid collection 좌측 전두, 측두부로 되어 있으며, 10.9. 뇌경색 의증 우측 전두부로 판독되어 있어 일반적인 경우 외상에 의한 빈도가 높으나 *피 감정인의 경우 판독 결과로는 외상성과 자발성을 구분하기 어려움.*

박용 신경외과 원장이 작성한 판독서

협의진료소견서 맨 하단에 '1. R/O subdural hematoma, Rt. frontal lobe'라고 기재된 것은 우측 전두엽의 뇌경막하혈종을 감별해야 한다는 의미이고, 'DDx. parenchymal contusion'이라고 기재된 것은 감별 결과 타박상이라는 의미입니다. 그리고 '2 subdural fluid collection, Lt. frontal and temporal area'라고 기재된 것은 좌측의 전두부와 측두부에 뇌경막하 출혈이 약간 고여 있다고 판독한 것입니다.

이에 원고가 치료를 받고 있는 정형외과 의사한테 상담한 결과 DDx. parenchymal contusion'이라고 기재된 것은 타박상이라는 의미이며,

이럴 경우 무조건 외상에 의한 뇌출혈로 진단하는 것이 맞다고 했다.

5. 연, 고 전으로 23년 동안의 소송전쟁이 정의가 승리하길..

피고학교는 원고의 전략을 알고 의사협회에 허위 회신하도록 교사 했다. 원고는 이러한 허위 감정을 문제 삼아 10개월 만에 재감정을 신청한 결과 서부지원 민사 12부는 고려대학교 안암병원에 재감정을 하도록 2020. 9. 25. 허락했다.

그러나 고려대학 안암병원 정용구 교수는 이미 2014. 2. 20. "외상에 의한 뇌출혈, 뇌좌상"이라고 진단을 했음에도 불구하고, 연세대는 시정을 해주지 않아 남편은 2015. 3. 2. 누명도 벗지 못하고 생을 마감해야만 했다.

결국 학교는 고의적으로 남편에 대해 업무상재해로 인정하지 않고자 세브란스병원의 허위진단서를 이용해 소송사기로 승소했고, 학교는 허위 진단서를 작성한 사실을 은폐하기 위하여 이화여대목동병원과 중앙대병원, 서울대병원 등 모두가 허위 감정하도록 교사한 결과 원고가 패소했다.

2004년 경에는 사고 당시 필름만 감정했다면 쉽게 승소할 수 있는 사건이었는데도 불구하고 간호사 출신 손명숙 변호사는 필름감정은 하지 않고 쓸데없는 진료기록만 감정신청 하면서 패소했다.

6. 안암골 호랑이 고대가 부정한 골리앗 독수리
  연세의료원 진료기록 감정으로 이 시대 다윗이 성공하다.

안암골 호랑이 고려대학교 안암병원 신경외과 정용구 교수님은 연세의료원에서 작성한 진료기록에는 "고 이장우는 외상에 의한 뇌출혈"이라고 감정을 하셨다.

고려대학교 안암병원 신경외과(전문의 정용구)는 지난 18일 연세대전 교직원 망 이장우 유족측이 제기한 부당이득금 소송(서부지방법원 2020가합35359)을 진행하고 있는 재판부에 진료기록 감정촉탁서를 제출했다.

"미래의학, 우리가 만들고 세계가 누린다."

고려대학교안암병원

수신   서울서부지방법원
(경유) 제12민사부
제목   진료기록 감정 결과 회신(이장우)

1. 귀 법 2020가합 35359 부당이득금
2. 감정의 : 신경외과 정용구 교수
3. 위 건의 진료기록감정 결과를 첨부와 같이 회신하며, 감정료를 신청하오니 입금해 주시기 바랍니다.

정용구 전문의는 서울서부지방법원 제12민사부가 ▲'신촌세브란스 병원에서 1997년 9월 23일 작성한 진단방사선과 협의 진료소견에 대해 판독을 해달라'는 요청에 대해 "1997년 9월 23일 환자 이장우(당시 50세) 진단방사선과 협의 진료소견상 우측 전두엽에 경막하 혈종과 뇌실 질 좌상을 감별해야 하는 병변과 좌, 전두 측두부에 경막하 수종의 소견이 확인되었다고 판독되었음"이라고 회신했다. 이어 ▲'위 소견서에 DDx. parenchymal contusion 이라고 기재된 것은 감별결과 타박상 이라는 의미가 맞는지에 대한 여부?'를 묻는 질의에는 "맞음"이라고 회신했다.

신촌세브란스병원에서 1997년 9월 23일 작성한 진단방사선과 협의 진료소견에 대해 판독을 해달라'는 요청에 대해 "1997년 9월 23일 환자 이장우(당시 50세) 진단방사선과 협의 진료소견상 우측 전두엽에 경막하 혈종과 뇌실 질 좌상을 감별해야 하는 병변과 좌, 전두 측두부에 경막하 수종의 소견이 확인되었다고 판독되었음."이라고 회신했다. 이어 ▲'위 소견서에 DDx. parenchymal contusion 이라고 기재된 것은 감별결과 타박상이라는 의미가 맞는지에 대해' "맞음"이라고 회신했다.

진료기록감정촉탁서(1)

환자이름: 망 이장우
주민등록번호: 470101-1453011
수신: 서울서부지방법원(사건:2020가합 35359)

가. 신촌세브란스병원에서 1997.9.23. 작성한 진단방사선과 협의 진료소견서에 대하여 판독을 하여 주세요?
제출된 1997.9.23. 환자 이장우(남.50세) 병록번호 1944278 (의뢰과 정신과) 진단방사선과 협의 진료소견상 우측 전두엽에 경막하 혈종(subdural hematoma)과 뇌실 질 좌상(parenchymal contusion)을 감별해야 하는 병변과 좌. 전두·측두부에 경막하 수종(subdural fluid collection)의 소견이 확인되었다고 판독되었음.

나. 위 소견서에 DDx. parenchymal contusion 이라고 기재된 것은 감별결과 타박상이라는 의미가 맞는지에 대한 여부?
맞음.

다. 위 진료기록에서 외상성 뇌출혈로 판단할 수 있는지 여부?
첨부된 소견서를 감안하여 판단하면.. 외상성 뇌출혈의 가능성이 매우 높을 것임. 그 이유는 일반적으로 두부손상(뇌손상)의 경우 뇌좌상과 출혈이 동반되는 경우가 매우 흔하며. 일반적으로 뇌좌상은 뇌의 타박상과 같은 의미로 사용됨. 또한 경막하 수종이 동반 것을 감안하면 외상에 의한 소견으로 판단하는 것이 타당함.

2020.11.10

고려대학교 병원 신경외과
전문의 정 용 구

계속해서 ▲'위 진료기록에서 외상성 뇌출혈로 판단할 수 있는지 여부?'를 묻는 질의에는 "첨부된 소견서를 감안하여 판단하면 외상성 뇌출혈의 가능성이 매우 높을 것임. 그 이유는 일반적으로 두부손상(뇌손상)의 경우 뇌좌상과 출혈이 동반되는 경우가 매우 흔하며 일반적으로 뇌좌상은 뇌의 타박상과 같은 의미로 사용됨. 또한 경막하 수종이 동반된 것을 감안하면 외상에 의한 소견으로 판단하는 것이 타당함."이라고 회신했다.

연세대 교직원이었던 고 이장우(당시 50세) 선생은 지난 1997년 9월 16일 연세대에 근무하던 중 쓰러진 상태에서 발견된 후 응급실로 실려가 입원한 후 병마에 시달리다 2015년 2월 2일 사망했다.

고 이장우 선생의 유족은 '연세대 중앙도서관 체크포인트에서 내려오다가 다리가 미끄러져 굴러 떨어졌다'면서 업무상재해라며, 손해를 배상하라는 취지였다. 이에 맞서 연세대학교는 사고 당시 술 먹고 넘어진 발병이라고 연세의료원의 진단서를 가지고 주장한 결과 97년부터 현재까지 소송을 진행해 왔다. 이 사건 문제의 중심에는 사고 일주일 후인 1997년 9월 23일 촬영한 뇌 CT검사 결과를 둘러 싼 판독이 핵심이다.

고 이장우 선생 측이 제기한 소송에서 중앙대학교병원 민병국 의사는 '고 이장우의 진료기록상 외상성과 자발성을 구분하기 어렵다.'라는 감정결과에 의해 당시 최은수 전 서울고법 부장판사는 넘어질 당시 목격자가 없었다는 이유로 기각을 했기 때문에, 만약 중앙대학교병원 민병국의사가 "외상에 의한 뇌출혈"이라고 감정을 했다면 고 이장우는 계단에서 굴러 떨어져 다친 사고로 인정받아 승소를 하였을 것이라고 주장했다.

또한, 유족은 가사, 술먹고 넘어져 다쳤어도 업무상 재해라는 판례를 무시하고 최은수 전 부장판사가 부당한 판결을 했다고 했다.

(한겨레)"근무중 음주 추락사고도 업무상재해"

글쓴날 : 2005-04-25 18:01:15

서울행정법원 행정5부(재판장 김창석)는 근무시간에 술을 마신 뒤 오수처리시설 정화조 안쪽의 전기시설을 점검하다 발을 헛디뎌 추락한 아파트 관리사무소 직원 노아무개씨의 유족이 "업무상재해가 아니라는 이유로 유족급여를 지급하지 않은 것은 부당하다"며 근로복지공단을 상대로 낸 소송에서 원고승소 판결했다고 24일 밝혔다.

재판부는 판결문에서 "출근한 지 며칠 되지 않아 시설 내부구조에 익숙하지 못한 노씨가 술기운에 가파른 계단에서 중심을 잡지 못하고 정화조에 빠져 숨진 것으로 보인다"며 "비록 노씨에게 근무시간 중 술을 마신 잘못이 있더라도, 사용자의 지배관리가 미치는 업무시간 중 업무수행 장소에서 일어난 사고이므로 업무상재해에 해당한다"고 밝혔다. 재판부는 "관리사무소에서 관행상 음주가 일정 정도 용인돼왔던 점도 고려했다"고 덧붙였다.

지난해 3월 근무시간 중 전 직장 동료와 소주 4병 반 가량을 나눠마신 뒤 행방불명됐던 노씨는 열흘이 지나 아파트 오수처리시설 정화조 안에서 숨진 채 발견됐으며, 근로복지공단은 "개인적인 잘못으로 일어난 사고"라며 유족급여를 지급하지 않았다.

2021. 1. 30.

기독교신문사 안계정 기자

판사 양심에 석궁을 쏘는 여자

연세대학교의 거짓을 고발한다

연세대학교는 세브란스병원 허위진단서, 이화여대목동병원, 중앙대학병원,

서울대학교병원 허위 감정과 최은수 전 서울고법 부장판사, 김동오 부장판사

앞세워 소송사기로 故이장우선생을 사망하게 한 죄,

유족에게 머리 숙여 사죄하고, 피해를 배상하라 !

미망인 : 조남숙 (故 이장우의 처). 사법정의국민연대 집행위원장

피해자 : 故 이장우

소속 : 전 연세대학교 농업개발원 실습지도전임강사 겸 행정직원

가해자 : 1. 고 방우영 연세재단 전 명예이사장 (전 조선일보사 고문)

　　　　2. 고 송자 연세대 전 총장 (전, 명지대학교 재단이사장)

　　　　3. 강영희 연세대 전 부총장(농업개발원 전 원장)

　　　　4. 이충일 연세대 전 총무처장(농업개발원 전 과장, 수표교회
　　　　　　장로)

　　　　5. 황규복 연세대 전 입학관리처장(농업개발원 전 과장)

　　　　6. 신촌세브란스병원 의사들

　　　　　　1) 신경외과 의사 하 윤

　　　　　　2) 신경외과 의사 김동석

　　　　　　3) 응급실 의사 박원녕

　　　　　　4) 수간호사 강지현

　　　　 7. 허위 감정한 의사들

　　　　　　1) 이화여대 목동병원 신경외과 의사 김명현

　　　　　　2) 중앙대병원 신경외과 의사 민병국

　　　　　　3) 서울대병원 영상학과 교수 손철호

　　　　8. 故 이장우선생의 직위확인 사건에 대해 부당하게 판결한 판사

　　　　　　1) 법무법인세종 김용담 전 행정처장, 전 대법관

　　　　　　2) 법무법인율촌 대표 소순무변호사

3) 법무법인충청 대표 이우근변호사(전 행정법원 법원장)

4) 이성보변호사 (전 권익위원회 위원장)

5) 양승태 (전 대법원장)

9. 업무상재해 사건에 부당하게 판결한 판사들

1) 최은수 전 서울고법 부장판사 (현, 법무법인 대륙아주 대표 변호사, 연세대학교 소송대리인)

2) 김동오 서울고등법원 부장판사

3) 연세대학교 소송대리인 김선중변호사(전직 판사,의료전문 변호사)

■ 연세대학교 골리앗을 향한 다윗의 32년 싸움의 기록

숭실대학교 이사장까지 지내신 고 배민수목사의 숭고한 뜻을 배신한 연세재단 전 이사장 고 방우영의 잔인한 음모! 삼애과수원예실습농장 후계자까지 죽음으로 몰고 가는 부끄러운 진실을 공개한다.

우리 같은 평범한 국민들이 바라는 좋은 세상이란, 해가 동쪽에서 떠서 서쪽으로 지듯, 물이 위에서 아래로 흐르듯이 세상의 모든 일들이 법과 상식에 근거하는 세상임을 의미한다. 이 사건은 강자의 탐욕이 지나칠 때, 힘없고 순진무구한 국민들이 겪게 되는 어처구니없고 가혹한 현실에 대한 기록이며 우리 법조계가 얼마나 타락했는가에 대한 고발장임과 동시에 우리의 후손들을 위해 왜 우리가 저 거대한 악과 싸워야 하는가에 대한 이유이다.

1. 故 이장우만 부당하게 차별대우를 해야만 했던 실체적 진실은?

가. 故 방우영이사가 재단이사장이 되기 위한 목적

1) 연세대가 고 이장우의 인사카드를 변조하면서까지 소송사기를 했던 이유는 89년 당시 이사였던 고 방우영이 재단이사장이 되기 위해서는 연세재단을 부흥시키는 수단과 계기가 필요했다. 그로 인해 연세재단은 농촌의 발전을 위해 부설로 인가 받은 농업개발원과 연세우유처리장, 그리고 기증재산을 강탈하여 연세재단에 강제로 편입시켰다. 즉 고 방우영이사장은 농업개발원이 개발한 '연세우유' 사업으로 많은 흑자를 내게 되자 마땅히 농업발전을 위해 쓰여져야 할 이익금을 연세재단을 위해 쓰이도록 했다.

2) 그 과정에서 농업개발원 출신이면서 농업개발원을 보고 연세대학교에 삼애농장을 기증한 고 배민수 목사의 유지를 이어받아 계승할 제자 이장우를 희생시키게 되었는데, 농업개발원을 수석으로 졸업하고 농업개발원 부사무장으로 있으면서 농업개발원 과수원예실습지도 강의를 담당한 어엿한 선생님인 故 이장우의 인사카드를 위조하여 일용잡급직이란 (단순노무자) 이름으로 매장시켰다.

나. 농업개발원의 역사

1) 연세대학 농학부는 1917년 연희전문학교 부설로 출범하여 1959년 연희동에 34,000평의 임야를 구입하고 박대선 박사가 4, 5, 6대 총장으로 재임하던 시절 서울특별시 교육위원회로부터 1967년 연세대학교 부설 '농업개발원'을 인가받았다.

2) 연세대학이 농업개발원을 설립한 목적은 기독교정신으로 땅을 사랑하며 우리나라 식생활 향상을 통한 생활개선과 농촌 문화 개발을 위한 농업경영의 이론과 실사를 과학적 방법으로 연구 교수하고 이에 대한 인재를 양성하기 위함이었다. 이와 같이 용재 백낙준 박사와 박대선 박사의 연세농업교육에 쏟은 노력과 정성은 오늘날 연세의 터전이 되었고 연세우유의 발전으로 농업개발원 재정은 많은 흑자를 내게 되었다.

3) 농업개발원의 발전은 고 배민수 목사가 설립한 삼애학원 등 당시 농촌지도자를 육성하던 교육기관의 취지와 부합되어 그 사업을 승계시킬 목적으로 1976. 9. 일산삼애농장 6만 평을 연세대학에 기증되고, 1975. 12. 홍은동 농장(1,600평), 1981. 원지동 임야 16,650평도 연세대학에 기증되어 그 기초가 된 농업개발원은 여러 농촌지도자 육성기관의 뜻을 계승하게 되었다.

다. 2천억 원 상당의 일산 삼애실습농장 기증

독립 운동가이자 일제강점기 때 대한예수교장로회 통합 농촌부장을 지내고 농촌지도자 양성을 위해 농업기술학교를 설립하여 우리나라 농촌발전을 위해 헌신했던 고 배민수(1896~1968년) 목사의 유족들은 1976년경 연세대학에 경기도 고양시 중산동 일대 5만6000여 평의 부지 '삼애전수학교'를 기증하면서, 초교파 농촌교회를 지어 달라고 요청했다.

라. 기증자 뜻 배신한 故 방우영 전 이사장, 갖가지 불법행위 점

당시 주서일보 명예회장인 고 방우영은 1980년 당시 연세대 재단이사를 겸하고 있었다. 故 방우영 이사는 재단이사장이 되기 위해서는 실적을 쌓아야 했기에 아래와 같은 불법행위를 저지르게 된다.

1) 농업개발원이 개발한 '연세우유' 사업이 많은 흑자를 내자 농업개발원과 연세우유처리장을 연세재단에 강제 편입시킨 후 농업개발원을 폐원시켰다.

2) 국내 최초의 과수원예실습농장인 삼애농장은 수천 품종의 유실수가 있었으나 연세대 축구장과 야구장으로 바뀌었다. 애초 고 배민수 목사가 농촌지도자 양성과 농촌교회 설립목적으로 기증한 것이었으나 임의로 변경하였으며 초교파 교회신축은 30년이 지난 2006. 8. 경 삼애교회를 신축함으로써 이때서야 약속을 지켰다.

3) 연세대학교를 설립한 언더우드와 에비슨은 이사회가 개인이나 소수의 집단이 독점하는 것을 막기 위하여 4개 교단 이사를 파송해 운영하도록 했다. 그러나 고 방 이사장은 2011년 10월경 기독교 4개(대한예수교장로회, 기독교대한감리회, 한국기독교장로회, 대한성공회) 교단 파송 이사를 2인의 기독교 이사로 축소하는 정관 변경을 통과 시켰다.

이에 한국기독교교회협의회는 "기독교적 건학이념을 훼손하는 처사"라고 하면서 법원에 소송을 하게 되었으나, 고 방 이사장은 이사 회의에 참석한 목사를 증인으로 내세워 위증하도록 함으로써 학교가 항소심까지 승소하자, 교단을 상고를 했다. 방 이사장은 이때서야 자진사임을 한 후, 전 대법관 출신 김석수를 재단이사장으로 선임했다.

대법원은 피고가 전 대법관 김석수이고 보니 보지도 않고 심리불속행으로 기각 한 결과 교단은 사법부 상대로 재심도 위증한 목사를 고발도

할 수 없어 포기하고 말았다. 결국 고 방 이사장은 대학을 설립한 언더우드의 뜻을 배신했으며, 기증자 유지도 져버리고 타용도로 변경해 사용하도록 했으며, 결국 주인 없는 연세대학교는 조선일보사를 추앙하는 몇몇 사람들의 사유화 대학이 되고 말았다.

2. 故 이장우선생의 근로를 제공한 경력에 관하여

가. 원고는 (故 이장우를 원고라고 합니다) 연세대 부속 농업개발원 낙농학과 및 원예학과를 수석 졸업했으며 1977. 3. 사무직원 겸 실습 지도 강사로 입사, 1981. 3. 연세대 부설 농업개발원 삼애농장 부사무장으로 임명, 1985. 4.에는 덕소농장 사무장보로 발령받아 행정직 및 전문 직급으로 근로를 제공했다.

1980년도 농업개발원 졸업앨범 중에서..

농업개발원은 농촌지도자를 육성하는 교육기관인 관계로 원고의 주업무는 농장을 관리하며 식물의 성장, 번식, 개량 등을 조사, 연구 및 실습을 통한 지도강의 업무였고, 원고가 지급 받던 급여도 정충섭, 박천조 등과 같은 실무책임자와 마찬가지로 급여상승과 보너스를 적용받아 왔으며 사무직으로 분류되었다. 농개원 졸업앨범에서도 이장우가 다른 사무직원과 마찬가지로 선생님으로 기록되고 있음이 명백히 알 수 있다.

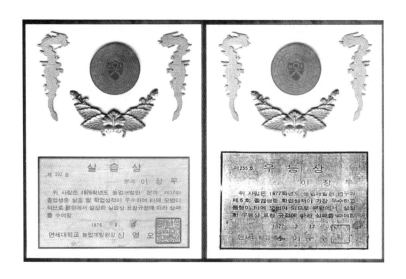

그러나 학교는 1989. 3. 경 농개원이 폐지되고 원주대학교에 낙농학과를 신설한다는 이유로 농개원 전직원에 대한 인사발령이 있었으나, 원고에게 아무런 이유 없이 사무직급에서 용원직급으로 강등발령을 했다.

3. 인사고과를 허위 보고한 황규복과장을 증인으로 내세워 연세대가 승소하는 법

원고는 부당한 용원직 인사발령에 대해 소송을 제기하자, 원고의 인사고과를 행정직급이 아닌 일용단순노무직으로 허위 보고했던 농업개발원 원장 강영희는 94년경 연세대의 부총장, 농업개발원 과장이던 이충일은 총무처장으로, 농업개발원 과장이던 황규복은 입학관리처장이고 보니 강영희 부총장은 황규복 처장을 내세워 "사무직원이 아니라 단순잡급직으로 근무했다" 라고 위증하도록 함으로 인해 연세대가 승소하였다.

4. 연세대가 김용담 부장판사 앞세워 승소하는 법

항소심에서는 강영희 부총장의 처 조카가 되는 서울고등법원 부장 판사였던 김용담(전 대법관, 전 한국법학원 원장)에게 청탁한 결과 (서울고등법원 95나30585호) 김용담 전 대법관은 원고의 청구를 기각시키기 위한 목적에서 고의로, 농업개발원 위임전결규정 제2장 직제 제4조의 규정에 "각 실습농장에는 1인의 사무자 외에 목부, 잡부 등 필요한 인원을 둘 수 있다."는 내용 중, '사무자'라는 부분에 동그라미를 하나 더 붙여 '사무장'은 있으나 '부사무장'은 직제표에 없다는 이유로 왜곡시켜 기각하였다.

> **농업개발원 위임전결규정 제 2장 직제 4조**
> 1. 실습농장 운영책임자는 농업개발원장이 된다.
> 2. 각 실습농장에는 1인의 농장장을 둔다.
> 3. 각 실습농장에는 1인의 **사무자** 외에 목부, 잡부 등 필요한 인원
>   을 둘 수 있다.

위 규정을 있는 그대로 해석할 경우, 원고는 이미 사무자로 1977. 3. 15. 채용되어 사무직원으로 재직하고 있었으며, 이어 1981. 3. 2. 일산 삼애농장 부사무장으로 보직 발령을 받았기 때문에 원고는 이미 사무직원 채용된 이상 원고 청구를 기각시킬 수 없었음에도 불구하고 위 농개원 규정을 조작해 패소판결을 했다.

> 93가합 11425 전직발령무효확인의 소 1995. 6. 23. 원고 패소
> 95나30585호 전직발령 무효확인의 소 1996. 4. 30. 원고 패소 / 재판장 김용담
> 대법원 96다 22839 1996. 8. 26. 심리불속행 기각

5. 연세대가 교목실장 박명철 목사 앞세워 사기 소 취하로 승소하는 법

서부지원 최춘근 재판장은 "피고는 원고 이장우가 행정직 31호봉으로 발령하라."고 강제조정 결정을 1998. 2. 20. 내려 주었으나 연세대는 조정에 응하지 않았다. 재판장은 강제조정에도 응하지 않자 농업개발원 강원장과 총무처장들을 강제구인까지 하였다. 그러자 학교는 "원고에게 소 취하를 하면 합의를 해주겠다."고 교목실장 박명철 목사를 앞세워 회유했다. 원고는 박명철 목사를 믿고 소 취하를 하였으나, 연세대는 약속을 지키지 않아 원고는 다시 소송을 할 수밖에 없었다.

> 1996가합5834 임명장에 기한 사무직확인의 소
>
> 1998.2.20. 강제 직권조정, 서부지원 최춘근 재판장
>
> **조정문: 피고는 원고에게 행정직 32호봉에 위자료 1천만 원을 지급하라.**

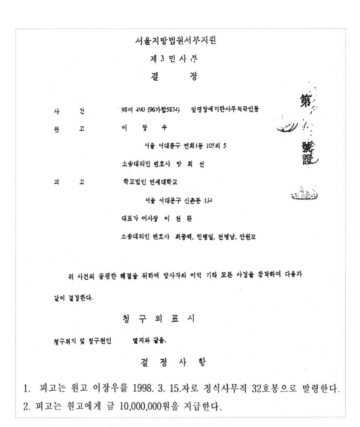

서울지방법원서부지원

제 3 민 사 부

결 정

사 건   98어 490 (96가합583.) 일명장에기한사무직관인등

원 고   이 장 우

서울 서대문구 연희1동 105의 5

소송대리인 변호사 방 희 선

피 고   학교법인 연세대학교

서울 서대문구 신촌동 134

대표자 이사장 이 천 환

소송대리인 변호사 최광대, 민병일, 전병남, 안원모

위 사건의 공평한 해결을 위하여 당사자의 이익 기타 모든 사정을 참작하여 다음과

같이 결정한다.

청 구 의 표 시

청구취지 및 청구원인   별지와 같음.

결 정 사 항

1. 피고는 원고 이장우를 1998. 3. 15.자로 정식사무직 32호봉으로 발령한다.
2. 피고는 원고에게 금 10,000,000원을 지급한다.

원고는 10년 전에 제출했던 소장을 다시 제출해야만 했고, 당연히 강원장이 1981. 3. 2. '일산 삼애농장 부사무장'으로 발령한 발령장 근거로 다시 지위확인 소송을 시도해보았으나 법원은 오직 김용담이 판결한 판결이유로 부당하게 기각을 했다.

원고는 다시 2003. 경 강영희 원장이 원고에 대한 인사고과를 허위보고한 것을 터 잡아 공동불법행위로 인한 손해배상을 청구해 보았으나 이 역시 김용담이 판결한 판결 이유로 기각을 당했다.

2003가합1953 손해배상(기) 2004.7.30. 기각 재판장 임치용

2004나62742 손해배상(기) 2007.6.5. 기각 재판장 이성보

2007다44729 손해배상(기) 2008.11.13. 기각 재판장 양승태

원고는 김용담이 농업개발원 위임전결규정의 직제규정과 다른 판결을 했다는 사실을 2010. 7. 경 우연히 알게 되었으며, 이러한 증거에 의해 남편이 사망하기 전, 업무상재해만이라도 배상을 촉구했으나, 연세대나 김용담은 잔인하게 거절했다.

원고는 할 수 없이 사법개혁도 하고, 연세대가 소송사기로 승소하였다는 것을 입증하기 위해 김용담 전 대법관 상대로 2010. 12. 23. 소를 제기한 결과 (2011가합 21766) 연세대가 법원의 문서제출명령에 의해 2012. 7. 제출한 정관 직인규정 제9조(직인의 사용)에 의해 피고 연세대가 소송사기로 승소하였다는 것을 알게 되었다.

그러나 학교 정관의 직인규정에 의하여 농업개발원 원장이 연세대

총장 허락 없이 직인을 사용할 수도, 발령해서도 아니 되는 것이었다. 이에 원고는 다시 소장을 제출해 진행 중에 있다.

6. 근무 중 사고도 원고가 패소한 이유

원고는 근무 중 1997. 9. 16. 추석날 중앙도서관 체크포인트 계단에서 내려오다가 굴러 떨어지는 추락사고로 뇌출혈이 발생하자, 직무상 요양신청을 했으나 부당하게 반려했다.

학교가 업무상재해로 인정해 주지 않아 원고는 할 수 없이 2001년경 업무상재해로 인한 손해배상 청구를 했으나, 연세대는 세브란스병원의 허위 진단서를 증거로 제출한 결과 1심에서 패소하였으며, 항소심에서는 최은수 재판장이 증인신문조서에도 없는 말을 만들어 사기 판결한 결과 2005. 6. 24. 패소로 확정되었으며, 이러한 증거로 재심청구를 했으나, 재심기간 한 달 안에 제기하지 아니하였다는 이유로 기각 당했다.

판결문에는 오직 "이장우가 체크포인트에서 떨어져 사고를 당했다"라는 목격자가 없다는 이유로 패소했으므로 세브란스병원에서 급성경막하혈종이라는 진단서만 있었으면 원고가 승소할 수 있었다. 더더욱 정준섭 증인은 "술 먹고 넘어진 것은 모른다"라고 증언을 하였음에도 불구하고 최은수 재판장은 "정준섭 증언에 의하면 원고는 음주상태로 체크포인트 옆에 쓰러져 있었다."라고 판결문마저 조작해 판결을 했다.

2003나24743손해배상(기)2005. 2. 1. 기각 서울고법 재판장 최은수
2005다 19385 손해배상(기)2005. 6. 24. 심리불 속행 기각
대법관 이강국, 주심 유지담, 대법관 배기원, 김용담
2007재나 804 손해배상(기) 선고 2009. 9. 10. 기각

결국 최은수 전 재판장은 근무 중 사고는 무조건 업무상재해인데도 불구하고 죽어가는 환자 사건마저 증인신문조서에 없는 말을 만들어 판결문마저 위조해 기각한 결과 故 이장우를 사망하게 되었다.

판사 양심에 석궁을 쏘는 여자

7. 세브란스병원 의사들 상대로 소송하는 법 & 연세대학이 전직 판사출신 이자 의료전문 김선중 변호사의 사기변론으로 승소하는 법

원고는 세브란스병원의 허위 진단서 때문에 패소한 사실을 알고 의사들 상대로 소송을 하여본 바, 2008나69512손해배상(기)판결문에 보면,

1) 서울대학교 병원장에 대한 감정촉탁결과만으로는 원고의 주장과 같이 피고 민성길, 하윤, 김동석, 박원영이 고의적으로 위 응급진료기록, 진단서 및 병력기록을 등을 허위로 작성하였거나 또는 위 응급진료기록, 진단서, 및 병력기록 등의 작성에 있어서 어떠한 과실이 있다고 보기 어렵다.

2) 피고 민성길, 하윤, 김동석, 박원영이 고의로 위 응급진료기록, 진단서 및 병력기록 등을 허위로 작성하였거나 또는 위 응급진료기록, 진단서 및 병력기록 등의 작성에 있어 어떠한 과실이 있다고 인정하기에 부족하다. 도리어 " 원고는 피고 민성길, 박원영이 허위로 응급진료기록, 진단서, 병력기록 등을 작성하였다고 주장하나, (1) 이장우가 이 사건 사고 발생 전부터 기간 동안 우울증, 알콜의존증으로 치료를 받은 병력이 있는데다가 이 사건 사고 당시에도 술을 마신 상태에서 의식을 잃었던 것으로 보이는 점,

3) 이 사건 사고 당시 이장우에게 추락시 일반적으로 동반되는 두부 표면의 외상이 있었던 것으로는 보이지 않는 점,

라는 취지로 기각판결을 한 바와 같이 신경외과 하윤 의사, 김동석 의사가 급성경막하혈종이 있었다는 진단서만 있었다면 추락사고로 인한 뇌출혈로 업무상재해로 인정받았을 것이다.

더더욱 서울대학교병원 영상의학과 손철호 의사의 허위 감정으로 항소도 패소했다.

8. 소송사기로 승소한 연세대학을 상대로 원고가 다시 소송하는 법

사기 판결한 서울고법 부장판사 전 최은수 상대로 2012. 3. 경 소송을 하여본 바, 원고 이장우가 1997. 9. 16. 중앙도서관 체크포인트에서 근무하다 넘어진 사고라는 신경외과 전문의사의 증언을 듣게 되었으며, 신촌 세브란스병원에서 작성한 1997. 9. 16. 같은 해 9. 23. 검사한 진단방사선 진료기록 및 CT감정 결과 고려대 안암병원 신경외과 정용구 교수, 인제대학교서울백병원 윤상원 교수, 박용신경외과의원 박용 원장 모두 "급성경막하혈종, 뇌좌상"이라는 진단을 했다. 그러나 중앙대학교병원 신경외과 민병국 의사는 박용 원장 증언과 달리 "외상성과 자발성을 구분하기 어렸다"고 허위 감정을 함으로 인해 원고가 2005. 2. 1. 패소하였다.

그러나 박용신경외과 원장의 증언이나 판독서에 보면, 원고는 계단에서 굴러 떨어지면서 다친 외상에 의한 뇌출혈로 타박상이 있었던 것이 분명하다.

9. 연세재단의 부정한 사업계획 때문에 故 이장우는 희생양이 되었다.

연세재단은 농촌지도자 양성을 위해 사용해 달라고 기증한 고 배민수 목사의 유지도 져버리고 축구장으로 변경했다. 연세우유야말로 농업개발원의 재정을 탄탄하게 받쳐주는 수익 사업이었으나 연세재단으로 이전했고, 그러한 과정에서 농업개발원의 학생, 교직원, 교수들이 심하게 반발하자 이익금은 농업개발원을 위해 쓰겠다고 1980. 9. 경 연세재단은 약속했지만 악인이 악의를 갖고 한 약속은 절대로 지켜질 수 없듯이 농업개발원에는 한 푼도 지원된 적이 없다.

결국 1990. 8. 경에 농업개발원은 연세대 원주분교에 낙농학과가 신설되었다는 이유로 폐원되고, 기증받은 재산도 타 용도로 사용하고, 농개원 출신이었던 故 이장우만 스승이자 상관이던 강영희 전 원장이 고 이장우의 인사고과를 허위 상신하므로 인해 전직발령을 받게 되자, 89년부터 현재까지 원고의 직위확인 소송전쟁을 하게 되었다.

학교는 업무상재해로 승인만 해주면 사학연금에서 급여를 지급하는 것인데도 불구하고 도리어 최은수 전 부장판사와 김동오 부장판사 앞세워 학교가 승소한 결과 故 이장우는 장기간 정신과병동에 갇혀 살다 지병이 악화되어 사망하게 되었으며, 유족들은 32년 동안 병원비용과 소송비용으로 가정은 풍비박산이 되었다.

그러나 고대안암병원과 서울백병원, 박용신경외과 원장 등 모두 외상에 의한 뇌출혈이라고 했다. 제19대 국회의장을 역임하신 정의화 의장이 운영하는 김원묵기념봉생병원에 감정을 의뢰한 결과 신경외과 이상훈 의사도 "외상에 의한 뇌출혈과 뇌좌상"이라고 했다. 대한의사협회 감정 역시 높은 데서 떨어져 다친 사고라고 2019. 4. 1. 감정을 했다. 중앙대학교병원의 허위 감정을 입증하기 위해 법원 감정을 한 결과 고려대 안암병원에서도 외상에 의한 뇌출혈이라고 2020. 11. 24. 회신이 왔다.

이에 본 단체들은 연세대학교에 다음과 같이 촉구한다.

- 다음 -

1. 조선일보사 방상훈 사장은 부친 故 방우영 전 재단이사장이 연세대학을 사유화하기 위해 희생당한 故 이장우 선생 유족들에게 머리 숙여 사죄하라!

2. 연세재단 이사장 허동수는 연세대학교부설 농업개발원에서 일으켜 세운 연세우유주식회사가 해마다 2백억 대 연세재단 발전에 기여하고 있고, 농업개발원을 믿고 수천억 대 재산을 기증받은 점들을 높이 평가하여 농업개발원 폐원 과정에 발생한 故 이장우 선생의 사건에 대해 지금이라도 故 이장우 선생의 명예를 회복시켜야 한다.

3. 허동수 이사장과 서승환 총장은 연세대학 설립취지 및 인사규정을 위반하여 故 이장우 선생에게 부당한 전직 발령으로 장기간 인권을 유린한 죄, 머리 숙여 사죄하고, 미지급된 임금과 피해를 배상하라!

4. 허동수 이사장과 서승환 총장은 근무 중 사고도 업무상 재해로

인정하지 않고, 세브란스병원의 허위 진단서 및 허위 진료기록으로 故 이장우 선생을 사망하게 한 책임을 지고, 유가족들에게 사죄하라!

5. 강영희 前 부총장은 제자이자 부하 직원이던 故 이장우 선생 인사고과를 허위 보고하여 故 이장우의 인생과 유가족들의 인생을 유린한 죄, 머리 숙여 사죄하라!

6. 김용담 前 대법관은 새문안교회 장로로서, 전 대법관으로서 사기판결로 故 이장우 선생의 인생을 망치고, 유가족들까지 30년 동안 인권을 유린한 죄, 유족들에게 머리 숙여 사죄하라!

7. 최은수 변호사와 김동오 부장판사는 사기판결로 故 이장우 선생을 사망하게 한 죄, 유족들에게 사죄하고, 피해를 배상하라!

2020.10.01.

사법정의국민연대, 공권력피해구조연맹,
민족정기구현회, 사법적폐청산행동연대

응급진료기록 한 장으로 사기판결한 판사를 잡다

- 고소장

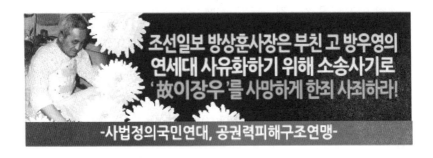

서울고등법원에서 최은수 판사와 김동오 판사에게 연달아 패소한 이후 연세대학교도 용서할 수 없었지만 판사로서 양심을 저버리고 조작된 판결을 서슴지 않는 그들 역시도 용서할 수 없으며, 용서해서도 안 되는 일이다. 결국 필자는 그들을 잡기 위해 2018.3. 고소하기에 이른다.

그 고소장 전문은 다음과 같다.

고소인: 조남숙

피고소인:

1. 서울고등법원 전 부장판사 최은수

2. 서울고등법원 부장판사 김동오

- 고소 취지 -

피고소인 최은수는 서울고등법원 부장판사로서 허위공문서를 작성하여 고소인을 패소시킨 자이며, 피고소인 김동오 역시 고소인 사건을 허위공문서를 작성해 부당하게 패소시킨 자로서 피고소인 최은수는 김동오에게 허위 판결을 하도록 교사한 자이므로 엄벌하여 주시기 바랍니다.

- 고소 사실 -

1. 피고소인 최은수의 범죄행위

1) 고소인은 연세대학교를 상대로 2001년경 업무상 재해로 인한 손해배상 청구를 했으나, 학교는 세브란스병원의 허위 진단서를 증거로 제출한 결과 1심에서 패소하고, 항소심에서는 서울고등법원 전 부장판사였던 피고소인 최은수가 증인신문조서에도 없는 말을 만들어 사기판결로 2005.6.24. 패소로 확정되었습니다.

최은수는 자신이 작성한 2003나24743 손해배상(기)의 판결문 5쪽에 보면,

"을제17호증의 4 우울증 진단서, 을18호증의 응급진료기록 기재 및 당심 증인 정준섭의 증언만으로는 원고의 위 주장 사실을 인정하기에 부족하고 달리 이를 인정할 만한 증거가 없다(다만, 갑제51호증의 2, 을18호증의 기재 및 위 정준섭의 증언에 의하면, 위 이장우는 그 당시 음주 상태로 체크포인트 옆에 쓰러져 있었는데, 쓰러진 원인은 알 수 없다

는 점만 인정될 뿐이다)…"라고 판결을 하였는 바, 판결문에는 오직 '이장우가 체크포인트에서 떨어져 사고를 당했다'라면서 목격자가 없다는 이유로 패소했으므로 세브란스병원에서 급성경막하출혈이라는 진단서만 있었으면 고소인은 승소할 수 있었습니다.

더더욱 최은수는 정준섭 증언에 의해 "원고는 음주 상태로 체크포인트 옆에 쓰러져 있었는데, 쓰러진 원인은 알 수 없다는 점만 인정될 뿐이다"라는 이유로 기각했으나, 증인은 "술 먹고 넘어진 것은 모른다"라고 증언을 하였음에도 불구하고 최은수는 판결문마저 조작해 패소 판결했습니다.

정준섭 증언을 받아들일 경우 원고는 승소할 수밖에 없었습니다. 그러한 증거로 정준섭 증인신문조서를 보면 다음과 같습니다.

문: 위 선정자 이장우는 그 날 점심 시간에 술을 마셨나요.
답: 모릅니다.
문: 소주 한 병은 가지고 나누어 드셨지요?
답: 모릅니다. 증인은 관리실에서 쉬고 있는데 '쿵'하는 소리가 나서 나가보자 선정자 이장우가 넘어져 있는 것을 목격한 바 있습니다.

질문 14항
문: 체크포인트 높이는 보통사람 키만큼 높이로 설치되어 있으며 포인트로 올라가기 위해서는 나무계단 4개 정도를 올라가야만 하지요.
답: 발판이 있고 그 발판 위에 의자가 하나 있는데 그 의자를 올라가야 합니다.

질문 16항

문: 체크포인트에 올라가거나 내려올 경우 잘못 발을 내디디면 넘어질 수가 있는 상황이었지요.

답: 사람에 따라서 넘어질 수도 있습니다.

  * 이런 사고가 발생하자 연세대는 즉시 체크포인트를 철거하고 자동화 시스템으로 설치하였다.

답: 체크포인트는 학생들이 다 보는 장소에 앉아서 근무하는 관계로 술을 먹고 근무할 수가 없는 장소이다.

피고대리인 질문

문: 올라갈 때 특별한 위험한 요소가 있나요.

답: 발판 위에 의자가 하나 있으므로 발판을 딛고 올라서서 그 위에 있는 의자를 딛고 높은 좌석에 앉아야 합니다.

이 증언과 같이 원고는 1997.9.16. 오후 5시 경에 근무시간에 사고가 발생하였기 때문에 당연히 업무상 재해이며, 더욱 체크포인트는 학생들이 다 보는 장소에 앉아서 근무하는 관계로 술을 먹고 근무할 수가 없는 장소이고, 잘못하면 넘어질 수 있는 위험한 장소였던 것이 입증되었기 때문에 고소인이 승소할 수밖에 없었습니다. 그런데도 최은수는 판결문을 조작해 사기판결을 하였습니다.

2003나24743 손해배상(기) 2005.2.1. 기각 서울고법 재판장 최은수

2005다19385 손해배상(기) 2005.6.24. 심리불속행 기각

대법관 이강국, 유지담, 배기원, 김용담

2007재나804 손해배상(기) 선고 2009.9.10. 기각

2) 피고소인 최은수 전 재판장은 근무 중 사고는 무조건 업무상 재해인데도 불구하고 대법원 판례도 무시하고, 그것도 다친 사고로 죽어가는 환자 사건마저 증인신문조서에도 없는 말을 만들어 판결문마저 위조해 기각한 결과 故 이장우는 사망하게 되었습니다.

엉터리로 패소판결을 한 최은수는 김용담 전 법원행정처장 도움으로 춘천지방법원장으로 승진되었으며, 서울남부지방법원 법원장, 서울서부지방법원 법원장, 특허법원장으로 근무하다 법복을 벗고 법무법인아주 대표로서 연세대학교 고문변호사로 활동하고 있다가, 2016.3.26. 중앙선거방송토론위원회 위원장으로 취임했습니다.

2. 피고소인 김동오의 범죄혐의에 관하여

1) 피고소인 김동오는 서울고등법원 2008나69512 손해배상(기) 사건의 재판장으로서 피고 민성길 의사가 작성한 응급진료기록이 아니라는 것을 눈으로 마음으로 확실하게 알 수 있었음에도, 연세재단과 세브란스병원 의사 신경외과 하윤(현 연세대 교수) 의사와 신경외과 김동석 의사, 응급실 박원녕 의사가 허위로 작성한 진단서가 정상적인 것처럼 만들어 연세대를 승소시킬 목적으로 세브란스병원 수간호사 강지

김용담 전 대법관은

사기 판결로 고 이장우 선생과 유가족 인권을(28년) 유린한죄, 사죄하라!

현이 작성한 것임에도 불구하고, 민성길 의사가 작성한 것처럼 인정하여 허위 판결을 하였습니다.

2) 피고소인은 자신이 판결한 '2008나69512 손해배상(기)' 판결문에 보면,

"이 사건 사고 당시 이장우에게 추락 시 일반적으로 동반되는 두부 표면의 외상이 있었던 것으로는 보이지 않는 점, 이장우가 이 사건 사고 이후에도 우울증, 알코올 의존증으로 치료를 받은 점 등의 사정에 비추어 보면, 응급실 담당의사인 민성길이 이장우의 응급진료기록의 진단명에 'alcoholintoxicaion'이라고 기재하고, 1997.9.23.자 진단서에 병명을 '우울증'이라고 기재한 것과 피고 박원녕이 1997.9.18. 이장우의 병력기록 음주란에 '2 bottle/day X 30yrs'라고 각 기재한 것이 허위라고 보기는 어렵다…"라고 판결하였으나, 판결문 내용과 달리 민성길 의사는 응급실 담당 의사도 아님에도 불구하고, 이장우의 응급진료기록의 진단명에 'alcoholintoxicaion'이라고 기재하였습니다.

응급실 진료기록은 수간호사 강지현이 작성한 것이며, 강지현 수간호사는 의사가 아님에도 불구하고 그것도 응급진료기록에 알코올중독으로 입원했다고 명시한 허위진료기록을 가지고 연세대학이 승소하였습니다.

이러한 이유로 고소인은 연세대학교 및 세브란스병원 의사들 상대로 소를 제기하게 된 것인데도 불구하고, 정신과 민성길 의사가 응급진료기록을 작성한 것처럼 허위로 공문서를 위조해 고소인에게 패소판결을 하였습니다.

3) 응급진료기록은 수간호사가 아닌 민성길 의사가 작성한 것으로 해야만 2003나24743호 사건이 연세대학의 정당한 승소가 되므로 연세대를 위해 사기판결을 한 것입니다. 즉, 최은수는 "을제18호증의 기재 및 위 정준섭의 증언에 의하면 위 이장우는 그 당시 음주 상태로 체크포인트 옆에 쓰러져 있었는데, 쓰러진 원인은 알 수 없다는 점만 인정될 뿐이다"라고 판결을 하였기 때문에 두 사건 모두 허위로 작성한 응급진료기록을 가지고 패소했습니다. 고소인에게 패소시킬 명분과 증거는 정신과 민성길 의사가 응급진료기록을 작성한 것처럼 보여야 하므로 판결문을 조작해 패소판결 한 것입니다.

4) 피고 박원녕 의사는 고 이장우가 정신과 치료를 한 사실도 없음에도 1997. 9. 18. 작성한 병력기록을 보면 "알코올 의존증으로 망 이장우가 30년 동안 소주 2병씩 먹었다"고 허위로 진료기록을 작성했습니다(증제3호증의 2 박원영 의사가 허위로 작성한 병력기록 참조).

5) 신경외과 피고 하윤 의사는 '급성 경막하출혈 및 아급성'이라고 진단서를 작성해야만 하는데도 불구하고, 3주 지나서 작성하는 '만성경막하출혈'이라고 진단서를 작성했습니다. 진단서를 작성하기 위해서는 최초 발병원인을 기재해야만 하는데도 불구하고 막연히 '만성

경막하출혈'로 진단서를 작성함으로 인해 고소인이 과거 질병에 의한 뇌출혈로 오판하도록 한 것입니다(증제3호증의 4 하윤 의사가 허위로 작성한 만성경막하출혈 진단서 참조).

6) 피고 김동석 의사는 이미 입원할 때부터 고 이장우를 치료하고 있었음에도 '급성경막하출혈 및 경막하수활액낭종'이라고 진단서를 작성해야 했습니다. 하지만 최초 진단명을 작성하지 않고 '경막하 수활액낭종(의증)'이라고 진단서를 작성하여 경막하출혈이 무엇 때문에 발병했는지 모르겠다는 취지로 '경막하의증'이라고 고의로 허위작성했습니다(증제3호증의 5 김동석 의사가 작성한 진단서 참조). 따라서 응급진료기록이 허위로 작성된 것이라고 판결이 날 경우, 피고 의사들 역시 허위 진단서를 작성한 것이 되며, 연세대학교는 당연히 허위 진단서를 가지고 승소한 것이 되기 때문에 피고소인은 허위공문서를 작성해 허위 판결한 것입니다.

7) 고소인은 응급진료기록에 의해 패소를 하였기 때문에 응급진료기록이 허위라는 것만 입증하면 고소인은 승소할 수 있었습니다. 2009. 3. 10. 이충헌 의사와 수간호사 강지현을 증인으로 신청했으나, 피고소인은 증인들을 채택하지 않았습니다. 만약 응급진료기록을 작성한 수간호사 강지현을 증인으로 채택해 "어떠한 근거로 술도 못하는 망 이장우에게 알코올중독이라고 작성한 이유가 무엇이냐"라고 질문을 해보았더라면 망 이장우는 알코올 중독자로 몰려 억울하게 사망하는 일은 없었을 것입니다. 또한, 재판장으로서 당연히 피고 학교에 석명을 구해, 민성길 의사가 직성한 것인지 아닌지 확인을 해야만 했습니다(증제5호증의 2 증거신청서, 현장검증신청).

그러나 응급진료기록이 허위로 작성된 것이라고 판결이 날 경우, 피고 의사들 허위 진단서를 작성한 것이 되며, 피고 연세대학교는 당연히 허위 응급진료기록 한 장을 가지고 승소한 것이 됩니다.

3. 피고소인 최은수가 김동오에게 교사한 점

1) 고소인은 최은수 판사의 고의적 판단누락을 문제 삼아 재심청구를 2007. 7. 해보았으나, 재심 기간 한 달 안에 제기하지 아니하였다는 이유로 부당하게 2009. 9. 10. 기각했습니다. 그러나 재심 기간은 분명 재심 사유는 안 날로부터 한 달 안에 하면 되는데도 불구하고 조인호 재판장은 원심판결이 난후 한 달 안에 제소를 안 했다는 이유로 기각했습니다.

2) 김동오는 최은수 판사가 허위 판결을 한 사실을 가지고 고소인이 재심청구를 했기 때문에 재심은 기각당했어도 고소인 사건을 기각할 수는 없었습니다. 그러한 증거로 김동오가 판결문에서 "서울고등법원 2003나24743호 사건에서 이 당시 음주 상태로 체크포인트 옆에 쓰러진 원인을 알 수 없다는 점만 인정될 뿐, 원고 주장과 같이 체크포인트에서 근무하다가 그곳에 설치된 계단에서 발을 헛디뎌 머리를 다쳤다고 인정할 증거가 없다"라고 한 바와 같이 최은수가 증인신문조서에 없는 말을 만들고, 응급진료기록은 연세대가 허위로 작성해 제출했다는 이유로 재심청구를 한 사실을 잘 알고 있음에도 불구하고, 응급진료기록을 민성길이 작성한 것이라고 고의로 판결문을 조작해 연세대학에 승소판결을 했음으로 김동오는 최은수로부터 청탁을 받고 허위 판결을 한 것이며, 피고소인 최은수를 김동오에게 사기판결을 하도록 교사한 것입니다.

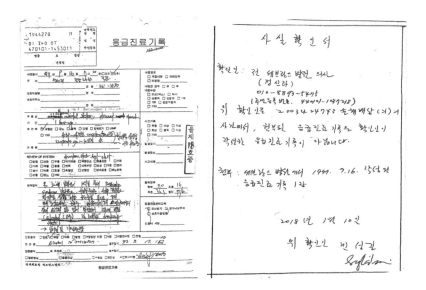

3) 고소인은 도리없이 민성길 의사에게 2018.1. 찾아가 응급진료기록은 민성길 의사가 작성하지 아니했다는 사실확인서를 받아 김동오 부장판사를 고소했습니다(증제3호증의 1 민성길 의사 사실확인서, 응급진료기록 참조).

4. 맺음말

앞에서 서술한 바와 같이 사고 당시 세브란스병원에서 1997.9.23. 작성한 진단 방사선 진료기록 및 CT 감정을 한 결과 고려대 안암병원과 인제대학교 서울백병원, 박용 신경외과의원 모두 '급성경막하혈종, 뇌좌상'이라는 진단을 했는바 세브란스병원 의사들이 허위 진단서를 작성했다는 것을 알게 되었습니다(증 제1호증의 1, 2, 3, 4 고려대 안암병원 진단서, 인제대 서울백병원 소견서, 박용 신경외과의원 소견서).

결국, 이러한 증거들에 의해 남편은 근무지에서 굴러떨어져 뇌출혈이 있었던 것임에도 불구하고 세브란스병원 신경외과 하윤 의사나, 김동석 의사는 허위 진단서를 작성함으로써 업무상 재해로 인정받지 못하였으며, 더더욱 중앙대 민병국 의사나, 서울대 손철호 의사 역시 허위감정을 한 것입니다. 따라서 피고소인들은 허위공문서를 작성하여 행사하였으며, 피고소인 최은수는 김동오에게 허위공문서를 작성하도록 교사하였으므로 이에 엄벌하여 주시길 바랍니다.

입증자료〉
1. 최은수가 판결한 2003나24743 판결문
2. 정준섭 증인신문조서
3. 2008나69512 손해배상(기) 판결문

2018. 3. 13.
고소인 조남숙

판사 양심에 석궁을 쏘는 여자

웬수(부당하게 무혐의처분 검사)는
외나무 다리에서 만나는 법

　1. 필자가 1차 재판에 패소한 원인은 강 원장(당시 부총장)이 내세운 황규복 인사관리처장이 남편이 사무직급이 아닌 단순노무직으로 근무했다고 위증함으로 인해 황규복을 위증죄로 고소했다. 그러나 서부지검 김상호검사는 부당하게 무혐의처분을 했다. 이에 항고를 했으나 소용이 없었다.

2. 할 수 없이 김상호검사를 허위공문서 작성 죄로 고소도 해보았으나 소용이 없었다. 인사카드를 변조해 행사한 학교 총무처 직원들을 고소해 보았으나, 이 역시 부당하게 기각했다. 이러한 형사고소 사건은 10년의 세월이 흘러야 했으나 검찰은 피해당한 약자의 편이 아닌 거대한 대학을 위해 목숨 걸고 무혐의처분을 했다. 항고심에는 안대희 검사가 수사를 했으나, 재수사할 것처럼 했다가 항고를 기각했다.

3. 이때부터 검찰은 없다는 판단에 민사소송을 통해 증거를 잡아서 다시 고소를 해야겠다고 마음먹고 민사만 진행했다. 결국 작전대로 인사카드 변조에 대해 서울고법에서 감정을 허락했고, 그 결과 인사카드가 변조했다는 것을 입증할 수가 있었다. 그럼에도 이성보 재판장(전 권익위원회 위원장)은 부당하게 기각판결을 한 후, 법원장으로 승진되었으며 그 후 권익위원장까지 역임하는 등 엉터리 판결을 해준 대가로 명예와 권세를 누렸다.

4. 만약 김상호검사가 기소만 했다면 32년 동안 소송전쟁을 해야만 되는 피해를 없앨 것이다. 헌데, 김상호검사가 변호사가 되어 전화가 왔다. 장인이 자신의 처가 맏딸인데도 불구하고 처남한테 재산을 다 상속해 줬다면서 그런 와중에 김 검사의 처가 처남(국제변호사)이 근무하고 직장 앞에서 1인 시위를 하다가 명예훼손으로 기소되었는데, 김 검사까지 문자를 조작해 처남을 협박했다는 취지로 김앤장 변호사 3명을 선임해 김 검사를 고소했다면서 도움을 청했으나, 자신이 변호사라 전화와 메일로 진정하고 서류를 보낸다고 했다.

5. 이때까지만 해도 나의 웬수인지도 모르고 김 검사 요구대로 구조운동을 진행을 했고, 상대가 김앤장 소속변호사 3명을 도리어 무고죄로 처벌하라는 구조운동이라 재미가 있다고 보아 신나게 동부지원 앞에서 일주일 동안 집회를 한 결과 무혐의 송치된 사건이 도리어 처남이 있는 관할 대구지검으로 이송한다고 동부지검에 연락이 왔다.

이송결과로 대구지검까지 쫓아가 투쟁을 해야만 했으나 김 검사는 좀 두고 보자고 하면서 집회를 연기했으나, 한 달, 두 달이 되도 소식이 없었다. 아마도 잘 됐으니 집회도 안 하고 소식이 없는 것으로 알고 6개월의 시간을 보내다가, 김 검사가 웬지 많이 듣던 이름이라는 생각에 서류를 뒤져본 결과 세상에 내 사건을 무혐의 처분한 그 검사가 바로 김상호 검사였다.

이때부터 김 검사를 잡아야 겠다는 생각에, 전화를 했다. 대구사건 어찌 됐냐고 하자, 무혐의처분당해 재정신청을 했다고 했다. 나는 믿어지지 않으나 잘 되면 후원금 준다고 한 문서가 있으니 후원금을 주지 않고자 아직도 잘 안되고 있다고 한 것이 뻔하다. 그렇지 않고서야 집안 문제인데, 그것도 처남은 200억 원을 증여받았지만, 큰딸은 최소한 얼마라도 달라고 하는 사건이라 국제변호사인 처남은 단체가 나서서 인터넷에 본인 사건을 도배를 하고 있으니 차라리 누나에게 얼마를 주고 합의를 할 수밖에 없는 사건이었다. 그것도 검사가 검사출신 변호사를 잡아 주겠는가, 김앤장 변호사 3명이 문서를 위조했다면서 김 검사가 도리어 무고죄로 기소하라고 달려들고 있으니 김앤장 변호사도 골치가 아프고, 처남도 자신이 없다는 판단에 합의를 본 것이 분명하다.

6. 이러한 판단에 필자는 김 검사에게 편지를 보냈고, 너 때문에 내가 운동가가 되었으며, 남편을 억울하게 사망을 했고, 가정을 풍비박산이 났다. 그러니 양심이 있다면 얼마라도 후원하라고 했으나, 김 검사는 잘못이 없다면서 거절했다.

그러나 신영오원장은 남편을 사무직원으로 채용하였으며, 실습지도 강의도 했다고 한 진술서가 있다. 가짜 실습조교 정씨는 사실대로 "자신은 실습조교 업무는 하지 않고, 원예비닐하우스에서 단순한 업무만 했다."고 자백한 진술서가 지금도 가지고 있다. 그럼에도 김 검사는 피고소인 황규복이 허위 진술한 진술서만 터 잡이 부당하게 무혐의처분을 했다.

그러나 지금도 검찰은 고소한 사건 100건 중 10건만 기소한다는 조사결과를 보면 아직도 검찰이나 경찰은 약자를 위한 수사는 하지 않고 있다. 다행히 일반 시민들 사건은 경찰이 수사하도록 경찰수사권이 독립되었음으로, 경찰만 공정하게 수사를 한다면 약자들의 권리회복은 쉽게 회복될 것으로 본다.

필자는 민사 사건에만 빠져 원고를 준비하였을 뿐, 김상호검사를 생각하게 될 줄은 전혀 몰랐다. 얼마나 남편이 억울했으면, 하늘나라에서 계속해서 가해자들을 응징할 무기를 주는 것 같아 용기를 갖게 되었다. 필자는 남편을 구조하지 못한 죄책감에서 5년의 세월을 눈물로 보내야 했으나, 그 시련을 뛰어 넘어 이렇게 나쁜 웬수들을, 나쁜 김상호 검사를 남편 덕에 당당하게 폭로하게 되었다.

낭시 김상호검사와 황규복과장을 고소했던 고소장을 소개한다.

위증이 아니라면, 임금과 퇴직금 착취다.

고 소 장

고 소 인 : 조남숙
　　　　　서대문구 연희1동 185-15
피고소인1 : 황규복
　　　　　연세대학교 입학관리처 과장
피고소인3 : 김상호 검사

고소 취지

고소인은 피고소인1 황규복을 위증죄로 고소한 바 있는데(서울지검 서부지청 96형제10328호), 93가합11425 전진 발령 무효 확인 소송 제8차 변론 기일의 황규복의 증언은 거짓과 몰상식하기 짝이 없는 주장으로 일관돼 있습니다만, 그럼에도 불구하고 피고소인2 김상호 검사는 황규복의 위증을 무혐의 처리하였습니다.

하늘이 두 조각이 나버릴 수는 있을지언정, 황규복의 증언이 정상적이고 상식적인 사실이 될 수는 없는데, 그 허위 증언을 무혐의 처분한 것은 형사 사법 정의를 구현하기 위한 검사의 직무 수행이 될 수 없으므로, 황규복을 위증죄로 다시 고소하면서, 김상호 검사의 직무 유기 혐의를 추가하는 바입니다.

고소 이유

1977. 3. 연세대학교 농업개발원 낙농학과와 원예학과를 수석 졸업한 고소인의 남편 이장우는 조교로 발탁되어 3년 동안 근무하다가, "학교에 채무가 많아 직원 채용이 없으니 기다리라"라는 스승을 믿고, 농업개발원 원장의 '삼애 농장 부사무장' 임명장만 받은 상태에서 사무장 대리, 과수 원에 책임자, 목장장 등의 1인3역의 노동력을 제공하면서 정식 임용되기를 기다리던 중, 모교 재직 12년 만에 '용원'으로 발령되는 수모를 당했습니다.

피고소인 황규복이야 말로 이장우의 '용원' 발령을 주도했던 장본인인데, 그렇기 때문에 그는, 이장우가 12년 동안이나 '일용집급직'으로 일당을 받고 근무했다고 주장하면서 "농업개발원 학력은 인정할 수 없기 때문에 이장우는 고졸 출신이다."하는 망발을 늘어놓았습니다. 농업개발원에서 농업개발원 학력을 인정할 수 없으면, 때문에 졸업생을 12년 동안이나 일당을 지불하면서 일용잡급직으로 혹사시켰었다는 주장이 사실에 입각한 진실을 말한 것이라면, 그것이야 말로 명문 사학 연세대학 측의 노동력 착취와 임금 및 퇴직금 착취가 아니겠습니까?

검사는 【불고불리의 원칙】 고소가 접수된 사실만 수사해야 되지만,

고위층의 비리를 인지 수사하는 것이야 말로 검사의 직분이 아닐 수 없었습니다. 고소인이 고소한 범죄만 수사하는 것이라면 경찰이 충분히 감당할 수 있는 일이니, 굳이 경찰 위에 검찰이라는 屋上屋을 둘 필요가 없습니다.

대한민국의 법조인 부패에 분노하는 고소인은, 엄연한 범죄 행각을 기소하지 않고 덮어버리는 【기소독점주의】의 횡포를 고소하오니, 대국적인 차원에서 본 고소 사건을 조사해주실 것을 요구하는 바입니다.

1997. 2.   위 고소인 조남숙

서울서부지방검찰청 귀하

제2부

사법개혁의 발걸음

판결이란 무기와 판사의 위력 &
김경수, 이재명 도지사가 무죄 받는 법

1. 국민이 정치를 잘 이용해야, 국민이 부자가 되는 법

사람이 우선인 문재인 정부에 힘입어 쌍용자동차 해고사건은 대법원
에서 확정이 되었음에도 모두 복직했다. 그뿐인가 YTN에서 해고된 기
자들도 9년 만에 복직했다. KTX승무원들도 12년 만에 대법원에서 패

소로 확정된 사건을 전원 복직시켰다. 다들 하늘에서 별을 땄다고 부러워했다. 그래서 촛불정부를 환호하고, 대통령을 존경하게 되었다. 즉, 대통령이 누가 되는가에 따라 법은 있으나 대통령이 국민에게 공약한 약속의 힘에 의해 약자들의 권리도 보장된다는 것을 우리는 실감했다.

반면에, MB 정권이나 박근혜 정권은 기업들과 손잡고 민초들을, 근로자들을 압박하고 탄압하여 독재국가로 만들고자 했고, 그들은 그 방법이 국가를 튼튼하게 성장시키는 것이라고 했다. 그런 사고방식을 가진 자들은 보수라고 하고, 이에 한술 더 뜨면 검찰과 사법부는 당연히 보수의 길로 갈 수밖에 없다. 가진 자들은 법이 필요 없다. 돈만 있으면 다 되는 법이기 때문에 판검사들은 돈을 팍팍 땡겨 주는 보수들과 친한 사이가 될 수밖에 없다. 그래서 힘없고 빽 없는 민초들은 소송을 포기하고, 적당히 살아가는 것이 현명하다고 판단하게 되었다.

그러한 삶의 풍토 속에 사법농단 사건이 발생했어도, 국민들은 도리어 문제를 제기한 김명수 대법원장을 탓하면서 경제적 어려움만 토로했다. 다만 사법농단 사건으로 피해본 피해자와 그들을 돕고자하는 정의로운 시민들과, 민주주의를 바로세우겠다는 민주당과 민변, 민족단체들만이 적극 양승태는 구속하고, 사법농단에 동참한 판사들을 탄핵해야만 된다고 외치고 있었다. 그러나 20년 동안 법을 바로 세우는 운동을 해온 필자조차도 양승태를 구속까지 할 것인지에 대해서는 기대를 할수가 없었다. 노무현 정권에서는 검찰개혁을 하려다가 도리어 검찰의 칼에 대통령이 피해를 보았기 때문에, 사법부를 개혁하겠다는 문재인 정부에서도 역시 우려했던 바대로 판사들은 200건 이상 구속영장 청구를 모두 기각했다.

　국민의 원성이 하늘을 찌르자 할 수 없이 영장담당 판사를 변경해야만 했고, 그러한 절차에 의해 간신히 양승태가 구속이 되자, 사법부가 개혁할 의지가 있는 것으로 기대를 하게 되었다. 그러나 그 기쁨도 잠시 김경수 도지사가 구속이 되고, 안희정 전 도지사가 구속이 되는 것을 보고 경악하지 않을 수 없었다.

2. 판결이란 무기, 판사의 위력

　사법피해자를 구조한다는 명분으로 진행하고 있는 사건에 대해 대법원과 당해사건 재판부에 사법연대의 공문을 발송한다. 당연히 판사는 단체 의견서에 따라 판결을 하는 판사도 있고, 그 반대로 기각하는 판사도 많다. 대법원은 헌법 제103조에 따라 법관은 헌법과 법률에 의하여 그 양심에 따라 독립하여 심판하기 때문에 진행 중 사건에 대해서는 그 누구도 관여할 수 없다고 회신이 온다. 그럼에도 필자는 자체 감사를 요청하는 뜻에서 대법원과 담당재판부에도 공문을 보낸다.

양승태 구속영장을 인용한 판사는 정의로운 판사가 되었으나, 김경수와 안희정을 구속한 판사는 사법개혁을 반대하는 보수 한국당 측의 판사라고 국민들은 판단을 하게 되었다.

삼성 이재용부회장에게 집행유예를 준 판사도 있다. 그 뿐인가 문재인 정부인데도 불구하고 대법원은 홍준표에게 무죄를 주었다. 그러나 대법원은 떡값 폭로한 것도 죄가 된다고 고 노회찬 의원에게 유죄판결로 의원직을 상실하게 했다. 그런 사법부가 촛불정부를 만들어낸 일등공신들을 다 잡아들이겠다고 하고 있으니 국민들의 머슴인 판사들이 두렵고 무섭다. 만약 고 노회찬의원에게 유죄판결을 하지 않았다면 드루킹에게 돈을 받는 일도 없었을 것이며, 4천만 원 때문에 자살은 하지 않았을 것이다.

한 명의 판사가 얼마나 큰 위력을 발휘하는지 새롭게 온 국민들은 실감했다. 이러한 피해를 예방하고자 필자는 22년 전 1997. 6. 26. 단체를 창립과 동시에 비리 판·검사, 경찰관도 처벌받아야 한다는 취지로 고발운동을 해왔으나, 국회는 공수처 법을 만들지 못한 결과, 국정농단과 사법농단 사건이 발생했고, 이러한 사건들로 인해 온 국민들은 공수처 법을 만들어야 된다고 외치고 있다.

3. 김경수 도지사와 안희정 도지사가 무죄가 되어야 하는 이유

박근혜 정권의 국정농단 사건과 이명박 사건으로 법원은 항상 백화점이었다. 언론 역시 정치 사건들로 인해 민생사건들은 보도할 기회조차 없고 너무도 많은 뉴스들로 인하여 정신이 없다고 했다. 거기에 사법농단 사건까지 발생했으니 온 국민들은 정신이 없다.

대법원 판결을 돌아보면,

쿠데타로 성공한 정부는 대법원도 어쩔 수 없다면서 전두환에게 사법부는 조사조차 할 수 없었다. 노태우 전 대통령도 무죄였다가, 김영삼 정부 때 전두환, 노태우도 구속되었다. BBK사건으로 필자에게 고발당했던 명박이는 도리어 김경준이 구속되었다. 박근혜도 부정선거로 고발을 당했으나 조사조차 하지 않았다. 그 후 국정농단 사건으로 구속되고, 명박이도 결국 BBK사건으로 구속되었다. 헌데 사법개혁을 하겠다는 촛불정부에서는 사법부가 한국당을 위한 판결을 하고 있으니, 이는 정면으로 촛불정부를 무너뜨리기 위한 사법부 의지로 밖에 볼 수 없다.

그것도 한국당은 국정원을 앞세워 댓글 조작해 성공한 한국당이고, 드루킹 사건은 신생아 범죄 사건이다. 지금부터 법을 만들면 된다. 미네르바 사건처럼 마찬가지인 사건을 구속까지 했다는 것은 있을 수 없는 일이다.

안희정 사건 역시 최초 미투 사건으로 국민들 정신교육 시키는 데 큰 효과를 본 사건으로 정리하면 된다. 국가 발전에 기여한 일등공신을 구체적인 증거도 없이 한 여자의 진술만 의지하여 구속까지 해야만 되는지 이해할 수 없다.

즉, 대를 위해 소를 희생해야 된다는 것이 관행 아닌 관행이다. 필자 역시 법에 의해 무조건 승소할 것으로 알고 도전했으나, 사법부는 죄는 있지만 상대가 대학재단이고, 가해자가 스승이라는 것 때문에 장장 30년 동안 사법부는 엉터리 판결을 해오고 있다. 결국 남편은 사망했는데도 가해자 대학은 사죄도 없고, 확정된 사기 판결

문만 고집하고 있어 도리 없이 판사들 상대로 소장을 접수해야만 했고, 책으로 폭로할 준비를 하고 있다.

그러나 안희정 전 도지사가 김지은에게 한 행위는 1심에서 무죄였다가 항소심에서 실형을 선고했다. 그러나 간통죄는 2015. 2. 27. 폐지되었다. 안희정 부인의 주장대로 불륜이 맞는다고 볼 수도 있다.

그러한 증거로 김지은 측이 폭로한 "예상했던 것이 그대로 등장했다."라는 제목의 기사에 보면, 대책위는 '피해자가 종사했던 곳은 일반 정치 집단이 아니고 대권그룹이라며 피해자는 오랜 대권 주자의 인적 그룹에 투입된 최측근 수행비서 자리에 발탁된 신입이었다'라고 적시한 바와 같이 대권주자의 수행비서인 김지은이 이렇게 폭로를 해서 한 가정을 무너뜨리는 것보다는 주변 동료나 상관들에게 호소해 제지를 하도록 하는 방법도 있었다. 그러나 폭로를 하게 된 동기가 수행비서직에서 전보되자

폭로를 했다는 것이 마땅치가 않다

장자연 문건을 보면 3층은 접견실이고 1층은 환각 파티장이었다고 한다. 특히 장자연은 회사 건물 3층에서 감금 상태로 상습적인 성폭행과 구타를 당했다고 한다. 내용만 봤을 때에는 자신이 원하는 대로 하지 않는 연예인은 감금하고 때렸다고 볼 수가 있다.

즉, 고 장자연처럼 생활고 때문에 죽지 못해 술 시중을 들어야 할 만큼 김씨는 가정적으로, 경제적으로 어려운 처지가 아니다. 간음을 당했다면 그 즉시 현장에서 도망 나오면 되는 것이고, 그때 경찰에 신고를 하면 된다. 왜 하필이면 전보를 당하자 폭로를 했다는 것은 그토록 몸까지 바쳐 충성을 했는데 자신을 버렸다는 것에 대한 보복심에서 출발한 것처럼 보여 진다.

필자는 변호사도 아님에도 사법피해자 구조운동을 할 수 있었던 것은 사람의 말을 보고 하는 것이 아닌 문서를 보고 누가 가해자인지 아닌지

판단하기 때문에 변호사가 아니어도 가능하다. 다만 가사 사건이나 폭행 사건들은 구조운동을 하지 않는다. 문서보다 쌍방 말과 마음, 습관 등을 가지고 따져야봐야 할 사건들이라 누가 가해자인지 따지기가 어려워 이러한 사건들은 구조하지 않는다. 다만 성폭력으로 구속된 사건들이 접수되어 기록을 검토하고 고민을 해보았지만 구조운동을 한 사건은 없다.

다만 고대의대 사건으로 잠시 도움을 준적이 있다. 그 사건을 보면, 여자 한 명과 남자 3명이 가평에 MT를 갔다가 한방에서 같이 잠을 잤고, 여자는 친하게 지내던 남학생과 가까이서 취침을 했다.

남학생들은 학교에서 여자랑 놀러갔다 온 이야기를 소문을 냈고, 여자는 남자 3명과 놀러갔다는 자체가 부끄러워 남자들을 도리어 성추행을 했다고 학교 측에 신고를 했다. 학교는 서울대병원 해바라기센터에 신고를 하도록 조언했고, 여자는 해바라기센터의 도움으로 남학생들을 고소했다.

남학생들은 별 사건 아닌 줄 알고 법대 선배에게 상담을 한 결과 무조건 잘못했다고 진술을 하라고 조언하자, 남학생들은 경찰 수사관에게 잘못을 했다고 진술했다. 그 결과 남학생들은 모두 구속이 되어서 한명은 1년 6개월을, 남학생 2명은 2년 실형을 살아야 했다.

의사가 되고자 그 유명한 대학을 합격해 4년 동안 공부한 학생들이었다. 그러나 단 한 번 같은 장소에서 잠을 잤다는 이유로 학생들의 인권과 미래, 그리고 가족들의 고통은 영원히 그 무엇으로 바꿀 수 없는 절망만 갖게 한 슬픈 사건이 되고 말았다.

많은 시민들은 죄익 유무를 떠나서 폭로한 김지은이나 안희정 가족들의 삶을 우려하지 않을 수 없다. 미투 운동으로 더 이상 남자들이 업

무상위력으로 성폭행을 하지 않도록 하는 데 기여를 한 것으로 만족을 하고, 더 이상 쌍방 피해가 되는 고소행위는 없었으면 좋겠다. 따라서 죄는 밉지만 법은 국가나 가정, 사회에 기여한 공로를 참작하도록 되어 있기 때문에 삼성 이재용 부회장에게 집행유예 판결을 했듯이, 최소한 구속까지 한 것은 정당하지 않다.

집행유예 받은 이재용은 그 대가로 삼성에서 해고된 근로자들은 모두 복직과 재해근로자들에게 배상을 해 주었다. 죄를 면하게 해준 대가로 가진 것은 베풀고 국가에 기여를 하면 된다. 정치적 사건은 무엇보다 국가 안녕과 국가발전을 고려하여 판결해야만 된다.

그러한 증거로 법관윤리강령을 살펴보면,

> 제2조 (법치주의 확립)
> 법관은 헌법을 수호하고, 법과 질서를 지키는 책무를 다함으로써, 자유민주주의적 기본질서를 확고히 하고 법치주의 원칙을 확립한다.
>
> 제3조 (사법권 독립의 수호)
> 법관은 정치권력, 여론 그 밖의 모든 외부의 영향으로부터 사법권의 독립을 지키고, 자신의 개인적인 사상, 가치관, 종교 등으로부터 오는 편견을 가지지 아니한다.

라고 한 바와 같이 판사는 우선 자유민주주의적 기본질서를 확고히 하기 위해서는 정부를 겁박하거나 국민을 겁박하는 판결을 해서는 아니 된다. 오죽 했으면 명박시절 정호영 특검은 꼬리곰탕 수사를 했겠는가. 박통 특검은 그 반대로 집권 말기이기 때문에 법으로 단죄할 일만 남아 있어 구속을 할 수밖에 없었다.

그러나 김경수 특검은 관행도 무시하고 구속영장까지 청구했으나 기각 당했다. 판사 한 사람의 위력이 얼마나 막강한지 새삼 실감하게 되었고, 어느 기자는 널뛰는 판결이라는 주제로 기사를 보도했다.

조희연 교육감 사건도 보면, 허위사실공표로 기소되었다가 국민 참여재판으로 인해 500만 원의 벌금형이 내려졌다지만 항소심에서는 공표혐의만 유죄로 인정해 250만 원에 대한 선고유예 판결을 내린 결과 2016. 12. 27. 대법원도 항소심을 인정하는 판결로 교육감 직무를 유지할 수 있게 되었다.

조희연 교육감은 박정희 정권에서 긴급조치 9호 위반이란 죄목으로 수감생활도 했고, 선거법 위반 사유가 상대를 탈락시킬 정도로 큰 사건도 아니고 단지 보수단체가 고발한 사건이기 때문에 이런 이유를 들어 검사가 만약 옷을 벗을 각오로 무혐의 처분을 했다면 조 교육감은 보다 교육감 업무를 잘 하므로 인해 국가에 큰 이익을 발생했을 것이고 선거법위반 이유로 고발하는 사건들도 자제되었을 것이다.

당선된 후보자가 앞으로 국가와 사회를 위해 기여할 공로를 참작해 최소한의 형으로 판결하므로 인해 여·야가 정쟁을 하지 않도록 중립적인 판결로 사회문제를 미연에 방지할 수 있는 슬기롭고 지혜로운 판결을 해야만 한다.

판사는 배심원 의견을 존중하더라도 국가를 위해 최하의 벌금형 판결을 해도 상관이 없다. 항소심에서 다시 판결을 하기 때문에 국가를 위해 소신 있는 판결을 했다고 한다면 그 판사는 대법관이 되는 데도 도리어 유력했을 것이다.

그러나 그러한 소신 있는 판·검사들이 많았다면 사법부나 검찰이 이토록 부패하지는 않았을 것이다.

다만, 국가 차원의 사법개혁안이 나오지 않는다면 판사직을 사임하겠다는 뜻으로 조건부 사임한 문흥수 전 부장판사와 명박이 한테 "가카 새끼 짬뽕"이라고 말한 이유로 재임용에서 탈락된 이정렬 전 판사밖에 없다. 다행히 지난해에 사법농단사건을 폭로한 이탄희 판사가 있을 뿐이다.

지난해 서지현 검사의 폭로로 미투 운동이 들불처럼 활활 타오르게 된 것 역시 서지현 검사가 검사라는 이유 때문에 이슈 되었다. 거기에 한 술 더 떠서 임은정 검사의 지원사격과 장기간 상관검사들의 성희롱에 저항한 임은정 부장검사의 투쟁경력이 있어 가능했다고 본다.

정의당은 사법농단 및 판, 검사, 경찰관 사건 조작은 "국민특별재판부" 신설하여

독재사법부에서 약자들 해방시켜 주십시요!

사법연대 · 사법적폐청산행동연대

기자들이 법조비리 사건을 취재를 하고 싶어도 의로운 법조인이 없다. 이처럼 법조인들은 불의에 저항이 아닌 그 조직에 목숨을 내 놓고 순종하고 있다. 따라서 민주당이 살아남는 길은 신속히 공수처 법을 만들어 부정한 판사들을 청산하고, 사법농단에 개입된 판사들 엄중 탄핵하여 부정하게 모은 전 재산을 몰수해야만 진정한 사법개혁이 될 것이다.

4. 이재명 도지사가 무죄 받는 법

바른미래당 성남적폐진상조사특위가 이재명 도지사에게 친형 강제입원과 김부선 관련 의혹으로 공직선거법상 허위사실공표죄로 고발하므로 인해 온통 이재명 사건 기사로 온 국민이 시달리고 있다.

차라리 바른미래당이 김앤장 비리를 고발했다면 도리어 사회적 적폐를 청산해주는 당으로 인정받았을까 싶다. 사회적 적폐나 권력자들의 적폐는 고발하지 않고, 벌금형에 처할 소소한 사건을 가지고 고발하므로 인하여 한 가정의 인권을 무참히 유린당하는 잔인한 사건으로 둔갑하므로 오히려 국민들에게 피로감과 도덕적 회의, 정치꾼들의 잔인함에 환멸을 느끼게 한다.

이재명 도지사가 형을 강제입원 했더라면 형수가 달려가 퇴원시키면 그만이다. 동생보다 처의 권리가 더 크다. 당시 강제입원 시켰다면 경찰에 신고를 했어야 한다. 몇 년이 지나서 그것도 지병으로 사망한 남편을 터 잡아 시동생 앞길을 막을 목적으로 폭로한 형수가 먼저 도덕적, 윤리적으로 바람직하지 않다. 그런 제보를 받고 고발한 미래당의 취지와 목적이 도리어 의심하게 한다.

젊은 청년들은 취직을 할 수 없이 한숨만 짓고 있는데, 뉴스라고 늘상 정치꾼들의 보복성 싸움내지는 잔인한 가족문제들로 인한 다툼이라 살맛이 안 난다고 한다. 젊은이들에게 모범이 되는 기사들로 희망을 줘야만 하는데 촛불정부 역시 일부 나쁜 자들 때문에 보수는 부패로 망하고 진보는 분열로 망한다는 말이 사실로 보는 것 같아 쓸쓸하기만 하다.

▎▲ 이재명 지사가 재판정 출석에 앞서 기자들의 질문에 답하고 있다.　　　　@신문고뉴스

　　결국 민주당이 20년 정권을 유지할 것이라고 호언장담했으나, 패잔병인 황교안이 대권후보 1위를 달리고 있으니 이 얼마나 비참한가?

　　부디 이재명 도지사님!

　　매를 맞아 본들 조희연 교육감처럼 선고유예판결이 날 것이기에 마음껏 재판 기술을 잘 발휘하시어 임기가 끝날 때까지 투쟁하십시오. 언론을 잘 활용하여 영원한 스타가 되십시오. 그로 인해 국민들에게 법 공부 많이많이 교육시켜 다시는 사기를 당하지 않도록 기여하는 지도자가 되어 주시고, 승리의 깃발을 꽂으시길 바랍니다.

　　〈결국 이러한 지원 사격 덕에 이재명 도지사는 무죄 받았으며, 김경수 도지사는 대법원에 계류 중이다〉

2019. 3. 1. 삼일절에 기해
사법정의국민연대 구조단장 조 남 숙

사법피해자 예방을 위한
국민특별재판부 신설을 위한 제안서

제안자 : 공권력피해구조연맹 상임대표 겸

사법정의국민연대 집행위원장 조 남 숙

1. 제안자는 남편이 연세대학교로부터 부당한 인사발령으로 인해 피해를 입었음에도 불구하고, 상대가 최고의 명문사학이라는 연세대학교라는 이유로만으로 시민단체마저도 도움을 주기를 꺼려하여, 제안자가 올바른 시민단체를 이끌어 보겠다는 생각에 부정부패추방시민연합의 백만감시단 단장으로 1996. 3.경부터 활동을 하게 되었다.

2. 그 후 1998. 6. 26. 전국공권력피해자연맹으로 조직을 정비해 창립하였고, 이어 2001. 8. 20. 법무부에 등록한 유일한 시민단체로서 "인간의 존엄성 추구 및 정의로운 사회건설을 위한 범국민운동에 참여하는 것"을 목적이었다. 현재는 서울시(등록번호: 제155호)에 비영리민간단체로 등록되어 있다.

3. 제안자는 사법피해사례 구조운동을 전개한 결과 사법제도를 개혁하지 않으면 안 된다는 근본적인 상황을 파악해 새 정부와 손잡고 사법개혁을 해보고자 2002. 12. 10.경 세계인권의 날에 즈음해 학술인, 종교인, 법조인, 사회봉사활동가 등과 함께 사법개혁국민연대를 창립하여 운영해 왔으며, 2007. 4.경 사법개혁국민연대를 사법정의국민연대로 명칭을 변경하여 현재에 이르고 있다.

4. 제안자는 2003. 1.경 당시 청와대에 사법제도개선위원회 신설 및 사법제도개선을 위한 제안을 했고, 그 결과 청와대 산하 사법제도개혁위원회가 신설되었으며, 이러한 운동의 파생효과에 의해 대법원에도 사법개혁추진위원회가 만들어져 국민배심원제도가 신설되었다.

국회 사법제도개혁위원회에서는 사건조작이라는 범죄를 저지르는 판·검사를 수사·기소할 수 있는 권한을 가진 '고위공직자특별수사청'이 신설되도록 본 단체와 국회가 함께 노력했으나 큰 효과를 보지 못하다가 2016. 5.경 홍만표 변호사 비리 사건을 계기로 제20대 국회가 공수처법 안이 의결하두록 노력한 2019. 12. 29. 국회에서 극적으로 통과된 바 있다.

5. 본 단체는 22년 동안 사법피해자 구조운동을 해본 결과 피해자로부터 사건을 의뢰받은 변호사들이 상대방 변호인 측과 짜고 치는 사기변론을 진행하는 일종의 '소송사기행위'로 인한 피해사례가 가장 많았다. 이에 더해 사건 담당 검, 판사들마저 위 악덕변호사들과 공모해 불공정한 수사와 재판을 진행해 그 결과를 정반대로 조작하는 것이 비일비재하다는 사실을 알게 되었다. 그럼에도 검찰은 가해자가 소송사기로 승소한 증거를 가지고 고소를 해도 이미 대법원에서 확정된 사건이라고 하면서 무조건 무혐의처분을 했고, 법원은 이미 확정된 기판력 때문에 판결을 할 수 없다고 하면서 각하판결을 한다. 결국 한번 사건조작이라는 범죄행위로 피해를 입은 피해자들은 다시는 그 권리를 회복할 수 가 없다.

6. 사법기관 주변에서 이러한 부패구조를 몸에 익힌 변호사들은 수단과 방법을 안 가리고 검, 판사들에게 사건조작을 청탁해 사건의 내용과 결론을 정반대로 조작을 유도하고, 그 조작의 결과가 대법원 판결에 의해 마치 '최종의 사법정의'인 것처럼 만들어 내고 있다.

사건 조작의 가장 주된 수법은 증거조사를 판사가 의도적으로 회피하여 실체적 진실이 드러나지 않도록 사실관계를 왜곡시키고, 그 왜곡된 사실관계에 헌법과 법률을 해석·적용하도록 하는 수법으로 사건을 조작하는 것이다. 이런 수법을 쓰면 가해자와 피해자는 뒤바뀌게 되고 사법정의는 완전히 거꾸로 뒤집히게 된다.

7. 대법원은 이를 방지하기 위해 2014. 12.경 "적정한 증거채부 실무 운영 방안 실시지침"을 만들어 각 법원에 지시했지만, 사실심인 제1심이나 항소심 법관들은 아직도 그 취지에 맞는 방법의 적법한 재판을 진행

하지 않고 있다. 법관이 재판의 내용과 결론을 조작하는 것은 헌법과 법률을 파괴하는 심각한 수준의 범죄행위에 해당함에도 불구하고, 법원은 헌법 제103조에 규정된 법관의 독립을 거들먹거리면서 '재판권에 대한 침해'라는 주장을 한다. 세상에 재판조작이라는 범죄행위를 '법관의 독립' 규정으로 보호하는 국가는 어디에도 없다.

8. 양승태 전 원장의 사법농단의 본질은 재판을 내용과 결론을 권력자가 좋아하는 방향으로 조작했고, 이에 법원은 권력과 흥정했다는 것이다. 이에 대한 수사를 철저히 하면 법원이 저지른 재판조작이라는 범죄행위가 드러날 것이 걱정되자 법원은 압수·수색영장을 연속적으로 기각시키자 할 수 없이 영장판사를 가장 올바른 판사로 추가 배치하자 그때서야 임 전 행정처장이 구속되었다.

9. 공권력 불법 행사에 대한 과실 책임은 국가를 상대로 배상을 청구하는 방법은 있으나, 이에 대한 재판역시 재판조작을 범한 법관의 동료 법관이 심리를 하기 때문에 승소할 수가 없다.

10. 대법원에서는 판사들의 직권남용을 방지하기 위해 2014. 12.경 "재판지연 등 특별사유가 없으면 민사증거 폭넓게 채택 하겠다"는 취지로 "적정한 증거채부 실무운영 방안 실시지침"을 만들어 각 법원에 지시했으며, 그 내용을 보면,

"재판을 과도하게 지연시키거나 상대방 또는 제3자의 권리를 침해하는 경우가 아닌 한 법원이 앞으로 민사재판에서 원칙적으로 당사자가 신청한 증거를 폭넓게 채택하기로 했다. 당사자가 증거 신청 시 법원의 증거채부에 대한 실질적 심사를 위해 증명할 사실과 취지를 명시적으로 밝히면, 증거조사의 필요성을 심사하는 과정에서 해당 증거의 신빙성이 낮아 보인다는 이유만으로 필요성을 부정하지 않도록 했다. 이미 형성된 심증과 다른 내용의 주장 사실을 증명하려는 증거신청도 조사 필요성이 없다고 배척하지 않도록 했다."라고 하였음에도 불구하고 판사들은 아직도 당사자 증인도 증거도 채택하지 않고 있다.

그러나 재판장을 기피한 사건에 대한 기각 사유를 보면,

"증거신청의 채택여부 결정은 소송지휘에 관한 재판으로서 법원의 재량에 맡겨져 있는 사항이므로(민사소송법 제290조), 담당재판부가 증거신청을 채택하지 않았다는 등의 사유만으로는 담당재판부에 공정한 재판을 기대하기 어려운 객관적인 사유가 있다고 보기 어렵다."라는 것이 기각 사유이기 때문에 판사들은 내놓고 불공정한 재판을 하고 있어도 법적으로 아무런 문제가 없기 때문에 판사들 멋대로 재판을 하고 있다.

특히 헌법 제103조에 따라 법관은 헌법과 법률에 의하여 그 양심에

따라 독립하여 심판하므로 그 재판 내용에 이의가 있는 경우에는 법적 절차에 따라 불복하면 되고, 억울하면 가해자를 고소하면 된다는 것이다. 그러나 법원은 증거재판을 거절하고, 검찰은 수사를 안 해주면, 법적으로 대응할 방법이 없다. 그러나 공범자들을 피고로 하여 다시 소송을 할 경우, 증인신청이나 사실조회, 당사자 증거재판을 통해 소송사기로 승소한 가해자를 응징할 수 있는 증거를 찾게 된다. 그러한 증거가 있음에도 기판력 핑계로 법원은 부당하게 기각하고, 검찰은 수사도 하지 않고 각하할 경우 이러한 판, 검사를 상대로 국가배상 청구를 해야만 한다. 다만, 국가배상 청구를 한들 같은 동료판사가 판결하기 때문에 소송한들 패소할 수밖에 없었다.

11. 이러한 사법풍토 척결하고자 공수처를 신설했으나, 전관예우, 지연, 학연에 의해 재판의 내용과 결론이 조작되어 패소할 경우, 일반 시민들이 공수처에 판사를 고소한다고 하여 정당한 수사가 이루어질 수는 없다고 본다.

그러나 정치적 목적에 의해 저질러진 사법농단 사건의 피해자들을 구조하기 위해 박주민 의원은 특별재판부 신설을 제안한 바와 같이 사법농단 사건뿐만 아니라, 공권력의 불법행위로 피해를 본 사람들이 검, 판사, 경찰관을 상대로 한 국가배상을 청구한 사건만 심리하는 '국민특별재판부'를 운영하면 된다. 국민특별재판부의 판사는 판사들이 투표로 당선된 판사가 담당하도록 하고, '국민참여 재판부'처럼 일반 시민들 중 퇴직한 교육공무원들을 대거 배심원으로 임용해 함께 감시하고 심리하도록 하면 된다.

다만, 국가배상 청구 요건 중 "①증거신청(사실조회, 증인신청, 문서 송부 등) 거절한 판사, ②증인신문조서 조작한 판사, ③대법원 판례를 무시한 판사, ④상대 측과 불법한 행위를 한 판사, ⑤법을 왜곡해 판결한 판사" 등에 대한 사례만 국가배상을 청구할 수 있도록 하면 된다. 이런 기능을 가진 국민특별재판부를 운영한다면, 그간 검·판사들이 저질러 놓은 불법행위에 대해 사법부가 청산을 해줄 수 있는 기회를 가질 수 있을 것이며 사법부 신뢰를 높이는 데 상당한 기여를 할 수 있다고 본다.

12. 법관이 사전에 미리 결정해놓고, 그에 짜 맞추기 위한 재판을 하면서 증거 가치를 조작하고, 그에 터 잡아 허위사실을 날조하여 판결문에 기재하는 것은 헌법 제12조 제1항 2에 규정되어 있는 적법절차 그리고 헌법 제27조 1항에 규정되어 있는 공정한 재판을 받을 권리를 파탄 내는 위헌행위이자 허위공문서작성 및 동행사라는 죄가 된다. 재판조작 행위는 흑을 백으로 바꾸고 불법을 적법으로 바꾸어 '사법정의'를 파탄 내는 매우 파렴치하고도 악질적인 범죄행위이다. 공수처 법은 국회의결 절차에는 많은 시간이 걸렸지만, 국민특별재판부 설치는 '대법원 예규'

로 할 수 있다.

13. 국가가 건강하게 존재하고 발전시킬 수 있도록 떠받치는 틀은 법치이고, 그 근간은 사법정의이고 그 보루는 국가기관이 바로 법원이다. 법원이 그간의 과오를 회개하고 단절하여 위 목적의 특별재판부를 설치 운영한다면 건강한 사회로 가는 계기가 될 것이다. 특별재판부 신설은 대통령도 법을 마음대로 좌지우지 할 수 없고, 더더욱 법조인 역시 대통령보다 더한 초법적 권력을 악용할 수도 없다. 따라서 독제사법부에서 국민들을 해방시킬 가장 바람직한 제도라고 크게 환영을 받을 것으로 예상한다.

2021. 2. 3.

제안자 사법정의국민연대 집행위원장 조 남 숙

"법 집행자들의 공권력 남용을 방지할,
특별재판부 신설해야"

- 언론 보도 -

조남숙 집행위원장 '사법피해자 예방을 위한 국민특별재판부 신설' 주장

대법원장이 화염병 테러를 당하는 등 사법 불신이 그 어느 때보다 높은 상황에서 이를 고민하는 토론회가 국회에서 열렸다.

한국반부패정책학회가 주최해 국회의원회관 제4 간담회의실에서 열린 이날 토론회에는 김용철 한국반부패정책학회 회장이 사회를 맡고 임지봉 서강대 교수가 '현행 사법농단 사태의 경과와 대응 및 개혁 방안'을 발제했다. 이어 박형민 한국형사정책연구원 연구위원이 '사법부에 대한 국민인식과 사법 불신의 극복 방안'을 각각 발제했다.

토론에는 김수정 대법원 사법발전위원회 후속 추진단장, 이승애 전국공무원노동조합 부위원장, 박판규 전 수원지방법원 판사, 김종필 한국기자협회 부회장, 박흥식 부정부패추방실천시민회 상임대표, 김인회

인하대 법학전문대학원 교수, 이창수 법인권사회연구소 상임 대표, 윤영대 투기자본감시센터 상임대표, 조남숙 사법정의국민연대 상임대표가 참여해 뜨거운 토론을 펼쳤다.

토론에 참여한 사법정의국민연대 조남숙 집행위원장은 송태경 공동대표가 대독한 '사법피해자 예방을 위한 국민 특별재판부 신설'이라는 제목의 제안문을 통해 사법부패에 대해 고민했다.

조 집행위원장은 1996년경부터 부정부패추방시민연합의 백만감시단 단장으로 활동을 시작한 후 사법정의국민연대에 이르게 된 과정을 설명했으며, 문재인 정부 출범 후, 본 단체에서는 사법기관에서 사건조작에 터 잡아 관행이 된 '전관예우'라는 헌법과 법률을 파괴하는 범죄행위 척결을 위하여 대대적인 집회를 전개했고, 그 척결안을 담은 제안서를 문재인 대통령에게 제출한 바 있으나, 청와대는 아무런 대안이나 대책을 세우지 못하고 있는 실정이라고 말했다.

이어 "본 단체에서 20여 년 동안 사법피해자 구조운동을 해본 결과 피해자로부터 사건을 의뢰받은 변호사들이 상대방 변호인 측과 짜고 치는 사기 변론을 진행하는 일종의 '소송 사기행위'로 가해자를 피해자인 것처럼 만드는 사례가 가장 많았다"면서 "이에 더해 사건담당 검사, 판사들마저 악덕 변호사들과 공모해 불공정한 수사와 재판을 진행해 그 결과를 정반대로 조작하는 것이 비일비재하다는 사실을 알게 되었다"고 말했다.

계속해서 "피해자가 새로운 증거를 발견하여 고소를 해도 검찰은 이미 무혐의처분 당했다는 이유만으로 다시 무혐의처분하고, 판사 역시 증거채택을 거부한 후, 확정된 판결에 의해 더 이상 판단할 수 없다는 이유로 패소 판결을 했다"면서, "소송 사기죄는 있어도 검찰이 기소를 안 하는 관행인 것을 이용해 사기꾼 변호사들은 검사, 판사들에게 사건조작을 청탁하고, 판, 검사들은 대법원 판결에 의해 마치 '최종의 사법정의'인 것처럼 국민들에게 세뇌교육을 시켜왔고, 가해자들은 사기꾼 변호사를 앞세워 수단과 방법을 안 가리고 소송 사기로 승소한 결과 이처럼 부패한 사법부로 전락하게 된 것"이라고 강조했다.

이어 "결국 사건조작이라는 범죄행위에 의해 피해를 본 피해자들은 그 권리를 회복할 수 없도록 삶이 파탄 났으며, 이와 달리 검사, 판사, 변호사는 공모와 담합으로 법조인들만 살기 좋은 국가를 만들었으며, 유전무죄, 무전유죄가 아닌 금수저, 흙수저라는 새로운 은어를 만들어 내고 있다"고 개탄했다.

또한 "대법원은 이를 방지하기 위해 2018. 2. '적정한 증거채부실무운영 방안 실시지침'을 만들어 각 법원에 지시했으며, 법관들은 대법원장

훈시도 무시하고 사실조회, 증인신청 등을 불채택함으로써 피해자의 증거입증을 못하도록 도리어 방해를 하고 있다"면서 "더더욱 가해 당사자를 증인을 채택할 경우, 당사자가 출석 안 할 경우 원고 주장을 모두 인정하는 것으로, 위증할 경우 벌금을 부과한다는 법률이 있는데도 불구하고, 법관들은 직권을 남용해 당사자 증인마저 배척했다"고 지적했다.

조 집행위원장은 "양승태 전 대법원장의 사법 농단의 본질은 권력자가 좋아하는 방향으로 사건을 조작했고 이런 대가로 권력과 흥정했다는 것인데 법원은 재판조작이라는 범죄행위가 드러날 것이 걱정되자 압수·수색영장을 연속적으로 기각시키다 할 수 없이 영장판사를 추가 배치한 후 그때야 임 전 행정처장이 구속되게 되었다"고 지적했다.

그는 이어 "사법부는 전관예우 지연 학연에 의해 수많은 재판의 내용과 결론이 조작돼 왔는데도 이를 제재할 법도 견제할 수 있는 법도 없고 권리를 회복할 수 있는 방법도 없다"면서 "다만 공권력 행사에 대한 과실책임에 대해서는 국가배상을 청구하는 방법은 있으나, 이에 대한 재판 역시 동료 법관이 심리를 하기 때문에 승소할 수가 없다고 판단한 피해자들이 포기하고 보니 대한민국의 사법정의는 실종된 것"이라고 강조했다.

조 집행위원장은 이 같이 강조하면서 "이 같은 이유 때문에 사법 농단 사건 뿐만 아니라 검사, 판사, 경찰관의 사건조작 행위로 피해를 본 사람들이 검사, 판사, 경찰관을 상대로 한 국가배상청구를 한 사건도 심리하고, 배심원단이 참여하는 국민특별재판부를 신설해야 한다"고 주장했다.

이어 "국민특별재판부를 신설한 후 사법부 내에서 판사들이 투표로 당선된 판사들이 이를 담당하도록 하고, '국민참여재판부'처럼 일반 시민 중 퇴직한 교육공무원들을 배심원으로 임용해 함께 감시하고 심리하도록 하면 된다"고 구성과 관련해 구체적으로 부연해 설명했다.

조 집행위원장은 그 기대효과로는 "그간 경찰관, 검사, 판사들이 저질러 놓은 불법행위에 대해 사법부가 청산을 해줄 수 있는 기회를 가질 수 있을 것이며 사법신뢰를 높이는 데 상당한 기여를 할 수 있을 것이라 본다"면서 "현재와 같이 절망과 무법천지의 부패한 사회가 건강한 사회로 가는 계기가 될 것이다. 국민들도 독재사법부에서 해방될 가장 바람직한 제도라고 크게 환영할 것"이라고 전망했다.

(뉴스프리존, 인터넷언론인연대 정수동 기자 공동취재)

전관예우 척결을 위한 성명서 및 제안서

전 대법관, 전 검찰총장은 변호사 개업신고증 반납하라!
전관비리 척결없이 사법개혁 어림없다!
-사법정의국민연대, 공권력피해구조연맹-

2016년 10월 29일 광화문 광장에서 시작 된 국민의 촛불혁명은 박근혜 정부와 최순실로 인해 빚어진 국정농단에 대한 적폐청산과 함께 국가 대 개혁을 요구하는 국민명령이었다. 여기서 분출된 촛불시민들의 함성은 민주와 법치와 국민주권을 회복하려는 비정상을 정상화시키는 거였다.

2017년 3월 10일 '피청구인 대통령 박근혜를 파면한다.'는 헌법재판소의 준엄한 판결과 함께 이어진 5월 9일 대선으로 적폐청산 및 공정사회를 이룩하여 시민 대통령시대를 만들겠다는 공약에 따라 문재인 대통령이 취임하게 되었다. 문재인 정부는 본 사법정의국민연대(이하 사법연대)가 주창해 온 공수처 설치 등을 통해 사법적폐를 해소하겠다는 국정운영 방침을 표방하여 본 사법연대는 문재인 대통령의 취임 축하와 함께 문재인정부의 사법적폐 청산 정책을 적극 지지하며 온 국민이 동참할 것을 선언한다.

본 사법연대는 지난 1998년 창립이후 현재에 이르기까지 사법적폐인 학연, 지연, 혈연, 전관예우 척결운동을 전개해 오고 있으며, 19여 년 동안 '사법개혁 없이 정치개혁 어림없다'고 외치며 각종 사법적폐 청산을 위한 시민운동을 펼쳐왔으나 오늘까지도 사법개혁은 고사하고 사법피해자는 해를 거듭할수록 급증하고 그 수법은 조폭집단의 수준을 능가하고 있다.

전 변협회장 하창우는 "우리 국민의 사법제도에 대한 신뢰도는 무법지대에 가까운 콜롬비아와 비슷한 세계 꼴찌이며, 2015년 OECD는 한국 국민의 사법제도 신뢰도는 27%로 42개국 중 39위라고 했다. 설문조사 결과 국민들은 "무엇이든 돈과 권력이면 다 되는 나라 헬조선"이라고 한다. 자살률 세계 1위 국가가 된 것은 이미 오래이며, 대학을 졸업해도 오갈 곳 없는 청년 실업자 수가 역대 최고라는 언론 발표에도 불구하고, 2015년 대한변협 강신업 공보이사는 "대법관이 전관예우 비리의 몸통이며, 대법관 출신 변호사가 3년에 100억을 못 벌면 바보라는 법조계 속설이 있다고 했다.

그런가 하면 대법관 출신 안대희 전 총리 후보자는 10개월 만에 27

억원을 벌었다는 것이 밝혀져 총리 후보를 낙마한 적도 있다. 대법관의 임기는 6년이고 대법원장까지 포함해서 14명밖에 안 되기 때문에 1년에 퇴임 대법관이 나오는 숫자가 2명 정도밖에 안 된다. 그런데 대법원 상고 사건은 1년에 3만 5천 건에 이르다 보니까 대법관 출신 변호사의 수에 비해, 상고사건 수가 많다 보니 로펌에서는 대법관 출신 변호사를 모시게 되면 그야말로 노다지가 된다고 한다.

전임 대법관들의 이름과 도장이 찍힌 소송서류를 보면 판결에 영향을 안 받을 수 없다고 하며, 전관예우의 몸통은 대법관이고 이것은 전관예우의 차원을 넘어선 비리행위이자 범죄행위이다. 그런가 하면, 대법관 출신 본인이 정식으로 스스로 사건을 수임해서 하는 것이 아닌 다른 변호사가 수임한 사건에 서면 제출 도장만 빌려주고 소위 도장 값을 받는 전 대법관 출신들도 많이 있다고 한다.

전직 대법관들은 개인에 따라 차이가 크지만 보통 짧은 기간 안에 수십억 원대 소득을 올리는 것으로 법조계에 알려져 있는데 이용훈 전 대법관은 2005년 퇴임 후 5년 동안 약 60억여 원을, 박시환 전 대법관은 18개월 간 19억5,000만 원 상당의 수임료를 받았다는 것이 업계의 정설이며, 이들의 몸값이 전관예우 정도에 따라 결정된다는 것 또한 법조계의 '검은 상식'이라고 한다.

한겨레신문은 "2010년 이후 개업한 대법관 출신 변호사 6명의 지난 2년 동인의 시건 수입 건수와 파기 환송률을 확인해보니, 일반 변호사들보다 월등하게 많은 평균 49건의 상고심 사건을 맡았고, 전체 평균의 3배에 가까운 파기 환송률(15%)을 기록했다. 당연히 수임료도 많이 받았다.

변호사업계에선 대법관 출신 변호사가 대리인단에 이름만 올리고 받는 '도장값'이 3000만 원이라는 말이 나돌 정도다. 반면, 로스쿨 졸업 또는 사시 합격 후 바로 변호사 개업을 하는 이들의 수임료는 300만 원대로 떨어졌다. 그마저도 사건 수임을 제대로 하지 못하는 변호사들이 상당수다. 변호사업계도 극심한 양극화 현상으로 몸살을 앓고 있다."고 보도했다.

이러한 문제점들을 극복해보려고 대한변협에서는 2016년 대법원 사건 수임에 대한 전수조사를 한 결과 특정 변호사 몇몇이 연고를 이용해서 사건 수임을 한 의혹이 두드러졌다고 했다. A 변호사는 대법원 사건을 30건, B 변호사는 24건, C 변호사는 23건 맡았으며, 변호사 한 명이 대법원 사건만 한 달에 2건 내외를 수임한 셈이라고 했다. 서울지방변호사회가 발표한 자료에 따르면, 변호사 1인당 월평균 수임건수는 169건이라고 발표했다.

특히 A 변호사는 2013년부터 줄곧 대법원 사건 수임 건수 2위에 머물렀다가 이번 조사에서 1위였으며, A 변호사가 수임한 사건 중 판결 선고 된 대법원 사건은 2013년 40건, 2014년 41건, 2015년 53건이었다고 한다. 더더욱 A 변호사가 맡은 대법원 사건 30건 중 10건은 같이 근무한 적이 있는 대법관이 주심인 사건이었으며, 아울러 고교 동문인 대법관이 맡은 사건도 4건이나 있었다고 한다.

반면 대법원 사건을 맡지 않은 대법관 출신 변호사도 있다. 강신욱, 김달식, 김주한, 송진훈, 신정철, 윤일영, 이명희, 이용우, 차한성 전 대법관은 변호사로 개업하고도 대법원 사건을 한 건도 맡지 않았다고 한다.

이러한 사법풍토이다 보니, 법이 제정된 지 69해가 되지만 유전무죄, 무전유죄라는 말이 아직도 회자되고 있으며, 결국 이러한 사법풍토 때문에 박근혜 전 대통령도 "법은 사회적 약자에게 따뜻한 보호막이 돼야 한다. 법대로 하자는 얘기가 강자가 약자를 위협하는 수단이 아니라 약자가 스스로를 지키는 안전판이 될 수 있어야 한다. 정부가 추구하는 국정기조의 성공도 법과 제도의 든든한 뒷받침이 있어야 가능하다. 노력의 대가를 가로채는 불법·편법과 상생과 동반성장을 가로막는 행위에 대한 엄격한 규제가 있어야 우리경제의 새로운 희망과 발전이 가능할 것이다." 고 주장했으나 도리어 박근혜 자신의 국정농단과 김기춘 전 비서실장의 직권남용으로 스스로 파탄을 자초하고 옥살이하는 신세로 전락하고 말았다.

　세월호 참극은 관피아, 해피아, 법피아가 공모한 부정비리로 인하여 그 해결과정은 국민들의 지탄을 받게 되는 사건이었고, 최순실과 정윤회의 국정농단 역시 우병우, 김기춘 등 법조인 출신들을 앞세워 권력을 남용한 결과이다.

　따라서 민주주의는 법치주의이고, 법이 건실해야 나라가 건실해질 수가 있고, 견제와 균형이 조화를 이루게 될 때 나라가 바로설 수 있다. 그러기 위해서는 우선 부조리한 전관예우의 관행을 금지시켜 사법피해를 예방해야 한다. 전 대법관이나 검찰총장은 스스로 변호사 개업을 하지 않아야 한다. 그런데 현실은 전 대법관들이 전관이라는 용어를 앞세워 법과 양심을 팔아 국민의 비판과 비난에도 불구하고 변호사 업무로 수십, 수백억 원의 금전적 호황을 누리고 있으니 전 대법관과 전 검찰총장의 양심이나 도덕성은 파렴치한 범죄자들보다 더 악질적이고도 추악하다고 밖에 표현할 수밖에 없다.

　따라서 법관이 재판의 내용과 결론을 어떻게 하겠다는 것을 사전에 미리 결정해놓고 그에 짜 맞추기 위해 허위사실을 날조하는 것은 입헌주의 헌법의 핵심원리로서 헌법 제12조 제1항 2에 규정되어 있는 적법절차 그리고 헌법 제27조 1항에 규정되어 있는 공정한 재판을 받을 권리를 파탄내는 위헌이다. 또한 불법논리로 조작하여 판결문에 기재하여 행사하는 수법은 허위공문서작성 및 동행사(형법 제227조와 동법 제229조)에 해당하는 헌법파괴적인 범죄행위다.

이러한 수법의 재판조작행위는 흑을 백으로 바꾸고 불법을 적법으로 바꾸어 버려 사법의 존재이유마저 부인하는 범죄행위로서 그 성격은 민주주의와 '법치'의 근간을 이루는 '사법정의'를 파탄내는 것이며. 사회와 국가를 파멸로 끌고 가는 매우 파렴치하고도 악질적인 범죄행위라는 사실이다.

국민들 70%이상은 공정한 사회를 갈망하면서 부패한 판사와 검사 등 사법기관 종사자들이 저지르는 악질적인 범죄행위를 수사하여 기소할 수 있는 권한을 가지는 공수처(고위공직자비리수사처)를 만들어야 한다고 주장하고 있지만, 국회에 제안되어 있는 공수처 법은 고위공직자비리수사처로 정치적 사건 내지는 고위직 비리를 수사하는 데 그치고 있어 개정안이 요구된다.

　국민들이 공수처(고위공직자비리수사처)를 만들려는 목적은 전관예우를 이유로 성공사례비 명목으로 삽시간에 수억 수십억 원에 달하는 거액을 벌게 만들고 있는 '사법부패의 구조'를 끊어 부패한 법조계를 정당화함으로써 힘 없고 돈 없는 99%의 시민들이 억울함을 당하지 않게 하려는 것이다. 이러한 부조리한 적폐를 청산하는 길은 가장 먼저 '전 대법관 및 전 검찰총장들이 변호사 개업신고서를 자진반납' 하게 하고, 새 정부 초기부터 대통령이 앞장서서 모든 관련 단체들이 나서서 함께 촉구해야 할 것이다.

　고작 50여 명에 불과한 전 대법관과 전 검찰총장들만 변호사 업무를 스스로 포기하고, 후학 양성이나 공익. 인권 구조 활동을 하도록 권고하면 될 것이다. 전 대법관 강신욱, 김달식, 김주한, 송진훈, 신정철, 윤일영, 이명희, 이용우, 차한성처럼 대법원 사건은 수임하지 않도록 공개적 협조와 제제를 가하면 된다. 이에 본 단체들은 전관예우 척결을 위해 다음과 같이 촉구 한다.

- 다음 -

1. 전 대법관 및 전 검찰총장들은 돈에 눈멀어 국가 망치지 말고, 자진하여 변호사 개업신고서를 반납하라.

2. 문재인 정부는 '전 대법관 및 전 검찰총장들이 자진하여 변호사 개업신고서'를 반납하도록 권고하라!

3. 문재인 대통령은 청와대 신문고를 통해 비리, 판, 검사 피해 사례를 접수받아 새내기 변호사들이 조사를 하도록 하라.

2017. 6. 12

사법정의국민연대, 공권력피해구조연맹,
한겨레민족지도자회의, 민족정기구현회

전관예우 척결 촉구 및 전관 변호사 피해사례 기자회견

▲ 사법정의국민연대 등 시민사회단체 회원들이 26일 서울 중구 프레스센터에서 '전관예우 척결 촉구 및 전관 변호사 피해사례 기자회견'을 하고 있다. 2016.1.26   (서울=연합뉴스) 임헌정 기자

판사 양심에 석궁을 쏘는 여자

▲ 26일 오전 서울 중구 프레스센터에서 '전관예우 척결 촉구 기자회견'이 열리고 있다. 이날 사법정의
국민연대는 "전관예우 척결을 위해 전 대법관과 전 검찰총장은 변호사개업 신고서를 자진 반납하라"고
주장했다. 2015.1.26   (서울=뉴스1) 민경석 기자

대법관 출신 변호사, 연고관계 이용했나
변협 전수조사 실시…

한 명이 대법원 사건 월평균 5.49건 맡기도
대법원 사건 배당제한 기준에 '고교동문' 포함해 비리 막아야

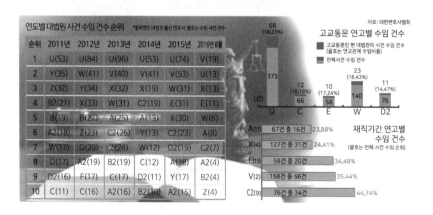

대법관 출신 변호사 일부가 대법원 사건을 맡을 때 주심 대법관과 재직기간 또는 출신고교 연고가 있는 사건을 맡는 경우가 많다는 사실이 드러났다.

대한변호사협회(협회장 하창우)는 지난달 30일 대법관 출신 변호사가 수임한 대법원 사건을 전수조사한 결과를 발표했다. 이번 조사는 현재 변호사로 등록돼 있는 대법관 출신 변호사 38명이 2011년부터 올해 8월까지 수임한 대법원 사건 1875건(판결선고된 사건 기준)을 대상으로 이뤄졌다.

변협은 "전관비리 근절을 위해 힘써왔으나 '정운호 게이트' 등 전관비리 사건이 계속 발생하고 있다"면서 "이에 더욱 실효성 있는 대책 마련이 필요하다고 보고 전관 변호사 수임 경향을 분석하게 됐다"고 전했다.

변협은 지난해 9월 대법관 출신 변호사 31명에 "연고관계가 있는 대법원 사건 수임을 자제해 달라"는 공개서한을 보냈다. 또 지난 6월에는 전관비리 근절 대책 중 하나로 "검사장급 이상의 검사와 고등법원 부장급 이상 판사의 개업을 금지하고, 판·검사의 정년을 70세로 연장해야 한다"는 주장을 내놓기도 했다.

전수조사 결과 특정 변호사들이 사건을 독점하는 경향이 두드러졌다. 연도별 대법원 사건 수임 건수순위(상단 좌측표)를 살펴보면, 상위 10명이 5년 8개월간 1,316건을 수임했다. 전체 사건의 70.19%다. 특히 이 중 11명은 연도별 대법원 사건 수임 건수 10위 안에 4회 이상 이름을 올린 것으로 드러났다.

가장 많은 사건을 맡은 대법관 출신 변호사는 5년 8개월 간 대법원 사건 373건을 맡았다. 월평균 5.49건 꼴이다. 두 번째로 대법원 사건을 많이 맡은 변호사보다도 2.36배 많은 건수다. 서울지방변호사회 조사 결과에 따르면, 서울회 소속 변호사 1인당 월평균 사건 수임 수는 1.69건에 불과하다.

서초동에서 사무실을 운영하는 한 변호사는 "새롭게 수임하는 사건 수는 한 달 평균 1~2건이고 진행 중인 사건 수는 4건 정도 된다"면서 "대법원 사건 수만 월 평균 5건 이상은 상당히 많은 편"이라고 전했다.

대법원 사건을 맡지 않은 전 대법관은 38명 중 6명에 불과하다.

고교동문 연고도 다수 드러나 변협은 대법관 출신 38명의 고등학교, 대학교, 연수원, 재직기간을 조사해 현 대법관 14명 및 민일영·이인복 전 대법관과 연고가 있는지 조사했다.

조사 결과, 대법관 출신 변호사가 재직기간이 겹치는 대법관이 주심인 사건을 수임하는 경향이 뚜렷하게 드러났다. 한 변호사는 대법원 사건 수임 건수가 76건인데, 재직기간이 겹치는 현 대법관이 주심인 사건을 34건 맡았다. 절반에 가까운 비율이다. 또 다른 변호사의 경우에도 수임한 대법원 사건 158건 중 56건이 같은 기간 일했던 대법관이 주심인 사건이었다.

고교동문인 대법관이 주심을 맡은 사건을 수임한 비율도 높은 것으로 밝혀졌다. 수임 건수 10위 이내의 변호사 중 3명이 고교동문 연고에 의해 사건을 수임해, 연고에 의한 수임비율이 14.47~18.23%에 이른다. 특히 2011년부터 매년 대법원 사건수임건수 10위 안에 든 대법관 출신 변호사 2명은 고교동문 연고에 의한 사건을 각 68건, 23건 맡은 것으로 드러났다.

재직기간과 고교동문, 두 연고관계가 모두 겹치는 대법원 사건을 수임한 경우도 있다. 2015년부터 대법원 사건 수임 건수 상위에 오른 한 변호사의 경우, 1년 8개월 동안 총 58건 중 20건은 같이 근무한 적 있는 현 대법관 사건을, 10건은 고교동문인 현 대법관의 사건을 수임했다.

변협은 "대법원 사건 배당제한(재배당 포함) 기준에 고교동문을 포함해야 한다"고 주장했다. 대법원은 연고에 의한 비리행위를 막기 위해 지난 8월 1일 배당분부터 대법관 출신 변호사가 수임한 상고심 사건을 해당 변호사와 대법원에서 하루라도 같이 근무한 대법관에게 는 배당하지 않도록 했다. 고교동문은 이 기준에 포함되지 않았다.

반면 서울중앙지법 형사합의부는 지난해 8월부터 변호사가 판사와 고등학교 동문, 대학·대학원 같은 학과 동기, 사법연수원·로스쿨 동기, 법원행정처·재판부 등 같은 부서 근무 등의 연고가 있는 경우에는 사건을 다른 재판부로 재배당하고 있다.

변협은 지난해부터 고위 공직자가 퇴임 후 변호사 개업을 하지 못하도록 권고하고 있다. 변호사 개업을 하지 않은 전 대법관 대부분은 공익활동이나 후학양성에 힘쓰고 있다. 이홍훈 전 대법관은 퇴임 직후 낙향했다가 1년 후 화우 공익법률센터 이사장으로, 전수안 전 대법관은 홀로 공익활동을 하다가 2014부터는 공익법인 선에서 고문으로 활동하고 있다. 또 김영란, 박시환, 양창수 전 대법관 등은 퇴임 후 교수로 재직 중이다.

하창우 협회장은 "이번 전수조사 결과로 인해 연고에 의한 사건 수임이 실제로 이뤄지고 있다는 사실이 드러났다"면서 "사법에 대한 국민 신뢰를 위해 전관비리 발생 여지가 있는 부분을 없애야 한다"고 목소리를 높였다. 이어 "전· 현직 대법관 모두 비리행위에 동참하지 않고 퇴임한 후에는 공익활동이나 후학양성에 힘써 전관비리가 근본적으로 근절될 수 있기를 바란다"고 밝혔다.

판사 양심에 석궁을 쏘는 여자

서울대 법대 동문은 대한민국 검찰, 사법부, 대형로펌 등 법조계의 하나회

현재 문재인 정부에서 벌어지는 검찰의 난(亂)은 다음과 같이 잘못된 인사에서 비롯된 것입니다

1) 대법원장, 검찰총장, 국회법사위원장이 모두 서울대 법대 동문

아래와 같이 입법부, 사법부, 행정부의 법무 실권자들이 모두 서울대 법대 동문입니다.

구 분	직 위	이 름	출신대학/학과
입법부	국회법사위원장	여상규	서울대 법대
사법부	대법원장	김명수	서울대 법대
행정부	검찰총장	윤석열	서울대 법대

2) 주요 법원장들이 모두 서울대 법대 동문

아래와 같이 서울에서 단 1곳(서부)을 제외한 나머지 법원의 법원장과 대법원 실권자(행정처장)가 모두 서울대 법대 동문입니다.

구 분	직 위	이 름	출신대학/학과
서울중앙지방법원	법원장	민중기	서울대 법대
서울동부지방법원	법원장	최규흥	서울대 법대
서울남부지방법원	법원장	김흥준	서울대 법대
서울북부지방법원	법원장	최기훈	서울대 법대
서울가정법원	법원장	김용대	서울대 법대
서울공등법원	법원장	김창보	서울대 법대
법원행정차	처장	조재연	서울대 법대

3) 주요 검사장들이 대부분 서울대 법대 동문

아래와 같이 서울에서 3곳(남부, 북부, 고등)을 제외한 나머지 검찰청의 검사장과 대검찰청 차장검사, 감찰본부장 등 실권자들이 모두 서울대 법대 동문입니다.

구 분	직 위	이 름	출신대학/학과
서울중앙지방검찰청	검사장	배성범	서울대 법대
서울동부지방검찰청	검사장	조남관	서울대 법대
서울서부지장검찰청	감사장	조상철	서울대 법대
대검찰청	차장검사	강남일	서울대 법대
대검찰청	감찰본부장	한동수	서울대 법대

가해자 돌봐주는 판·검사들 징계하고,
상대측과 짜고 친 악덕 변호사들 처벌하라!

- 성명서 -

1. 본 단체는 20년 이상 사법피해자 사건에 관해 연구하고 구조운동을 한 결과 법의 허점을 이용해 의뢰인의 소송대리인 변호사들이 상대방 측과 짜고 치는 사기 변론으로 가해자가 소송 사기로 승소하도록 봐주고 변호사가 검은돈을 받다 보니 소송사기꾼들이 날로 급증하고 있다는 것을 알게 되었다.

거기에 더해 판사, 검사들마저 악덕 변호사들과 소송사기꾼들 편에 서서 불공정한 재판으로 부당한 판결을 하고, 불공정한 수사절차로 무혐의처분을 하고 있다는 것을 알게 되었다. 즉 새로운 증거를 가지고 소송 사기로 고소를 해도 이미 확정된 판결이란 이유만으로 무조건 무혐의처분을 하고 있다. 결국, 한번 패소한 피해자들은 다시는 회복할 수 없도록 판·검사, 변호사들이 담합해 부당하게 공권력을 행사하고 있다.

이러한 방법을 안 가해자들은 수단과 방법을 안 가리고 상대방이 선임한 변호사들에게 청탁해 고의로 부실변론을 하도록 함으로써 대법원까지 소송사기꾼들이 승소하는 수법으로 남의 재산을 약탈하고 있다.

2. 의뢰인 변호사들이 부실변론으로 피해 본 사건들에 대한 수법을 요약해 보면, 민사의 경우는 증명 책임은 원고에게 있으므로 원고 소송대리인은 증거입증을 위해 사실조회나, 문서제출명령, 당사자 증인, 증거신청 등을 적극적으로 대응해야만 피고의 과실을 입증할 수가 있다. 그러나 의뢰인을 저버린 변호사들은 대부분 간단한 증거조사나 사실조회를 하지 않아 억울하게 패소한 사건들이 많았다.

후에 다른 증거를 찾아 다시 소송하여도 판사는 증거조사를 해주지 않고 기각한다. 그 이유는 판·검사들이 돈 먹고 엉터리 수사나 판결한 것이 들통이 날 경우, 법조인들이 망신당하기 때문에 판·검사, 변호사들은 묵시적 담합으로 부당하게 무혐의처분을 하고, 판사는 증거 입증하지 못하도록 도리어 직권을 남용해 방해를 하고 있다.

3. 더더욱 헌법 제103조에 따라 법관은 헌법과 법률에 따라 그 양심에 따라 독립하여 심판하므로 그 재판 내용이나 진행에 관하여 법적 절차에 따라 불복하면 되고, 억울하면 가해자를 고소하면 된다고 한다. 하지만 법원은 증거재판을 안 해주고, 검찰은 수사를 안 해주면 일반 국민들이 진실을 밝혀내는 데는 대응할 방법이 없다. 판·검사를 상대로 국가배상을 한들 같은 동료 판사가 판결하는 데 소송한들 패소할 수밖에 없다.

'사법적폐 청산 촉구' 구호 외치는 시민단체 회원들

4. 소송 사기로 승소한 대법원 판례

* 1998.2.27. 선고 97도2786 판결(사기미수, 횡령)

『적극적 소송당사자인 원고뿐만 아니라 방어적인 위치에 있는 피고라 하더라도 허위내용의 서류를 작성하여 이를 증거로 제출하거나 위증을 시키는 등의 적극적인 방법으로 법원을 기망하여 착오에 빠지게 안 결과 승소확정판결을 받음으로써 자기의 재산상의 의무이행을 면하게 된 경우에는 그 재산가액 상당에 대하여 사기죄가 성립한다고 할 것이고, 그와 같은 경우에는 적극적인 방법으로 법원을 기망할 의사를 가지고 허위내용의 서류를 증거로 제출하거나 그에 따른 주장을 담은 답변서나 준비서면을 제출한 경우에 사기죄의 실행의 착수가 있다고 볼 것이다.

* 소송사기죄는, 적극적 소송당사자인 원고뿐만 아니라 방어적인 위치에 있는 피고라 하더라도 허위내용의 서류를 작성하여 이를 증거로 제출하거나 위증을 시키는 등의 적극적인 방법으로 법원을 기망하여 착오에 빠지게 한 결과 승소확정판결을 받음으로써 자기의 재산상의 의무이행을 면하게 된 경우에 성립할 수 있다 할 것이다 (대법원 2003도 333 판결 참조).』

이러한 법률에 따라 소송대리인 측 변호사들의 부실변론으로 대법원까지 패소한 원고 최정미, 정선태, 이문선, 정갑자 등이 다시 소송하고 있으며, 새로운 증거를 가지고 소송 사기로 고소도 하고 있다. 또한, 피고들이 잘못을 인정할 경우, 조정도 가능하다.

소송대리인 측 변호사들의 사기 변론으로 패소한 이부자, 달마사 스님, 지숙희 등은 소송대리인 변호사를 상대로 손해배상을 청구해 현재 진행하고 있다.

5. 결국, 나라가 건강하게 존재할 수 있도록 떠받치는 것은 법치인데 법치의 근간은 사법정의이고 사법정의의 보루라는 국가기관이 바로 법원이다. 사법정의의 보루가 구조적으로 부패해 있다면 정의는 우리 사회 그 어디에서도 존재할 수가 없고, 정의가 없는 곳에서는 힘과 돈이 모든

것을 좌우하는 절망과 무법천지의 도가니 판이 되고 마는 것이다.

이에 국민이 준 권한으로 판·검사들의 직권을 남용하여 사기꾼 변호사들에게 청탁을 받고 엉터리 판결이나 수사를 하는 사법풍토를 개혁하지 않고서는 진정한 사법정의는 실현될 수 없다. 법은 약자들을 보호하기 위해 존재하는 것인 만큼 인권을 우선하는 판결과 누구나 예측 가능한 판결로 국민들로부터 신뢰받은 사법부가 되도록 노력해야만 한다.

본 단체는 이러한 판·검사, 경찰관, 변호사들의 부정한 담합을 척결하고자, 허위공문서를 작성해 직권을 남용한 비리 판·검사, 변호사에게 피해 본 사건을 고발하며, 더불어 사법부와 검찰에 다음과 같이 촉구한다.

- 다음 -

1. 대검찰청 총장은 비리 판·검사, 변호사 고소사건에 대해 특별수사본부에서 조사하도록 조치하고, 대검찰청 홈피에 공개하여, 수사하므로서 상대방 측과 짜고 치는 악덕 변호사와 소송사기꾼들을 척결하라!

2. 김명수 대법원장은 증인신청, 사실조회를 거절한 후 패소로 판결한 사례, 대법원 판례를 무시하고 판결한 사례, 판사가 판결문 조작해 판결한 사례, 기피신청을 한 사건만이라도 대법원 홈페이지에 게시 법조피해를 예방하라!

2018.5.31.

**사법정의국민연대, 적폐청산행동연대,
민족정기구현회, 한겨레지도자회의**

제3부

억울한 사법피해 사례와 피해자가 승소하는 법

판사의 대법원 판례 오판으로 패소한 정선태 사례

근로자 (원고) : 정선태 (직장 :**한국토지공사에 행정 3급**)

사용자(피고) : 한국토지주택공사

1. 해고사유

가. 원고 정선태는 여수엑스포건설 시공사 선정에 대한 상관으로부터 청탁을 거절했다는 이유로 괘씸죄에 찍혀 없는 죄를 만들어 해고시켰다.

해고사유는 "공사 직원이 1~2채의 아파트를 공사로부터 정당하게 분양받아 실명으로 임대사업을 하는 것은 겸직제한이나 영리업무를 해당하지 않는 것이지만 이 사건 근로자가 친인척을 동원하여 16채의 아파트를 분양받고, 이중 일부를 유)편한주택으로 매도하여 임대사업을 하고 있었다면 공공기관 종사자로 직무전념 의무에 위반될 뿐 아니라 친인척의 차명을 통한 기업형 임대사업으로서 "겸직 및 영리업무"에 해당된다는 이유였다.

2. 해고무효 소송 투쟁 과정

가. 근로자는 부당해고 구제 신청한 결과 전남지방노동위원회에는 2013. 8. 8. 부당해고 판정을 받았다. (전남 2013부해 217 부당해고 구제신청).

나. 사용자가 재신신청을 하자, 중앙노동위원회는 대법원 판례를 오판해, 원심 결정을 2012. 11. 13. 취소했다 (중앙 2013부해 781).

다. 이에 원고는 항소를 한 결과 대전지방법원 행정법원은 2014. 11. 5. 원고 청구를 기각했다 (2014구합 115 부당해고구제재심판정취소)

라. 대전고법에 항고를 했으나 기각, 대법 2015. 7. 23. 패소로 확정되었다.

마. 원고의 요양승인처분 신청 사건은 업무상재해로 인정되어 2013. 9. 30. 승소를 했다. (2013재결 제 2074 요양승인처분취소).

3. 단체의 구조방법

가. 기록을 검토한 결과 중앙노동위원회가 대법원 판례를 오판해 패소시켰으며, 대전지방법원 행정법원 김명식판사는 중노위 오판 결정을 덮기 위해 같은 방법으로 대법원 판례를 조작해 사기판결을 한 사실을 알고 재심청구를 하도록 도움을 주었다.

나. 긴 판사의 판결요지에 보면 "해고를 전후하여 근로자에 대하여 산업재해보상보험법에의한 요양승인이 내려지고 휴업급여가 지급된 사

정은 해고가 그 근로기준법 제30조 제2항에서 정한 휴업기간중의 해고에 해당하는지를 판단하는 데 참착할 사유는 될 수는 있지만 법원은 이에 기속됨이 없이 앞서든 객관적 사정을 기초로 실질적으로 판단하여 해고 당시 요양을 위하여 휴업을 할 필요가 있는지를 결정하여야 한다."라는 이유로 기각을 했다.

그러나 위 판결문에도 보면 **"해고 당시 요양을 위하여 휴업을 할 필요가 있는지를 결정하여야 한다."**라고 한바와 같이 원고는 피고의 부당한 노동행위로 인하여 정신적 쇼크로 장기간 요양 중에 있었으며, 산업재해보상보험 판정서에도 보면 "원고는 2013. 1. 4. 경부터 우울증 에피소드 등으로 수차례 정신과 진료를 받은 사실이 확인되고 주치의 및 원 처분기관 자문의사도 업무상 스트레스가 상병의 발병원인으로 보인다"라고 판시하였음에도 불구하고,

원심은 **"원고가 우울증 등의 질병을 앓았던 사실은 인정되나 원고의 우울증이 업무상 사유로 인하여 발생한 것임을 인정할 자료가 없을 뿐 아니라, 원고는 이 사건 파면처분 당시 통원치료를 받았을 뿐 입원하거나 휴업하지 아니하거나 정상적으로 출근하고 있는 경우에 해당한다."**라고 원고가 제출한 진료기록 및 진단서들을 모두 배척하고 그것도 판정서까지도 고의적으로 묵인하고, 대법원 판례를 고의적으로 오남용하여 허위 판결문을 작성했다.

즉, 김판사는 **"원고는 이 사건 파면처분 당시 통원치료를 받았을 뿐 입원하거나 휴업하지 아니하고 정상적으로 출근하고 있는 경우에 해당한다."**라는 취지로 원고가 정상적으로 출근하고 있는 것처럼 허위 판결문을 작성했다.

다. 2013재결 제2074호 요양불승인처분취소 결정문 9쪽 하단에 보면,

"청구인은 여수엑스포타운 보상팀장으로 근무하면서부터 주민소득창출 사업 사업자 선정과정에서 사업 관련자들의 요구 및 투서 등 민원으로 정신적 부담을 받아오다가 전보발령이 되었고, 이후 사업자 선정과정에서의 업무처리로 이의제기 및 고소, 고발 등으로 회사의 감사 및 검찰의 수사를 받는 등으로 오랜 기간 직무로 스트레스가 지속되어 온 것"으로 보이는 점,

"회사에서의 청구인에 대하여 2012. 10.월부터 신축다세대주택매입 관련 등으로 감사를 실시하여 2013. 3. 월경 파면처분에 대하여 전남지방노동위원회는 징계 양정이 과다하며 원직복직 판정을 하였는 바, 이러한 수개월에 걸친 감사 및 징계 처분으로 퇴직을 앞둔 청구인에게 정신적 압박과 충격으로 작용하였을 것으로 추단되는 점, 위 감사 중인 2013. 1. 4. 이후 "우울증 에피소드" 등으로 수차례 정신과 진료를 받은 사실이 확인되고 주치의 및 원 처분기관 자문의사 2도 업무상 스트레스가 신청 상병의 발병원인으로 보인다는 소견을 밝히고 있는 점,

또한 청구인의 업무 이외에 다른 요인으로 인해 상병이 발병되었다고 볼 만한 자료가 없는 점 등을 고려할 때 신청 상병은 청구인의 업무에 기인한 스트레스로 인하여 발병한 것으로 판단되므로 업무와의 관련성이 상당하다는 것이 위원들의 다수 의견이다.

라고 판정한 바와 같이 원고는 민원인들로부터 고소, 고발로 인하여 정신적, 육체적으로 스트레스로 인한 우울증이 발병되었다. 그럼에도 불구하고 사용자는 근로자가 참석도 하지 않은 상태에서 징계회의를 한 후 직위 파면처분을 했다.

라. 공범자들 상대로 소송하는 방법

1) 원고는 공사 상관들이 허위 감사보고서를 작성해 징계했다는 것을 밝히기 위해 공사 직원들 상대로 손해배상 청구를 했으나, 이미 확정된 판결문이 있다는 이유로 판단도 하지 않고 기각했다.

서울중앙지방법원 2017가단 185394 손해배상

피고 : 이지송 전 공사 대표, 남창현, 이호원, 전해승

2) 항소심 역시 원고가 실태조사를 작성한 사실이 없다는 것을 공사에 사실조회 결과로 밝혀졌으며, 이에 허위 감사보고서를 작성한 피고 당사자 전해승을 증인으로 신청했으나 재판장은 채택하지 않고 기판력만을 내세워 기각판결을 했다.

항소심 : 서울중앙지방법원 2018나39579 손해배상(기)

3) 피고들의 공동불법행위

원고 동생 정OO과 원고의 친구 처인 대표이사 최OO은 2006. 6. 경 임대사업을 위해 (유)편한주택을 설립해 운영하고 있었으며, 원고의 형 정OO은 백화점을 다니시다가 퇴직을 한 후, 원고의 집 앞에서 부동산중개업을 운영하던 이OO씨와 함께 2011. 10. 경 임대사업을 목적으로 하는 하나그린 법인을 설립해 운영하였다. 공사는 2011. 11. 경 2차 매입 공고문를 보고 원고는 동생이나, 형 정환균에게 다세대주택 사업에 대한 설명과 절차를 안내하였을 뿐, 공사에 불이익을 준 것도 없으며, 겸직이나, 이권에 개입한 사실도 없으며, 가족들을 위해 알선이나 청탁을 한 일도 없다.

피고공사의 소송대리인 공인노무사 이종수, 변영복이 제출한 답변서 8쪽에 보면,

『일반적으로 공사 직원이 1~2채의 아파트를 공사로부터 정당하게 분양받아 실명으로 임대사업을 하는 것은 겸직제한이나 영리업무를 해당하지 않는 것이지만 이 사건 근로자는 친인척을 동원하여 16채의 아파트를 분양받고, 이중 일부를 유)편한주택으로 매도하여 임대사업을 하고 있었다면 공공기관 종사자로 직무전념에 의무에 위반될 뿐 아니라 친인척의 차명을 통한 기업형 임대사업으로서 "겸직 및 영리업무"에 해당된다고 할 수 있다.』라고 주장했다.

그러나 원고 가족들이 토지를 매입한 일자를 보면, 대부분 2005년도, 2006년, 2009년도 토지를 매입한 후, 정재웅은 2011. 6. 10. 편한주택에 매도, 정재연은 2011. 8. 9. 매도, 정선영은 2011. 5. 26. 매도, 정승호는 2011. 2. 17. 경 매도한 것이 전부이며, 이 사건이 공개된 2011. 9. 1. 이전에 그것도 7년 전에 매입한 토지들이다.

그럼에도 위 답변서 14쪽에 보면,

『이 사건 근로자가 참여하여 사전 조사한 일자는 2011. 8. 30. 반면, 이 사건 공사가 신청자들에게 사전 검토서비스를 제공하도록 공고한 시점은 2011. 11. 7. (노제1호증)이므로 이 사건 근로자의 사전조사를 회사가 방침을 정하지 않은 시점에 이루어진 것이라 정당하지 않다.』라고 변론을 했으나, 그러나 신축다세주택 매입시행방안에 보면 2011. 8. 30. 매입공고를 하였으며, 원고는 위 공고를 보고 원고가족들이 신청했음으로 위 공사의 소송대리인들은 사기변론을 한 것이다.

김병식 판사가 "2014구합115" 판결문에 첨부한 관계법령 및 규정을 보면,

제16조의 2 (공사와 거래 제한)
임직원은 공사가 공급하는 주택, 토지 및 상가 등의 매매 및 임대차계약 또는 용지규정 등에 따라 보상 및 이주와 관련하여 특별 공급된 주택, 토지 및 상가 등의 권리와 의무승계 계약을 체결하여서는 아니 된다. 다만, 취업규칙 제 9조의 규정에 따라 허용되는 경우는 그러하지 아니한다.

라고 되어 있는 바대로 공개된 이 사건에서는 원고가족들이 참여하도록 하고. 퇴직 후 훗날 원고도 참여하기로 하였다는 것만으로 공사의 인사규정의 "임직원행동강령 제6조(이해관계 직무의 회피)"에 해당한다거나, 제13조 (이권에 개입 등의 금지)에 해당이 된다거나, 제16조 (직무관련 정보를 이용한 거래 등의 제한)에 해당이 되는 것은 절대적으로 아닌 것이었다.

다만 공사 직원들이 허위로 작성한 감사보고서처럼 원고가 실태조사에 참여할 자격도 없는 자가 실태조사표를 허위로 작성하였다거나 원고가족들이 신청한 부지가 선정이 되도록 원고 상관들에게 청탁을 했을 때만이 징계 사유가 될 수 있다. 그러나 공사는 공개적으로 신문광고를 내고 전 직원들 앞세워 전 국민들이 신청하도록 한 국책사업이었다.

4. 구조한 결과

이러한 사유로 원고는 재심이 진행 중에 있으며, 피고들 상대로 한 손해배상 사건은 부당하게 패소했으나, 허위 감사보고서를 작성했다는 실태조사보고서에 대한 공사가 제출한 회신에 의해 피고들을 다시 고소해 처벌받게 하는 증거를 입수하게 되었다. 또한 국가배상 5년의 시효 때문에 2020. 7. 20. 김병식판사 과실에 대한 국가배상도 청구했다.

그러나 국가배상 청구를 하여본 바, 성백현재판장은,
사건 2020가소 135411 손해배상 (기)
원고 정선태 / 피고 대한민국 법률상대표 박범계 외 2

"0 법관의 재판에 법령의 규정을 따르지 아니한 잘못이 있다 하더라도 이로써 바로 그 재판장 직무행위가 구가배상법 제 2조 제 1항에서 말하는 위법한 행위가 되어 국가의 손해배상책임이 발생하는 것은 아니고, 그 국가배상책임이 인정되려면 당해 법관이 위법 또는 부당한 목적을 가지고 재판을 하였다거나 법이 법관의 직무 수행상 준수할 것을 요구하고 있는 기준을 현저하게 위반하는 등 법관이 그에게 부여된 권한의 취지에 명백히 어긋나게 이를 행사하였다고 인정할 만한 특별한 사정이 있어야 하는데 그러한 특별한 사정을 인정할 증거가 부족하다.

0 피고 한국토지공사가 원고를 부당해고 하였다는 원고 주장사실을 인정할 증거가 부족하다."라고 기각판결을 했다.

결국 판사는 법령을 위반하고, 대법원 판례를 위반해서 엉터리 판결해도 아무런 처벌을 받지 않는다는 판결을 했다.

재심소장으로 사기 판결한 판사 잡는 법 &
재심원고가 성공하는 법

- 재심 소장 -

재심원고(원고) : 정 선 태

재심피고(피고) : 중앙노동위원회 위원장

피고보조참가인 : 한국토지주택공사

　　　　　　　소송대리인 법무법인우성 담당변호사 문상호

위 당사자 간 대전지방법원 제 1행정부 사건 2014구합115 부당해고 구제재심판정 취소 청구 사건에 관하여 동 법원이 2014. 11. 5.에 선고한 판결은 재심사유가 있으므로 재심의 소를 제기합니다.

- 재심을 구하는 판결의 표시 -

1. 원고의 청구를 기각한다.
2. 소송비용은 보조참가로 인한 비용을 포함하여 모두 원고가 부담한다.

- 재심 취지 -

1. 대전지방법원 제1행정부 사건2014구합115 부당해고구제재심판정을 취소한다.
2. 중앙노동위원회가 2013. 11.13. 원고와 피고보조참가인 사이의 중앙 2013부해 781 부당해고구제 재심신청 사건에 관하여 한 재심판정을 취소한다.
3. 재심소송비용은 재심피고의 부담으로 한다.
라는 판결을 구합니다.

1. 원심 판단요지

가. 원심 판결문 5쪽부터~ 7쪽에 보면,

나. 휴업기간 중 해고라는 주장에 관하여

근로자가 업무상 재해로 인하여 노동력을 상실하고 있는 기간과 노동력을 회복하기에 필요한 그 후의 30일간은 근로자를 실직의 위협으로부터 절대적으로 보호하고자 함에 있다. 따라서 근로자가 업무상 부상 등으로 입원 치료 중이라 하더라도 휴업하지 아니하고 정상적으로 출근하고 있는 경우 또는 업무상 부상 등으로 휴업하고 있는 경우라도 그 요양을 위하여 휴업을 할 필요가 있다고 인정되지 아니하는 경우에는 위 규정이 정한 피고가 제한되는 휴업기간에 해당하지 아니한다.

여기서 '정상적으로 출근하고 있는 경우'라 함은 단순히 출근하여 근무하고 있는 것으로는 부족하고 정상적인 노동력으로 근로를 제공하는 경우를 말하는 것이므로 객관적으로 요양을 위한 휴업이 필요함에도 사용자의 요구 등 다른 사정으로 출근하여 근무하고 있는 것과 같은 경우는 이에 해당하지 아니한다.

이때 요양을 위하여 휴업이 필요한지 여부는 업무상 부당의 정도, 부상 등의 치료방법, 업무의 내용과 강도, 근로자의 용태 등 객관적인 사정을 종합하여 판단하여야 할 것이다. 따라서 해고를 전후하여 그 근로자에 대하여 산업재해보상보험법에 의한 요양승인이 내려지고 휴업급여가 지급된 사정은 그 해고가 근로기준법 제23조 제2항이 정한 휴업기간 중의 해고에 해당하는지 여부를 판단하는 데 참작할 사유가 될 수 있지만, 법원은 이에 기속됨이 없이 앞서든 객관적 사정을 기초로 실질적으로 판단하여 그 해 당시 요양을 위하여 휴업을 할 필요가 있는지 여부를 결정할 것이다.(대법원 2011. 11. 10. 선고 2009다 63205 판결 참조)

판사 양심에 석궁을 쏘는 여자

2) 판단

원고는 2013. 1. 5. 중증도의 우울증을 최초 진단 받은 이후 해고일인 2013. 3. 4. 까지 9일간의 병가신청을 하였던 사실, 원고는 2013. 3. 11. 참가인으로부터 이 사건 파면처분 통보를 받은 사실, 원고는 2013. 2. 19. 인하여 적응장애 및 우울증에 상병이 발병하였다며 근로복지공단 광주지역본부에 요양급여를 신청하였고, 2013. 7. 29. 요양불승인처분이 되었던 사실,

이후 재심사를 거쳐 2013. 8. 14. 요양보험급여를 수령한 사실, 원고의 주치의가 2013. 2. 18. 3차례 걸쳐 발행한 진단서에는 치료에도 불구하고 우울 및 불안증상이 진행되어 향후 14일 정도 추가로 심신안정 및 정신과 치료 필요하다는 소견이 기재되어 있는 사실, 이 사건 파면처분 당시 원고 근무형태가 9시부터 18시까지 주 5일 근무였던 사실 등 각 인정된다.

이를 종합하면, 원고가 우울증 등의 질병을 앓았던 사실은 인정되나 원고의 우울증이 업무상 사유로 인하여 발생한 것임을 인정할 자료가 없을 뿐 아니라, 원고는 이 사건 파면처분 당시 통원치료를 받았을 뿐 입원하거나 휴업하지 아니하거나 정상적으로 출근하고 있는 경우에 해당하고, 이 사건 파면처분 후에 재심사를 거쳐 원고에 대한 요양승인이 소급하여 내려졌다고 하더라도 이러한 사정만으로는 당시 원고가 요양을 위하여 휴업할 필요가 있었다고 인정하기에 부족하며 달리 이를 인정할 증거가 없으므로 원고에 대한 이 사건 파면처분이 휴업기간 중에 이루어진 해고로서 위법하다고 볼 수 없다."라고 판단을 유탈해 부당한 판결을 하였습니다.

2. 재심사유 (판단유탈)

가. 위 원심은 오직 "해고를 전후하여 근로자에 대하여 산업재해보상보험법에의한 요양승인이 내려지고 휴업급여가 지급된 사정은 해고가 구 근로기준법 제30조 제 2항에서 정한 휴업기간중의 해고에 해당하는지를 판단하는 데에 참착할 사유가 될 수는 있지만 법원은 이에 기속됨이 없이 앞서든 객관적 사정을 기초로 실질적으로 판단하여 해고 당시 요양을 위하여 휴업을 할 필요가 있는지를 결정하여야 한다." 원심은 오직 산업재해보상보험법에 의한 요양승인이 내려졌다고 해도 해고를 하는 데는 참작사유만 된다는 이유로 기각을 했습니다.

그러나 위 판결문에도 보면 "해고 당시 요양을 위하여 휴업을 할 필요가 있는지를 결정하여야 한다."라고 한바와 같이 원고는 피고의 부당한 노동행위로 인하여 정신적 쇼크로 장기간 요양 중에 있었으며, 그러한 증거로 산업재해보상보험 재심사위원회에서 판정한 판정서에도 보면 "원고는 2013. 1. 4. 경부터 우울증 에피소드 등으로 수차례 정신과 진료를 받은 사실이 확인되고 주치의 및 원 처분기관 자문의사도 업무상 스트레스가 상병의 발병원인으로 보인다."라고 판시하였음에도 불구하고,

원심은 "원고가 우울증 등의 질병을 앓았던 사실은 인정되나 원고의 우울증이 업무상 사유로 인하여 발생한 것임을 인정할 자료가 없을 뿐 아니라, 원고는 이 사건 파면처분 당시 통원치료를 받았을 뿐 입원하거나 휴업하지 아니하였음으로 정상적으로 출근하고 있는 경우에 해당 한다."라고 원고가 제출한 진료기록 및 진단서들을 모두 배척하고 그것도

판정서까지도 고의적으로 오판하고, 대법원 판례도 고의적으로 오남용하여 허위 판결문을 작성했습니다.

나. 2013재결 제2074호 요양불승인처분취소 결정문 9쪽 하단에 보면, 청구인은 여수엑스포타운 보상팀장으로 근무하면서부터 주민소득 창출 사업자 선정 과정에서 사업 관련자들의 투서 등 민원으로 정신적 부담을 받아오다가 전보발령이 되었고, 이후 사업자 선정과정에서의 업무처리로 이의제기 및 고소, 고발 등으로 회사의 감사 및 검찰의 수사를 받는 등으로 오랜 기간 직무스트레스가 지속되어 온 것으로 보이는 점,

회사에서의 청구인에 대하여 2012. 10.부터 신축다세대주택매입 관련 등으로 감사를 실시하여 2013. 3.경 파면처분에 대하여 전남지방노동위원회는 징계양정이 과다하며 원직복직 판정을 하였는 바, 이러한 수개월에 걸친 감사 및 징계처분으로 퇴직을 앞둔 청구인에게 정신적 압박과 충격으로 작용하였을 것으로 추단되는 점,

위 감사 중인 2013. 1. 4. 이후 "우울증 에피소드" 등으로 수차례 정신과 진료를 받은 사실이 확인되고 주치의 및 원 처분기관 자문의사 2도 업무상 스트레스가 신청 상병의 발병원인으로 보인다는 소견을 밝히고 있는 점,

또한 청구인의 업무 이외에 다른 요인으로 인해 상병이 발병되었다고 볼 만한 자료가 없는 점 등을 고려할 때 신청 상병은 청구인의 업무에 기인한 스트레스로 인하여 발병한 것으로 판단되므로 업무와의 관련성이 상당하다는 것이 위원들의 다수 의견이다.

라고 판정한 바와 같이 원고는 공사 지시에 불이행 하였다고 하여 부당하게 전보발령과 민원인들로부터 고소, 고발로 인하여 정신적, 육체직

으로 스트레스로 인한 우울증이 발병되게 되었던 것입니다.

다. 위 판정문 4쪽의 원고가 근로 경력 난에 보면,

2009. 1. 2. ~ 2010. 2. 3. 여수엑스포타운 보상팀장으로 근무

2010. 3. 2. ~ 2010. 10. 14. 광주전남지역본부 도시재생팀

2011. 02. 17. 광주전남지역본부 건축사업부

2012. 3. 2. 광주전남지역본부 도시재상 사업부

2012. 10. 29. ~11. 14. 감사를 실시하였음.

2013. 2. 14. 광주전남지역본부 경영지원부 발령

2013. 3. 8. 인사위원회 개최

2013. 3. 11. 파면통보

라고 기제 된 바대로 원고가 파면을 받기까지 여수엑스포 사건으로 인
하여 전보발령을 받게 되었으며, 결국은 부당한 감사로 인하여 파면처

분을 받게 된 것입니다.

마. 또한 대법원 판례에 보면 "여기서 "정상적으로 출근하고 있는 경우"란 단순히 출근하여 근무하고 있다는 것으로는 부족하고 정상적인 노동력으로 근로를 제공하는 경우를 말하는 것이므로 객관적으로 요양을 위한 휴업이 필요함에도 사용자의 요구 등 다른 사정으로 출근하여 근무하고 있는 것과 같은 경우는 이에 해당하지 아니한다. 이때 요양을 위하여 휴업이 필요한지는 업무상 부상 등의 정도, 부상 등의 치료과정 및 치료방법, 업무의 내용과 강도, 근로자의 용태 등 객관적인 사정을 종합하여 판단하여야한다."라고 되어 있음에도 불구하고, 원심은 "원고는 이 사건 파면처분 당시 통원치료를 받았을 뿐, 입원하거나 휴업하지 아니하거나 정상적으로 출근하고 있는 경우에 해당한다."라고 판단을 유탈하여 판결을 했으나 원고는 요양 및 휴업 중에 있었음에도 불구하고 원고가 제출한 진료기록 및 진단서들을 배척하고 고의적으로 대법원 판례를 오남용 및 오판하여 공사가 정당한 절차에 의해 파면한 것처럼 대법원 판례를 내세워 허위 공문서를 작성하여 사기 판결을 하였습니다.

3. 원고의 근로내역 및 사건 진행과정

가. 원고는 1982. 8. 23. LH공사에 입사하여 2013. 3. 11. 파면되기까지 30여년 이상 아무런 징계도 받은 사실이 없이 성실하게 근무하였고, 오히려 업무수행 능력을 인정받아 2회의 사장 표창을 수상한 경력이 있습니다.

나. 원고는 소외 이호원, 전해승 등이 작성하여 제출한 허위의 감사보고서에 의해 소외 남창현 인사관리처장은 소외 전해승 등이 허위로 감사보고서를 작성했다는 것이 분명함에도, 병가 및 휴가(2013. 1.5 ~ 3.22)중인 원고의 인사위원회 개최하여 원고 당사자도 없이 전해승이 작성한 감사보고서만 보고 파면 조치를 하도록 제안을 한 결과 2013. 3. 7. 파면 조치를 당하게 되었습니다.

다. 이에 원고는 2013. 6. 7. 위 징계 처분이 부당하다는 취지로 전남지방노동위원회에 구제신청을 하였으며, 전남지방노동위원회는 2013. 8. 8. 위 징계사유 중,

① 겸직제한 위반행위와 이권개입 위반행위의 징계사유에 대해서는 진정인의 진술서 및 문답서에만 의존하고 있으며, 이를 뒷받침할 만한 구체적인 사실관계를 입증하지 못하고 있어 이를 징계사유로 삼기 어려운 점,

② 이러한 사실로 원고는 자금을 투자하고 이익을 얻었다고 인정하기 어렵고, LH공사에게도 구체적인 피해사실이 밝혀지지 않은 점,

③ 원고가 30여년 이상 장기근속 한 근로자로서 특별한 징계전력도 없으며, 사장 표창을 2회 수상하고 파면처분은 비행의 정도에 비하여

균형을 잃은 과도한 징계처분에 해당된다.

라는 이유로 원고에 대한 해고는 부당하다는 판정을 하였습니다.

라. 그러나 피고는 이에 불복하여 중앙노동위원회에 재심청구를 하자 중노위는 단한번의 심리도 없이 오직 위 공사에서 제출한 감사보고서만 증거로 채택하여 원고에 대한 해고는 정당하다고 판정을 했습니다.

4. 피고 이지송 전 사장이 부당하게 파면한 이유

가. 소외 이지송 전 사장은 전 현대건설 사장이고, 이명박 전 대통령은 현대건설 회장이었던 관계로 공사에 사장으로 임명되었으며, 원고는 2009.-2010. 한국토지주택공사의 여수엑스포타운 보상팀장으로 근무하면서 담당 업무이던 주민소득창출 사업과 관련한 업체를 선정하는 업무를 보고 있던 중 서류미비 등 부 적정 업체를 탈락시킨 일이 있었습니다.

나. 그런데, 소외 이지송은 자격이 갖추어지지 않은 업체와의 계약을 추진하라고 강압적으로 지시하였고, 당시 엑스포조직위원장이었던 전 건설부장관 강OO은 2009. 12.경 원고에게 직접 전화를 걸어와서 그 업체와 계약을 추진할 것을 지시하였습니다.

즉, 원고는 소외 이지송의 청탁을 거부하고 적정 서류를 제출한 업체를 선정하였는데, 그렇게 하자 여수엑스포 조직위원장 강OO은 원고에게 "사장한테 연락해서 인사조치 해야 겠구만."이라고 협박을 하였습니다. 실제로 2010.2.경 원고는 광주전남지역본부 도시재생팀으로 선보발령 되었고, 광주전남지역본부 주택사업 부장으로 전보조치 되었습니다.

다. 새로 부임한 김OO 엑스포 사업 단장은 원고 등이 선정한 업체를 배제시키고 서류 미비로 탈락되었던 업체와 공사계약을 체결하였습니다. 그 직후부터 원고는 본격적인 표적감사를 받았으며, 원고를 대전연수원으로 호출하여 오랜 시간 중범 죄인을 다루듯이 심문을 하였으나 아무런 혐의를 찾지 못하였습니다.

한편, 그 무렵 원고는 위 여수엑스포사업 업무와 관련한 사업자들로부터 형사 고발까지 당했으나 광주지방검찰청 순천지청에서는 혐의없음 처분을 하였습니다.

5. 피고의 부당한 파면이라는 증거에 관하여

가. 사건 2013부재 781 한국토지공사 부당해고구제 재심 판정문 18쪽 중간에 보면,

---

1. 취업규칙 제 8조 (겸직금지 의무) 위반 여부

가. (유)편한주택과 (유)하나그린의 명의로 선정된 7건 중 6건의 신축다세대주택 사업에 대한 확약조건 이행보증금의 방법으로 대주주주인 정선영과 정환균, 대표이사 최심덕과 이숙희는 연대보증을 하지 않거나 보증최고액을 "0" 원으로 하는 연대보증을 하였을 뿐인데 반하여, 연대보증이 사업실패 등에 대한 책임을 지게 된다는 의미임에도 이 사건 근로자는 보증최고액 5억9천만 원, 이 사건 근

로자의 처 이근희 명의로 보증최고액 1억 원을 보조보험사에 연대보증한 점,

나. 이 사건 근로자가 '사업이 끝나면 일정금액을 받는 조건으로 (유)하나그린에 사업비 1억 원을 투자하였고, 이 사건 근로자의 동생 정선영이 투자한 (유)편한 주택 자본금 2억 원 중 1억 원을 퇴직 후 돌려받기로 하고, (유)편한주택과 (유)하나그린을 운영하였다.'는 취지로 문답서를 통하여 진술한 점 등으로 볼 때 이 사건 근로자가 두 개의 법인을 사실상 운영, 관리하였다는 것이라고 추단된다.

다. 이 사건 근로자가 직무회피 없이 부당하게 실태조사에 참여하고, 심사, 평가에 부당하게 개입하는 등의 방법으로 (유)편한주택과 (유)하나그린 명의로 신청한 7건의 신축다세대 주택사업이 선정되도록 활동한 점.

라. "임직원 행동강령" 제6조 (이해관계 직무회피)의 위반에 관하여 보면,
이 사건 근로자가 이해관계 직무의 회피 없이 직무관련자인 이 사건 근로자의 형이 신청한 2건의 신축다세대주택 부지에 대한 실태조사를 실시하였음이 인정된다.

마. 소결
이 사건 근로자는 국민 주거생활의 향상 등을 목적으로 설립된 이 사건 공사의 '부장 대우' 직위에 있는 자로서 무엇보다도 청렴성과 도덕성이 요구됨에도 서민 주거안정을 위한 '신축다세대주택사업'과 관련한 취업규직 제8조(겸직 제한), 임직원 행동강령의 제6조(이해관계 직무의 회피), 제13조 (이권개입 등의 금지) 및 제15조(알선, 청탁 등의 금지) 위반의 비위 행위를 하였음이 인정되고, 이러한 비위 행위를 징계사유로 삼은 것은 정당하다.

라고 판정을 하였습니다. 그러나 소외 이호원과 전해승은 원고가 (유)편한주택에 대하여 1억 원을 투자한 사실이 없다고 진술서를 작성하였음에노 불구하고 소외 전해승은 "신축다세대 사업에 1억 원을 투자하였음."이라고 마치 원고가 1억 원을 (유)편한주택에 투자한 듯이 허위의 내

용의 감사보고서를 작성하였습니다.

```
(10:35 휴식, 11:30 재개)

문 : 지난주 금요일, 본인이 1억원을 신축다세대주택에 투자했다고 말씀하셨죠?

답 : 제가 직접적으로 투자를 한 것은 아닙니다. 형님이 투자한 하나그린 사업비에
대해 부담이 되니까 1억원 정도 이자 정도는 대주라고 해서 해주었습니다. 형님이 사
업이 끝나면 어느정도 생각해서 돌려주겠다고 했습니다.

문 : (유)편한주택의 신축다세대에 투자한 것은 없습니까?

답 : 없습니다.


   위와 같이 문답한 후 진술인에게 (열람, 낭독)하게 하였더니 진술내용과 서로
다름이 없으며 오기나 증감한 사항이 전혀 없음을 확인하므로 간인한 후 서명
(날인, 무인)하게 하다.

                        2012.  11.  14.

        진술인 : 직위   부장대우  성명 : 정선태
        입회인 : 직위   과장    성명 : 김대원
        감사인 : 직위   차장    성명 : 김동섭
```

나. 더더욱 원고는 (유)편한주택과 (유)하나그린을 운영한 적이 없음에도 불구하고 전해승은 "(유)편한주택과 (유)하나그린을 운영하였다."라고 마치 원고가 겸직을 한 것처럼 허위의 내용의 감사보고서를 작성하였습니다.

다. 원고는 실태조사표를 작성한 사실도 없으며, 실태조사를 할 자격도 없었습니다. 그럼에도 불구하고 "신청주택 대부분에 대한 현장실태조사를 벌여 매입을 위한 평가위원회의 기초자료가 되는 실태조사표를

작성하였다."라고 마치 원고가 이해관계 업무를 회피할 의무를 다하지 아니한 것처럼 허위로 조작된 감사보고서를 작성하였습니다.

라. 원고는 필지 선정과정에서 조건에 맞지 않는 것을 지적하거나 조건이 좋은 것을 설명하였던 적이 있을 뿐, 특정한 필지를 선정하여 달라고 청탁을 한 적이 전혀 없었습니다. 그럼에도 불구하고 "최심덕의 부탁을 받고 특정 신청부지가 선정될 수 있도록 평가위원이며 담당부서장인 고영일 부장과 송태호 본부장에게 청탁하였음이 인정된다."라고 마치 원고가 알선. 청탁 금지의무 및 이권개입 금지의무를 위반한 듯이 허위의 감사보고서를 작성하므로 인해 원고가 부당하게 파면을 당하게 되었습니다.

마. 그러나 취업규칙 제9조 (공사와 거래제한)에 보면, "직원은 일반인에게 공개되지 아니한 업무와 관련된 정보를 이용하여 공사가 공급하는 주택, 토지 및 상가 등(이하 "주택 등"이라 한다)을 부당하게 공급 받을 수 없다."라는 것이므로 이 사건은 공사가 공개적으로 신문광고를 내고 전 직원들 앞세워 전 국민들이 신청하도록 한 국책사업이었던 것입니다.

그러한 증거로 2014구합115 부당해고구제재심판정취소 사건의 판결문에 첨부한 관계 법령 및 규정을 보면, 이렇습니다.

제16조의 2 (공사와 거래 제한)
임직원은 공사가 공급하는 주택, 토지 및 상가 등의 매매 및 임대차계약 또는 용지규정 등에 따라 보상 및 이주와 관련하여 특별 공급된 주택, 토지 및 상가 등의 권리와 의무승계 계약을 체결하여서는 아니 된다. 다만 취업규칙 제 9조의 규정에 따라 허용되는 경우는 그러하지 아니한다.

라고 되어 있는 바대로 원고 가족들이 참여하도록 하고, 원고가 도와주었다고 해서, 퇴직 후 훗날 원고도 참여하기로 하였다는 것만으로 공사의 인사규정의 "임직원행동강령 제6조(이해관계 직무의 회피)"에 해당한다거나, 제13조 (이권에 개입 등의 금지)에 해당이 된다거나, 제16조 (직무관련 정보를 이용한 거래 등의 제한)에 해당이 되는 것은 절대적으로 아닌 것이었습니다.

다만 피고들이 허위로 작성한 감사보고서 처럼 원고가 실태조사에 참여할 자격도 없는 자가 실태조사표를 허위로 작성하였다거나 원고 가족들이 신청한 부지가 선정이 되도록 원고의 상관들에게 청탁을 했을 때만이 징계 사유가 될 수 있습니다.

그러나 김길준의 증언에서처럼 인원이 부족했던 담당부서의 충원요청에 따른 것일 뿐, 특별히 매입을 부탁한 사실도 없었고, 실태조사표 작성에도 전혀 개입한 사실이 없었던 것입니다. 그럼에도 담당자 김길준이 증언을 하였음에도 불구하고 원심은 엉터리 패소판결을 하였습니다.

6. 맺음

위에서 본 바와 같이 원고는 30년 이상 장기 근속한 점이나, 근무하면서 2회 사장 표창을 받았으며, 원고는 모범적이고도 성실근면하게 근무하였음에도 불구하고, 공사는 원고가 "임직원 행동강령"위반, "이해관계 직무의 회피", "겸직제한 위반", "영리업무의 금지", "이권개입의 금지" 등 비위행위를 했다면서 가장 혹독한 파면이라는 처분을 받게 하므로 서 원고의 명예를 훼손당함은 물론 정상적인 사회생활을 할 수 없도록 매장시켰습니다.

그럼에도 피고는 근로기준법 제23조를 위반하여 원고가 업무상질병으로 요양 중에 있었는데도 불구하고, 직원들에게 허위 감사보고서를 작성하게 한 뒤, 위 공사의 전 대표 이지송은 원고가 부당한 지시에 복종하지 아니하였다는 이유로 괴씸 죄를 적용해 부당하게 징계를 하였습니다.

그러나 다행이 초심노동위원회에는 부당한 징계라는 판정을 받았음에도 불구하고 중앙노동위원회는 단 한 번의 심리도 없이 오직 피고 공사 직원들이 허위로 작성된 감사보고서만 보고 부당한 판정을 했습니다. 이에 중앙노동위원장을 상대로 소 (대전지방법원 2014구합115호)를 제기 하였으나 부당하게 기각하였으며, 상고심은 심리불속행으로 기각되어 2015. 7. 23. 확정되었습니다.

이러한 억울한 사연으로 사법정의국민연대에 진정한 결과 허위 감사보고서를 작성한자들을 상대로 소송을 해야만 새로운 증거를 가지고 재심을 할 수 있다는 조언에 허위감사보고서를 작성한 공사 직원들을 상대로 소송을 하게 되었으며, 허위로 작성된 감사보고서를 입증하기 위해 원고가 작성했다는 "현장실태조사표"에 대해 공사 측에 사실조회를 신청한 결과, 법원은 사실조회를 채택했고, 공사가 제출한 문서에는 원고가 작성한 것이 아닌 다세대 매입 대상선정을 위해 현장실태조사를 담당하고 있던 김길진 부장과 이창진 직원이 작성했다는 것을 알게 되었습니다.

더더욱 최근에서야 김병식 판사가 오직 대법원 2009다 63205 해고무효확인의 판례를 적용해, 부당하게기 각판결을 했으나 사실은 대법원 판례는 "정상적으로 출근하고 있는 경우란 단순히 출근하여 근무하고 있다는 것으로는 부족하고 정상적인 노동력으로 근로를 제공하는 경우를 말하는 것이다."라는 취지이므로 원고를 징계하는 날 피고의 부당한 노동행위로 인해 정신적 충격으로 요양 중에 있었던 증거들이 있었으므로 원심은 판단을 유탈한 것이 분명합니다.

이에 원고는 민사소송법 제451조 제1항의 9항의 "판결에 영향을 중요한 사항에 관하여 판단을 누락한 때"에 의해 원심은 대법원 판례를 고의로 오판 및 판단누락을 하여 사기판결을 하였습니다. 따라서 원고는 민사소송법 제 456조에 (재심제기의 기간) "(1) 재심의 소는 당사자가 판결이 확정된 뒤 재심의 사유를 안 날로부터 30일에 이내에 제기하여야 한다."라는 법률에 의해, 이 사건 원고는 사법정의국민연대 구조단장 조남숙의 조언에 의해 재심사유를 최근에 알고 된 관계로 재심청구를 하기에 이른 것입니다.

〈입증자료〉
갑제 1호증 2014구합115 부당해고구제재심판정취소 판결문
갑제 2호증의1 조남숙 사실확인서/ 2 대법원 판례
갑제 3호증 2013재결 제 2074호 요양불승인처분취소 재결서
증갑제 4호증 2013부해 217 한국토지주택공사 부당해고 구제신청 판정서

2019. 1. 10.
위 원고 정 선 태

대전지방법원 행정법원   귀 중

전관예우 피해자 한동식 사례

1차 사건 : 의정부법원 2009가합 13436 손해배상, 재판장 조휴옥

　　　　항소심 : 서울고등법원 2010나 112297 재판장 강일원

원고 : 한 동 식/ 원고 소송대리인 변호사 임종윤, 강동우

피고 : 1. 이00, 2. 이00 (아들)

　　　3. 의정부지방검찰청 검사 남상관

　　　4. 수원지방검찰청 검사 이정섭

피고 소송대리인 충청법무법인 이우근변호사(전 서울행정법원장)

양심 증언자 : 유재상, 황규상, 윤석용

2차 사건 : 서울중앙지방법원 2013가합 503583 부당이득금

3차 사건 : 의정부법원 2015가합 434 임대차계약서 진정성립 확인

4차 사건 : 2018. 4. 30. 국가배상 청구

피고 이00, 조휴옥 재판장, 강일원 재판장, 이우근변호사

1. 사건개요

원고는 2003. 1. 말경 유재상의 소개로 이00와 이00의 아들 이민섭의 소유인 남양주시 청학리 약 2,500평 지상에 인테리어 공사를 하여 식당으로 사용하고, 이 사건 토지 약 2,500평의 주변 일대를 산책로로 사용하고, 약 100평 정도의 식당을 신축하고 배나무 50여주를 베어내어 주차장 부지로 사용할 수 있도록 하고, 약 200평 규모의 연못 조성 및 건물진입로 입구부터 별장까지 조경공사를 하기로 하였다. 모든 공사가 완료되면 그때 원고와 이00와의 임대차계약서를 작성하되, 임대차 기간은 5년으로 정하고, 원고가 원할 경우 5년을 더 연장할 수 있으며, 공사비용 일체를 임대차보증금으로 전환하기로 구두약정을 하였다.

원고는 이러한 구두계약을 믿고 공사를 하였으며 2003. 10.말경 90% 이상 공사를 완료하였고, 공사대금은 합계 금 854,86000,000원 (감정가 635,270,331원)이 들어갔다.

마지막 주차장 공사를 위해 배나무 밭을 요구하자, 이상수는 배가 열리는 계절이니 배를 수확한 이후에 공사를 재개하자고 하여 이00의 말을 믿고 주차장 공사를 미루었으나 끝내 주차장 공간을 제공해 주지 않았다. 원고는 할 수 없이 그동안 들어간 공사비를 반환해 줄 것을 요구하였고, 이상수는 이를 들어주지 않아 의정부지방법원에 손해배상소송 (2009가합13436)을 제기하게 되었다.

2. 의정부지법 2009가합13436의 불법행위 점

소송이 제기되자 토지 소유주 이00는 식당영업을 위한 공사가 진행되는 동안 소개자 유재상을 회유하여 거짓 계약 및 약정서류 11건을 만들었으며, 임대차 계약은 원고가 아닌 유재상 간에 이루어진 계약이었고, 유재상이 위 계약을 성실히 수행하지 않아 그동안 들어간 공사대금과 식당 영업계약은 포기했다는 거짓 계약 및 약정서를 증거로 제출했다.

즉, 공사가 완료되면 식당개업 시 공사비를 임대보증금으로 정산하는 계약서를 작성하기로 하고 구두 계약만 된 상태였는데, 피고는 8억 원 이상을 들여 공사해 놓은 시설들을 편취하기 위하여 원고 몰래 소개자 유재상과 11건이나 되는 거짓 계약 및 약정서를 작성했다. 다행히 소개자 유재상은 이후 양심에 가책을 느끼고 법정에 증인으로 출석하여 모든 것을 실토하였다.

하지만, 의정부지방법원 민사11부 2009가합13436(재판장 조휴옥)는 원고가 모든 공사대금과 공사 지휘를 하였고, 공사를 맡은 업자들이 원고로부터 공사대금을 수령하였으며, 소개자 유재상은 본 사건 공사에 어떠한 비용도 지출한 바 없고, 공사에 참여한 공사업자들도 원고 주장이 옳다고 하였음에도 불구하고, 재판장은 유재상의 증언은 그대로 믿기 어렵다고 하면서 원고 패소 판결을 내렸다.

3. 가해자를 고소를 해보았으나 남상관 검사는 이00가 유재상에게 공사를 하여 식당을 하도록 허락한 것 같다고 판단을 하고서도, 다만 배나무 밭을 주차장으로 사용하도록 한 사실은 이00가 없는 것 같다고 하면서 무혐의결정을 했다.

4. 서울고등법원 민사30부 2010나112297의 불법행위 점

항소심 재판부는 판결을 통해, 원고가 이 사건 토지 일대에서 건물 신축공사, 건물 인테리어공사, 조경공사 등을 시행하였다는 사실은 인정하면서도 "원고가 공사를 진행하였다는 사정만으로는 이로 인하여 피고가 법률상 원인 없이 원고 주장과 같은 금액 상당의 이득을 얻었음을 인정하기 부족하다."고 판결하였다.

더더욱 도로 확장 공사로 편입된 시설물에 대해 3억 원의 보상을 받고도 원고에게 돌려주지 않는 사실만으로도 피고가 부당한 이득을 얻은 것이 분명함에도 불구하고 기각판결을 했다.

특히, 보상받은 토지는 이미 2002. 9. 남양주시청으로부터 도로로 편입될 것을 이미 알고 있었고, 이00는 보상금 액수를 올리기 위하여 도로로 편입되는 토지에 공사를 진행한 것이다. 그렇다면 피고는 원고가 공사한 자체만으로도 상당한 이득을 얻은 것이 명백함에도 불구하고, 항소심 재판장은 합의에 의한 조정도 열어보지 않고, 피고를 승소시키기 위하여 엉터리 판결했다.

5. 구조방법 및 결과

가. 원고는 대법원까지 패소하자 필자에 진정을 했으며, 이에 필자는 피고의 아들 이00에 대해 원고 소송대리인이 소 취하를 한 것을 터 잡아, 다시 피고로 하여 소송을 하도록 도움을 주었다.

그러나 유철민 변호사는 피고 이민섭만을 피고로 하여 소송을 한 걸과 결국 이미 확정된 판결에 의해 다른 판결을 할 수 없다는 이유로 기각해 대법원까지도 패소하므로 인해, 소용없는 사건으로 3년 동안 헛고생만 하게 만들었다.(2차 사건 : 서울중앙지방법원 2013가합 503583 부당이득금)

나. 양심 고백한 유재상을 피고로 인낙재판을 할 요량으로 피고 이00, 이00, 유재상을 피고로 하여 다시 소송을 하도록 도움을 주었다. 그러나 유재상은 이 사건 충격으로 산속에 들어가 도를 닦고 있다 보니 송달이 되지 않게 되자, 법원은 원고의 피해금액을 유재상이 변제하라는 판결을 받게 되었다

다. 필자는 할 수 없이 최초 엉터리 판결한 판사들 상대로 국가배상을 하도록 도움을 준 결과 현재 진행 중에 있다.

마지막으로 유재상의 증인신문조서 가지고 피고가해자들을 소송사기로 고소하면 피고소인들은 3억 원을 보상받은 증거도 있고, 법원 감정 결과 6억 원의 공사비 감정서가 있어, 소송사기죄로 처벌을 받을 것으로 본다.

6. 맺음말

이 사건은 최초 사건에서 원고가 변호사가 아들 이00을 소취하를 하는 실수로 패소한 원인이 되었으며, 기소송치된 사건이 남상관검사의 부

당한 불기소 처분으로 피해자는 10억 이상 공사비를 투자한 사건에서 조차 한 푼도 받지 못하는 피해를 입게 되었다.

가해자 이00는 형님의 아들이 수원지검에 강력계 검사로 있고, 자기가 아는 변호사에게 1억 원만 주면 자신은 재판에 참석하지 않아도 승소한다고 장담했던 대로 전관변호사 선임해 대응한 결과 가해자 말대로 허위 계약서를 가지고 승소를 했다.

엉터리 판결한 판사 상대로 국가배상 청구하는 법
- 한동식 사례 소장

공동불법행위로 인한 손해배상

원고: 한동식

피고:

    1. 대한민국 법률상 대표자 법무부 장관 박상기

    2. 의정부지방법원 판사 조휴옥

    3. 서울고등법원 부장판사 강일원(전 헌법재판관)

    4. 법무법인 충정 대표 이우근 변호사

    5. 이상수(경희 법대 졸업, 500억 원대 재산을 보유한 자)

- 청구 취지 -

1. 피고들은 연대하여 원고에게 우선 금 5억 원 및 이에 대해 2010. 10.22.부터 이 사건 소장 부본 송달일까지는 연 5%, 그 다음 날부터 완제일까지는 연 15%의 각 비율에 따른 금원을 지급하라.

2. 소송비용은 피고들이 부담한다.

3. 제1항은 가집행 할 수 있다.

라는 판결을 구합니다.

- 청구 원인 -

1. 원고들과 피고들의 관계

원고는 소외 유재상의 소개로 피고 이상수를 만나 임대차계약을 구두로 한 사이이며, 피고 법률상 대표자이며, 피고 조휴옥은 이 사건 담당재판장이었으며, 피고 강일원은 원고 사건의 항소심 재판장이었으며, 피고 이우근은 피고 이상수의 소송대리인이었습니다.

2. 원고와 피고 이상수 사이의 계약

가. 원고는 소외 유재상의 소개로 피고 이상수와의 사이에 2003.4. 다음과 같이 구두로 계약을 체결하였습니다.

나. 계약 내용

1) 원고들은 피고 이민섭의 소유인 경기도 남양주시 별내면 청학리 507, 507-8, 507-11 등 약 2,500평(이하 '이 사건 토지'라 함) 및 그 지상 건물 및 같은 청학리 505에 있는 별장의 인테리어 공사를 하여 이를 식당으로 사용하고,

2) 이 사건 토지 약 2,500평 주변 일대를 식당 손님들을 위한 산책로

로 사용하고,

3) 필요하다면 원고가 이 507-8, 507-11 토지 지상에 약 100평 정도의 식당을 신축할 수 있고,

4) 피고 이상수가 이 청학리 502-4 배나무밭의 배나무 50여 주를 베어내어 원고로 하여금 식당 영업을 위한 주차공간으로 사용할 수 있도록 하고,

5) 원고는 이 청학리 508, 508-2에 약 200평 규모의 연못을 조성하는 한편 건물진입로 입구부터 별장까지 조경공사를 하며,

6) 원고의 식당 영업을 위한 공사가 완료되어 영업개시일이 결정되면 그때 원고는 피고 이상수가 임대차계약서를 정식으로 작성하며,

7) 임대차기간은 5년으로 정하고, 원고가 원할 경우 5년을 더 연장할 수 있으며,

8) 임대차계약서 작성 시 공사비용 일체를 임대차보증금으로 전환하기로 한다.

3. 원고의 공사 완료 및 피고 이상수 등의 불법행위

가. 원고는 피고 이상수와의 계약에 따라 2003.10. 말까지 공사의 90%를 완료하였습니다.

나. 피고 이상수는 위 계약 내용 중 제4항 '피고 이상수가 위 청학리 502-4 배나무밭의 배나무 50여 주를 베어내어 원고가 식당 영업을 위한 주차공간으로 사용할 수 있도록 한다'는 내용을 이행 거부하여 원고

가 영업할 수 없도록 만들어 버렸습니다.

다. 피고 이상수는 여기서 더 나아가 원고를 자신에게 소개하였던 소외 유재상과 자신이 이 계약을 체결한 것으로 꾸미기 위하여 소외 유재상에게 각종 허위내용의 문서를 발송하거나 유재상으로부터 허위내용의 문서에 서명을 받아 이 사건에 증거로 제출해 피고 이상수가 승소하였습니다.

4. 피고들의 공동불법행위로 인한 손해배상 책임

가. 피고 이상수의 불법행위 점

1) 처음부터 원고를 기망하여 지키지 않을 계약을 체결하여 피고 이상수의 아들인 소외 이민섭의 소유 건물 및 토지에 원고들의 공사로 인한 재산가치 상승이라는 이득을 취득하고 원고에게 공사비 상당의 손해를 끼쳤으므로 원고들이 입은 공사비 상당의 손해를 배상할 책임이 있습니다.

그러나 피고 이상수는 경희대 법대를 졸업한 자이자, 이상수의 조카(당시 수원지방검찰청 강력계)가 검사로 재직하고 있었기 때문에 법을 악용해 자신이 소유하고 있는 부동산들을 이용해 임차인들에게 사기행위를 일삼으며, 이민섭 검사의 힘과 배경에 의해 무혐의처분을 받으니 더 악랄하게 원고와 같은 피해를 주게 되었습니다.

2) 더더욱 이상수는 전관예우로 원고 사건을 승소하고자 전 행정법원장 출신인 피고 이우근을 선임한 결과 피고 조휴옥은 판결문을 조작

해 피고 이상수에게 승소판결을 하였습니다. 따라서 피고 조휴옥은 피고 이우근에게 청탁을 받고 부당한 판결을 한 것이며,

3) 피고 강일원은 피고 조휴옥이 부당하게 판결을 한 것이라는 것을 충분히 알 수 있었음에도 피고 이우근으로부터 청탁을 받은 결과 부당하게 기각판결을 한 것입니다.

나. 피고 이우근의 불법행위(사기 변론)

1) 원고가 소외 이민섭을 상대로 했던 사건에서 피고 이우근이 2013.5.에 제출한 준비서면 2쪽에 보면,

"우선 위 관련 사건에서 법원은 이상수와 원고 사이에 원고가 주장하는 바와 같이 내용의 계약이 체결되었거나 그와 같은 구두약정을 하였다는 사실을 인정하기 어렵고, 이와 같은 계약이 체결되었다고 하더라도 이는 이상수와 소외 유재상 사이에서 체결된 것이라고 인정하였다. 또한, 이상수는 유재상과 사이에 이 사건 공사에 관한 약정을 체결하여 유재상의 책임 아래 공사를 시행하다가 유재상이 그 채무를 제대로 이행하지 아니하여 기성 부분의 수익은 이상수에게 귀속되고 유재상은 그 권리를 포기하는 등으로 정리가 되었다고 주장하며 이에 부합하는 이행각서와 포기서 등을 제출하고 있지만, 원고는 이상수가 이 공사로 인한 이득을 보유하는 데 대하여 법률상 원인이 없다는 점을 증명하지 못하였기 때문에 원고 부당이득반환 청구를 받아들일 수 없다"라고 하였습니다.

본 사건은 원고가 관련 사건의 1심 및 2심에서 모두 패소하자 위 관련 사건 1심에서 취하하였던 피고에 대한 소를 다시 제기한 것인데, 이처

럼 사안의 쟁점이 동일한 관련 사건에서 원고의 주장이 모두 이유 없는 것으로 확인되었고 그와 같은 내용의 판결이 이미 확정되었습니다.

2) 변론한 바와 같이 원고는 이 사건 최초 사건인 '2009가합13436 손해배상(기)'에서 소외 이민섭도 피고로 하여 소장을 제출하였으나, 원고의 대리인이었던 임종윤 변호사가 2010.8.17. 일방적으로 소 취하를 하였으며, 임종윤 변호사는 임대차계약서를 제출하지 아니하였다가 항소심에서 갑제15호증으로 제출하였던바, 이는 원고 대리인 임종윤 변호사가 피고 이우근 변호사의 청탁으로 임종윤 변호사가 부당하게 이민섭에 대한 소를 취하한 결과 원고가 피고 이상수와 계약한 계약서가 없다는 이유로 원고가 패소하였던 것이며, 항소심에서 갑제15호증으로 제출은 했으나, 피고 강일원은 피고 이우근에 대한 전관예우로 인해 원고가 부당하게 패소한 것입니다.

그러한 증거로 2009가합13436 손해배상(기)의 피고 이우근은 원고의 청구에 대해 아무것도 입증하지 못하였습니다. 현장검증 및 공사감정 결과가 2010.6.9. 나오기까지 아무런 주장을 하지 못하다가 2010.8.12. 준비서면을 제출하였으며, 원고 대리인이 같은 해 9.10. 청구 취지 및 청구원인변경신청을 제출하자, 피고도 같은 일자인 같은 해 9.10. 서증제출을 하였으며, 이 당시 피고 이우근이 제출한 서증들에 의해 원고는 패소하게 되었다는 것을 최근에 알게 되었습니다.

3) 피고 이우근이 2010.9.10. 제출한 서증들을 살펴보면 다음과 같다.
을제1호증 통고서(2003.9.20.)

을제2호증 통고서 접수확인서

을제3호증 이행각서

을제4호증 통고서 (2004.9.20.)

을제5호증 이행각서

을제6호증 각서

을제7호증 통고서

을제8호증 포기서

을제9호증 부동산 사용대차계약서

을제10호증 인증서

을제11호증 인증서

(갑제4호증의 법무법인충정이 제출한 서증목록 참조).

4) 피고 이우근이 2013.4. 제출한 준비서면에도 보면,

을제4호증 통고서, 을제5호증 통고서 접수확인서, 을제6호증 이행각서(2004.6.15.), 을제7호증 통고서(2004.9.20.), 을제8호증 이행각서(2004.9.30.), 을제9호증 각서, 을제10호증 통고서, 11호증 포기서, 을제12호 부동산 임대차계약서, 을제13호증 인증서, 을제14호증 인증서 등을 제출하자, 이 사건 역시 원고는 이민섭과 작성한 계약은 없고 오직 유재상하고 작성한 임대차계약만 있다는 취지로 이미 패소하여 확정되었기 때문에 더 이상 사건을 볼 필요가 없다고 기각당했습니다.

5) 그러나 소외 유재상의 증인신문조서 2항부터 9항을 보면, 다음과 같이 나옵니다.

문 3: 증인이 먼저 이상수에게 이 사건 부동산에서 음식점 영업을 해 보고 싶다고 말한 것이 아니라 이상수가 2003.1. 증인을 불러 내서는 이 사건 부동산에서 음식점을 해 보라고 권유하였나요.

답: 예

문 4: 이에 대해 증인은 뭐라고 답변하였나요.

답: 그 당시 증인이 천안에서 볼링장을 하다가 사업이 잘못되어 돈이 한 푼도 없었기 때문에 '나는 할 능력이 없으니 좋은 사람을 소개 해 준다'고 하자, 이상수가 그러라고 해서 증인이 원고, 원고의 처 와 이상수, 이상수의 처 조영자를 소개해 주었습니다.

문 5: 증인이 원고를 이상수에게 소개해 주어 같이 서너 번 만났고, 증인을 빼고 두 사람만 두어 번 만나서 사전 조율을 한 것이 사 실인가요.

답: 예, 증인과 별도로 원고와 이상수가 2~3번 정도 만났을 것입니다.

문 6: 그리하여 최종적으로 2003.1. 말경 이상수와 그의 처 조영자, 원고 부부 등이 이 사건 현장인 이상수의 별장에서 같이 만나 서 최종적으로 공사할 사항과 완공 후 음식점 운영에 관한 사 항에 대해 합의하였는데, 그 자리에 증인도 소개인으로 참여한 것인가요.

답: 예

문 7: 위 자리에서 합의된 내용은 무엇인가요.

답: 골프장과 과수원 쪽이 약 5,000평 정도 되는데, 산에서 내려오는 계곡이 끼어서 경관이 수려하고 좋은 2,500평 정도를 가든으로 원고에게 임대해줄 테니 잘 해보라고 하였고, 배밭 사이로 산책로도 내주고, 이상수의 별장 사이에 붙어 있는 부속사도 반 정도 내줄 테니 잘 해보라며 화기애애하게 얘기가 잘 되었습니다. 그 당시 임대관계는 어떻게 하느냐고 하자 이상수가 "공사비가 얼마나 들어갈지는 모르니까 들어간 만큼을 임대보증금으로 해주고 임대료 같은 것은 나중에 오픈 시 쌍방 합의로 조정하자"고 했습니다.

문 8: 이상수는 위 합의된 내용을 문서로 작성하지 않고 나중에 해주겠다고 하였나요.

답: 위와 같이 합의된 내용을 나중에 문서로 해주겠다고 이야기하는 것을 증인이 들었습니다.

문 9: 원고가 건물, 신축, 개축, 토목, 조경, 전기 등 이 사건 공사할 때 증인은 공사현장에 몇 번 정도 가 보았고, 현장에 가게 된 계기가 무엇인가요.

답: 증인이 원고를 소개하면서 처음에는 이 사건 공사현장에 몇 번 갔습니다. 나중에는 이상수와 증인과 사이가 좋아서 이상수가 술이나 밥을 잘 사줬고, 증인이 당시 놀고 있었으므로 오라고 하면 가서 구경도 하고 그랬습니다. 총 몇 번 갔는지 오래되어 기억은 잘 안 나는데, 그렇게 많이 가지는 않았습니다.

문 12: 증인은 원고가 하는 이 사건 공사에 한 푼이라도 증인이 돈을 들인 것이 있나요.

답: 없습니다.

이렇게 증언한 바와 같이 이상수는 조영자와 원고 부부와 구두로 계약한 후, 이어 원고의 처 박공례와 소외 이민섭과 계약을 한 후 이 사건 공사를 원고들이 한 것이며, 유재상은 한 푼의 돈도 들인 바 없다고 증언을 하였는데도 불구하고, 피고 조휴옥은 오직 피고 이우근이 제출한 허위 계약서만 인정해 부당하게 기각을 하였습니다.

다. 피고 조휴옥의 불법행위 점

1) 피고 조휴옥이 판결한 판결문에 보면,

"원고와 피고 사이에 원고 주장의 임대차계약이 체결되었는지를 살피건대, 이에 부합하는 갑제1호증의 1, 갑제8호증의 1, 2의 각 기재 및 증인 유재상의 증언은 그대로 믿기 어렵고, 갑제2호증의 1, 6, 갑제4호증의 1, 갑제14호증의 1, 2의 각 기재만으로 이를 인정하기에 부족하고 이를 인정할 증거가 없다"라고 나와 있습니다.

이런 이유로 기각했으나, 원고 측 증인 유재상이 선서하고 증언한 유재상 증인까지 배척하고 피고 조휴옥 멋대로 법과 양심을 져버리고 증거가 없다고 거짓 판결을 한 것입니다.

2) 즉, 변론주의 원칙에 의해 원고는 증인 유재상을 통해, 구두로 계약했으나 그 후 이 사건 토지 소유자 이민섭은 원고의 처 박공례에게 2003.4. 임대차계약을 했으며 계약은 단지 소개업자 유재상이 피고 이

상수에게 전화로 확인하고 작성한 계약서입니다. 그러나 원고 소송대리인 임종윤 변호사가 고의로 임대차계약서를 증거로 제출하지 않았으나, 구두로 한 계약도 계약이며,

3) 더더욱 원고가 공사한 공사에 대해 공사현장에 대해 감정을 하였으며 피고 조휴옥이 2010.1.18. 작성한 검증조서를 보면 다음과 같습니다.

- 검증결과
A. 검증목적물의 입구에서부터 별장에 이르기까지 주거 양쪽 포함한 약 2,500평의 주변 일대에 산책로 및 석축으로 조경되어 있고, 청학리 508, 508-2번지에 약 200평 규모의 연못이 조성되어 있음을 확인하였다.

B. 별장으로 건너가는 다리, 정화조, 철쭉, 희양나무, 소나무, 은행나무, 감나무. 식당 본관 앞 공터에 배나무밭이 있음을 확인하였다.

C. 청학리 507- 8번지 지상에 건평 86평의 식당(별관)이 신축되어 있고, 청학리 507번지 지상의 2층 건물 80평(본관 및 별관)이 신축되어 있고, 청학리 507번지 지상의 2층 건물 80평이 있음을 확인하였다.

D. 원고가 신축, 시공한 식당건물(본관 및 별관)과 조경공사 등의 공사비는 감정인의 감정으로 자세히 밝혀질 것이다.

이 검증결과대로 감정을 하였으며, 이 감정의 가격만도 635,270,331원입니다. 그런데도 피고 조휴옥은 원고가 수억 원을 들여 공사한 공사 내역이 입증되었음에도 피고 이상수가 허위로 만들었다는 종잇조각만 보고, 전직 법원장이 사기 변론하는 준비서면만 보고 허위 판결을 한 것입니다.

4) 피고 이상수는 그의 아들 이민섭 명의의 토지가 일부 도로 확장 공사로 편입되면서 원고가 비용을 들여 공사해 놓은 250㎾의 동력 철거 비용 2,500만 원을 비롯하여 꽃게탑, 신축건물, 조경공사에 따른 보상 등 도로 확장 공사에 편입된 시설물에 대한 모든 보상을 이상수와 이민섭이 받고도 원고에게 돌려주지 않는 사실만으로도 상당의 부당이득을 얻은 것이 분명하므로 부당한 판결을 한 것입니다.

특히, 피고 이상수는 이민섭이 보상받은 토지는 이미 2002.9. 남양주시청으로부터 도로로 편입될 것을 이미 알고 있었으며, 피고 이상수는 보상금 액수를 올리기 위하여 도로로 편입되는 이 토지의 공사를 진행하도록 한 것이다. 또한, 이 같은 금전적인 이득뿐만 아니라, 상기 공사물로 인해 피고 이상수와 이민섭은 자신의 토지에 대한 가치 상승은 물론이고, 원고와의 사건이 마무리되면 피고 이상수는 언제든지 원고가 공사해 놓은 시설을 이용하여 식당 영업을 개시할 수 있는 상황이라는 사실을 미루어 짐작할 수 있습니다.

그런데도 피고 조휴옥은 8억 원 이상 공사를 한 증거가 있고, 구두로 계약했기 때문에 피고 이상수에게 불법행위로 인한 손해배상청구를 한 것인데도 불구하고, 피고 이상수와 계약한 계약서가 없다는 이유로, 피고 이우근이 제출한 증거들은 소외 유재상이 피고 이상수에게 속아 허위로 작성된 계약서라고 증언했음에도 불구하고, 허위로 작성된 허위 계약서, 포기서 등만 증거로 인정해, 원고의 청구를 부당하게 기각한 것입니다.

타. 피고 조휴옥과 피고 강일원의 불법행위 점

1) 만약 피고들이 판단한 것처럼 원고와 유재상이 동업 관계에 있었

다면, 상식적으로 누구라도 635,270,331원(감정가)이나 들어간 공사를 아무런 조건 없이 포기할 수 있다는 것인지, 이 또한 논리적으로 전혀 이치에 닿지 않는다고 하겠습니다. 그런데도 피고들은 원고 주장과 같은 계약은 이상수와 유재상 사이에 체결되었음을 애써 인정하고 있습니다. 하지만, 이상수가 제출한 유재상의 포기서와 유재상과의 계약서 및 이상수가 유재상, 윤석용에게서 받은 사실확인서를 살펴보면, 그 내용 및 계약 일자 등에서 도저히 납득할 수 없는 부분이 발견됐습니다.

2) 피고 이우근이 제출한 계약 및 약정서의 납득할 수 없는 계약 일자 및 계약 방식을 살펴보면,

피고 이상수는 2005.6. 유재상으로부터 "청학리 507, 508번지 건축물 및 토지를 영업할 목적으로 공사하였는데 여러 가지 여건으로 본 사업을 할 수 없으므로 이후 민·형사상의 보상이나 책임을 묻지 않고 포기한다"는 포기서를 받아 제출하였습니다.

3) 또한 이상수의 피고 이민섭과 유재상과의 1차 계약서인 부동산 사용대차계약서에는 2003.3.1. 구두로 사용대차 계약을 체결하고 계약 내용을 확실히 하기 위하여 사용대차 계약을 체결한다고 되어 있는데, 그 기간이 2003.3.1.부터 2007.2.28.까지 만 4년 간으로 되어 있고, 계약 일자는 2006.12.6.로 계약만료 2개월 전에 작성된 것으로 되어 있습니다.

4) 또한, 2차 계약서인 부동산 사용대차계약서는 1차 계약서와 그 내용은 같지만 계약 기간을 달리하고 있는데, 그 계약 기간이 2003.3.31.부터 2008.5.31.까지 만 5년 2개월 간으로 작성되어 있으며, 계약 일자

는 2008.2.로 되어 있고, 그 공증 일자가 2008.4.29.로 되어 있어 계약 만료 3개월 전에 작성하여 1개월 전에 공증하였다는 것이 됩니다. 또한, 계약의 시작 일자 또한 1차의 2003.3.1.이 아닌 2003.3.31.로 서로 상이한 것으로 나타나고 있습니다.

그렇다면 만약 피고 이상수가 제출한 포기서 및 계약서가 사실이고 피고 판사들이 판단한 것처럼 유재상과 원고 간 별도의 계약이 있다고 하더라도, 유재상의 입장에서 동업자인 원고가 6억 원이 넘는 공사비를 들여 실질적인 식당 영업을 해 보지도 못하였는데, 계약만료 불과 1~3개월을 앞두고 이와 같은 계약서에 서명했다는 것 자체가 상식적으로 도저히 납득이 되지 않는다는 것이 핵심사항입니다.

5) 특히 2005.6.에 유재상이 이미 이 공사비용에 대하여 일체의 '민·형사상의 보상이나 책임을 묻지 않고 포기한다'고 포기서를 작성하였는데, 굳이 1년 6개월 후인 2006.12.6.에 1차 계약서, 2년 8개월 후인 2008.2.에 2차 계약서를 작성하여 2008.4.29.에 공증을 해줄 이유가 있느냐 하는 것입니다.

즉, 유재상은 이미 포기서(2005.6)를 통해 포기한 모든 권리를 2차례의 계약서를 통해 그 기간을 연장해 가면서 6억 원 이상 공사비를 들여 식당 영업을 단 하루도 못했음에도 불구하고 불과 1~3월 전에 2차례씩이나 계약서에 서명해 줄 이유가 전혀 없다는 것입니다. 이는 상식적으로 설령 그와 같은 계약을 구두로 맺었다 하더라도 이 같은 계약서에 서명해 줄 사람은 아무도 없을 것입니다.

더우이 이 계약서의 조건들이 사용대차 기간 동안 피고 이상수가 이 사건 토지와 건축물에 대하여 유재상에게 무상으로 제공한다는 조건만 유재상에게 유리할 뿐 그 나머지 조건들이 모두 이상수가 전권을 행사할 수 있도록 체결되어 있습니다. 특히, 제5조(양도, 전대 등의 금지)는 '을'은 어떠한 경우에도 이 식당의 권리를 양도, 전대 기타 제3자의 동업 등 기타 제3자에게 사용 수익시키는 행위를 하지 아니한다고 전제되어 있고, 제6조(계약의 해제 등)는 '을'은 제4조 및 제5조 위반 시 '갑' 사용대차 계약을 해제하여도 이의를 제기할 수 없다고 동업을 원천적으로 금지해 두었습니다.

그렇다면 피고들의 판단처럼 원고와 유재상이 별도의 계약을 통해 동업 관계에 있었다는 것을 전제로 한다면, 유재상은 애초부터 원고와 동업을 하면 피고 이상수로부터 일방으로 계약해지를 당할 위험이 있음에도 불구하고 이를 무릅쓰고 원고와 동업을 강행하였고, 서로 다른 기간에 2회에 걸쳐 계약만료 1~3개월을 앞두고 공사비만 들이고 실질적인 식당 영업은 해 보지도 못했음에도 불구하고 이 계약서에 서명하였다는 것 자체가 도저히 있을 수 없는 일인 것입니다. 또한, 피고 이상수도 원고가 이 사건 공사를 진행하는 동안 공사 내용에 일일이 간섭하였다는 것은 이미 피고 이상수도 유재상이 아닌 원고임을 알고 있었습니다.

결국, 이 같은 점을 종합해 볼 때, 피고들의 판단처럼 원고와 유재상이 이상수가 알지 못하는 동업 관계에 있지 않았겠냐 하는 논리는 피고들이 스스로 만들어낸 논리에 불과합니다.

6) 또한, 이상수의 핵심증거인 계약서 및 이행각서를 살펴보면, 왜 이상수는 이미 유재상이 2005.6. 포기서를 작성해 주어 모든 상황이 종료되었는데, 아무 근거도 없이 1차 계약서의 계약만료일을 2007.2.28.로 연장하여 2개월 전인 2006.12.6.에 작성하였고, 2차 계약서 또한

아무 근거도 없이 계약만료일을 2008.5.31.로 연장하여 3개월 전인 2008.2.에 작성하여 1개월 전인 2008.4.29. 공증까지 했는지 어떠한 논리로도 설명되지 않습니다.

이처럼 이상수와 유재상과의 계약만료 일자가 아무 근거도 없이 변경된 것은 이상수가 원고에게 주차장 문제로 더는 원고가 공사를 진행하지 않을 것이라 예상하여 이상수는 유재상으로부터 2005.6.에 포기서를 받았는데, 이후 원고가 다시 공사를 재개하여 2006.8.까지 공사를 진행하였고, 이로 인해 이상수는 공사 내역 일자와 계약 내용을 맞추기 위해 유재상과 계약만료 일자인 2007.2.28.로 연장하여 1차 계약서를 작성하게 되었고, 2008.5.31.로 또 계약만료 일자를 연장하여 2차 계약서를 작성하게 된 것입니다.

이렇듯 이상수의 치밀한 계산으로 작성된 계약서 및 이행각서이다 보니 검찰은 그 계약서 및 이행각서 상의 논리적인 문제점은 찾아내지 않고 단순히 이상수와 유재상과는 계약서가 존재하지만, 이상수와 원고 간에는 계약서가 존재하지 않으므로 원고와 이상수가 구두계약을 하였다는 사실을 인정하지 않는 것입니다.

즉, 피고 이상수는 유재상으로부터 이미 2005.6.에 포기서를 받았음에도 불구하고 이후 계약만료 일자를 달리하는 2차례의 계약서를 더 작성한 경위에 대하여 피고 판사들이 충분히 검토하지 않은 결과입니다. 더구나 그 계약서를 작성한 날짜가 계약만료 불과 1~3개월 전에 이루어졌다는 점에서 이상수는 철저히 유재상을 이용하여 원고의 이 사건 공사비를 착복하고자 했던 것입니다.

7) 마지막으로 이 사건 공사비는 검찰 조사를 통해 모두 원고가 부담한 것만큼은 분명히 밝혀진 사실입니다. 그런데 이 사건 토지 피고 이상수 가족 명의의 토지에 소외 윤석용이 공사비용을 들여 설치한 골프연습장은 이 사건 토지의 공사와는 하등의 관련이 없는데, 피고 이상수가 2008.5.22.(공증 일자 2009.8.18.)로 유재상, 윤석용으로부터 서명을 받아 제출한 사실확인서(을제11호증)에는 유재상과 윤석용이 골프연습장 공사와 별개로 이 사건 토지의 건축물에 대한 축조, 조경, 건축, 인테리어 등을 하였는데 이에 대하여 확실히 포기한다는 내용이 포함되어 있습니다.

8) 더구나 앞서 유재상과 맺은 2차례의 계약서에는 제5조(양도, 전대 등의 금지)에 '을'은 어떠한 경우에도 위 식당의 권리를 양도, 전대 기타 제3자의 동업 등 기타 제3자에게 사용 수익시키는 행위를 하지 아니한다고 명시되어 있어 동업은 원천적으로 금지되어 있는데, 사실확인서에는 유재상과 윤석용이 동업 관계에서 이 사건 공사에 관한 계약 내용이 정리되어 있어 이 사실확인서는 앞뒤가 맞지 않는 신뢰할 수 없는 문서라 하겠습니다.

더더욱 의정부지검 피의자 윤석룡 신문조서에 보면 "저도 너무나 억울한데요. 이상수가 골프장 손님을 받으려면 사실확인서에 도장을 찍으라고 이상수가 사실확인서를 미리 작성해서 유재상과 저에게 강하게 압박하여 저는 골프장 문을 열기 위해서 어쩔 수 없이 도장을 찍어주었던 것입니다"라고 밝히고 있습니다.

그런데도 검찰과 법원은 아무런 근거도 없이 유재상, 윤석용의 진술이 신빙성이 떨어진다고 하고서는 앞서와 같이 도저히 납득하기 어려운 계약 방식에 대해서는 수사도 하지 않고 부당하게 무혐의처분하였으며, 피고 판사들은 증인 유재상이 이상수의 강요에 의해 허위로 작성된 계약서이며, 공사를 전혀 한 사실이 없다고 하는데도 불구하고 원고에게 패소판결 했습니다.

9) 원고는 늦게서야 피고가 제출한 허위 계약서 등에 의해 원고가 패소한 사실을 알고 2014.8.19. 피고 이상수에 대해 강제구인 및 피고 이민섭에 대해 당사자 증인신청을 했으나, 재판장은 할 필요가 없다고 하면서 이 사건을 종결하였으나, 원고는 피고 이상수가 작성하고 피고 이우근이 증거로 제출한 허위 계약서 등을 확실하게 입증하지 않는 이상 이미 확정된 판결문 때문에 승소할 수 없음에도 불구하고 이민섭을 상대로 했던 사건마저도 부당하게 기각하였다. 결국, 피고들의 불법한 행위를 덮기 위해 2013나17610 부당이득금반환의 사건마저도 불공정한 재판을 진행한 후, 부당하게 기각하였습니다.

결국, 피고 조휴옥은 장장 8억 원을 들여 공사한 사건에 대해 원고가 제출한 증거자료나 피고가 제출한 허위 계약서 등을 심리조차 하지 않고 단 세 줄에 가까운 단순한 판결문만 작성해 원고 청구를 부당하게 기각했습니다.

피고 강일원은 원고가 주의적으로 피고의 불법행위로 인한 손해배상을 청구하고, 예비적으로는 부당이득금반환을 청구했음에도 불구하고, 양심과 법률을 위반해 부당하게 판결문을 작성해 행사하였습니다.

10) 그러한 정황에 원고는 너무나 억울하여 사법정의국민연대의 도

움을 받아 소외 이민섭을 상대로 소송하였으나, 피고들이 판결한 판결문 때문에 대법원까지 기각당했습니다. 이에 할 수 없이 피고 이상수, 이민섭, 유재상을 공동 피고로 하여 소를 제기하여 의정부법원 2015가합4334 임대차계약서 진정성립확인의 사건에서는, 유재상이 법정에 출석하지 아니함으로 인해 원고의 주장을 자백한 것으로 간주한다고 하여 유재상에게 3억 원을 원고에게 지급하라는 판결을 받게 되었습니다. 만약 피고 조휴옥과 피고 강일원이 법률에 따라 유재상 증언을 인정해 공정한 판결을 하였다면 원고는 장장 5년 동안 송사에 시달림당하면서 고통스러운 삶을 살지 않았을 것입니다.

5. 손해배상 책임의 범위

가. 적극적 손해

1) 원고가 공사한 공사비는 실제로는 8억 원이 지출되었으나 이 사건의 감정인은 금 635,270,331원이었던 관계로 원고는 피고 조휴옥이 판결한 청구금액도 635,270,331원으로 하였습니다.

2) 피고 때문에 원고가 공사한 공사금마저 한 푼도 받지 못해 장장 5년 동안 소용없는 소송만 한 결과 결국 유재상이 지급해야 된다는 어처구니없는 판결을 받게 되었는바, 그동안 소송비용으로 지출된 소송비용 및 변호사 비용만도 약 5천만 원에 이릅니다.

나. 정신적 위자료

원고는 피고들의 공동불법행위로 인하여 가정은 풍비박산 났으며 생존권마저 위협받고 있는바, 정신적 위자료로 피고들은 연대하여 원고에게 금 30,000,000원을 청구합니다.

6. 결론

이상 살펴본바 피고 이상수는 소외 유재상과 공모하여 원고에게 식당운영을 위한 공사를 하게 해 놓고 그 공사의 성과를 고스란히 자신들의 재산상의 이익으로 하는 한편 원고가 식당운영을 할 수 없도록 만드는 불법행위를 함으로써 원고에게 공사비 상당의 손해를 입혔으므로 원고들이 지출한 공사비 상당의 손해배상 책임이 있습니다.

그런데도 피고 이상수는 자신의 조카인 검사 이정섭과 피고 이우근에게 청탁한 결과 피고 조휴옥과 피고 강일원이 법률을 위반해 엉터리 판결을 한 탓에 원고와 그에 따른 공사를 한 공사업자들은 수억 원의 피해를 보게 하였습니다.

그러므로 피고들은 연대하여 원고들에게 우선 '일부금' 500,000,000원을 지급해야 할 의무가 있다 할 것인 바, 이에 대하여 이 사건 소장 부본 송달 다음 날부터 이 사건 판결 선고 일까지는 연 5%, 그 다음 날부터 다 갚는 날까지는 연 15%의 각 비율에 따른 돈을 지급받고자 이 사건 청구에 이른 것입니다.

〈입증자료〉
갑제1호증 원고가 제출한 손해배상 청구 소장

갑제2호증 2009가합13436 손해배상(기) 판결문

갑제3호증 2010나112297 손해배상(기) 판결문

〈참조〉

제2조 (배상책임) ① 국가나 지방자치단체는 공무원 또는 공무를 위탁받은 사인(이하 '공무원'이라 한다)이 직무를 집행하면서 고의 또는 과실로 법령을 위반하여 타인에게 손해를 입히거나, 「자동차손해배상 보장법」에 따라 손해배상의 책임이 있을 때는 이 법에 따라 그 손해를 배상하여야 한다.

제29조 ① 공무원의 직무상 불법행위로 손해를 받은 국민은 법률이 정하는 바에 의하여 국가 또는 공공단체에 정당한 배상을 청구할 수 있다. 이 경우 공무원 자신의 책임은 면제되지 아니한다.

2018.4.30.

원고 한동식

서울중앙지방법원 귀중

판사 양심에 석궁을 쏘는 여자

사법피해자들이 승소하는 법 &
비리 판·검사, 경찰관 잡아야 성공하는 법

1. 가해자가 낸 문서로 사피자가 승소하는 법

사피자들을 22년 동안 구조해본 결과 상대가 낸 증거를 가지고 공격해야만 승소한 사례를 통해 소개 한다.

가. 김문형씨 사건의 경우

사기꾼들이 금1억5천여만 원을 강탈하기 위해서는 한사람만 병신 만들면 된다. 즉 고소인 1명과 허위 진술인 3명만 있으면 검찰은 당연히 기소를 해준다. 이 같은 수법에 말려든 김씨는 변호사 선임해 대응한 결과 당연히 무죄가 가능하다고 하면서 성공사례비까지 먼저 주었으나 도리어 기소가 되었다며 도움을 청했다.

변호사가 선임되어 있었기 때문에 섣불리 단체가 나서는 것은 도리가 아니라 전략상 물 밑에서 움직이는 것이 현명하다는 판단에 김씨에게 기술적 방법을 알려주어 변호인에게 전달하는 식으로 조력을 했음에도 변호사는 백프로 변론을 하는 것이 아닌 절반만 변론했다.

결국 재판이 종결 된 후 그동안 제출된 증거들을 검토하여 본바, 가장 중요한 증거들이 누락 되었다는 사실에 그 즉시 공판재개신청과 함께 증거들을 모아 제출했다. 당연히 법원 앞에서 시위도 했다. 그러나 재판부는 재개도 아니 하고 무죄판결을 했다. 즉, 한 방에 무죄가 가능했던 것은 공범자 중, 다수의 범죄전과가 있고, 진술한자들이 허위 진술과 위증한 확실한 증거가 있어 무죄가 가능했다. 결국 상대방이 서로 짜고 허위 진술한 진술서를 증거를 입증한 결과 피해자가 승소할 수 있었다.

나. 한상준씨 사건의 경우

가해자 : 박씨

17년 동안 사기꾼 찾아 삼만리를 뛰어온 기막힌 사연을 가진 한상준은 사기꾼들에게 속아 17년 전에 7천만 원을 보증을 서준 대가로 있는 재산 다 경매로 날리는 피해를 보게 되었다. 그러나 사기꾼은 차용한 돈을 변제하지 않고자 재산을 빼돌려 보증서준 돈을 받을 길이 없었다. 이에 소송을 진행하자 사기꾼은 사건마다 전관변호사 앞세워 부당하게 가해자가 승소판결을 받는 데 성공했다.

이에 필자는 전관변호사들을 실명으로 거론하면서까지 법원과 검찰에 정당성을 호소한 결과 민사에서 승소를 했다. 검찰도 할 수 없이 재수사를 했으나 검사는 구속하지 않고 기소만 했다. 판사는 벌금에 해당하는 판결을 했다.

다만, 단체 도움으로 상대방이 사용한 칼(전관변호사 앞세워 불법적 승소), 전관변호사의 사기변론을 주장하자, 그나마 형사 처벌을 받게 되었다.

다. 유헌환씨 사건의 경우 (재산 강탈위해 남편을 구속되게 하는 법)

유씨는 폐기물 사업하던 중 기소중지자로 몰려 도망 다니고 있던 S씨를 알게 되었으나, 유씨는 S씨가 사기꾼인줄을 모르고 단지 채무가 많아 고소를 당한 것으로 알고, 유 씨가 돈을 변제해주고 고소를 취하를 받게 되자. 유씨는 1999. 12.경부터 S씨가 데리고 온 딸도 같이 살았다. 이후 사업 확대로 부동산 담보로 은행 대출을 받게 되자, S씨는 딸과 공모해 유씨의 인감도장을 훔쳐 은행 대출받아 4억 원을 사용했다. 이후 유 씨는 은행으로부터 변제를 요구를 당하게 되자, 그때서야 S씨에게 묻자 그는 '은행에 대출만 받았을 뿐 사채는 차용한 사실이 없다'고 우기자, 유씨는 변호사를 선임해 사채업자 상대로 소송을 했으나 패소했다.

그러자 S씨는 도리어 유 씨에게 민사에 패소한 허 씨를 고소하자고 선동해 허 씨를 소송사기, 사문서위조 등으로 고소를 하자, 유 씨는 그 즉시 무고죄로 구속이 되었다. 유씨는 1년 6개월 동안 옥살이를 한 후 석방이 되자 단체에 호소를 했다.

유 씨는 단체 도움을 받아 고소를 하려고 준비 중에 도리어 무고죄로 기소가 되었다며 수사를 받으려 오라고 했다. 알고 보니 이미 유씨가 고소한 사건이 있었다. 이에 긴급히 단체 공문을 발송해 공정한 수사를 촉구했다. 그럼에도 검사는 출석통지 3일 만에 출석을 요구했다. 할 수 없이 유 씨와 같이 검찰에 갔으나, 검사는 대질조사를 한 후 다시 구속하려 하자 이에 검찰옴브즈맨에 강력히 항의를 하자 유 씨를 불구속으로 기소를 했다.

유씨는 S씨가 고의적으로 유씨의 재산을 강탈하기 위해 무고죄로 구속되게 할 목적으로 유씨를 고소하도록 했다는 것을 입증했으나, 법원은 이미 유죄 받은 판결문 때문에 그나마 집행유예로 선고를 했다. 즉, 유죄 받은 판결을 뒤집기 위해서는 위증죄로 고소를 해야만 했으나 유씨는 사문서위조죄로 고소를 하고보니 무고죄로 다시 처벌받게 되었다. 법원도 유씨의 억울함을 알고 S씨가 위증죄로 처벌받은 동안 항소심 사건은 추후지정 되었다. 결국 유씨 사건도 S씨가 범죄전과가 다수라는 사실과 재산 강탈을 위해 유씨를 무고죄로 구속되도록 한 것이라고 변론을 함으로써 절반의 누명을 벗는 기회가 되었다.

2. 비리 판, 검사, 변호사 잡아야 사피자가 성공하는 법

가. 최정미씨 사건의 경우

가해자 : 노경수(인천시 의회 전 의장, 마을금고 전 이사장)
　　　　　김기숙(노경수의 처), 노진수(노경수 동생)
담당검사 : 인천지검 김민정 검사, 인천중부경찰서 박옥희 경위

최씨는 고등학교 친구 김씨 남편이 마을금고 이사장이자 인천시의회 의원인 것으로 기화로 최씨에게 인천부근에 신도시가 될 토지 투자를 하면 큰돈을 벌 수 있다면서 공동투자를 권유했고, 최씨는 김씨 남편의 사회적 직위를 믿고 공동투자를 하기로 했다. 다만, 명의는 최씨 명의로 하사고 하여 최씨 명의로 매입했으나, 지분은 각각 분리해서 계약하고 매입했다.

부족한 돈은 매입과 동시에 최씨 명의로 대출받아 부동산을 매입했다. 그 후 김씨는 시동생 노씨가 시공사가 되어 각각 건물을 짓자고 하여 최씨는 김씨의 요구대로 두 건물을 신축했고, 공사비 역시 최씨 명의로 대출받아 신축했다.

그러나 김씨가 납부해야 할 이자를 연체하자 마을금고에서는 강제경매를 신청하였으며, 시공사인 노씨의 남동생은 도리어 최씨에게 공사비를 지급하지 않는다고 소송을 제기한 결과 모두 최씨가 변제해야만 된다는 판결을 받았다.

이에 김씨는 변호사를 선임해 김씨와 노씨를 고소를 해보았으나, 노씨는 10년 만에 인천시의회 의장까지 승진된 관계로 중부경찰서 경위 박옥희는 단 한 번 조사로 무혐의송치하고 인천지검 김민정 검사 역시 단 한 번 조사로 10억 이상 피해 본 고소인에게 무혐의 처분했다.

〈구조방법〉

민, 형사 모두 패소한 상태에서 본 단체에 진정을 했고, 이에 필자는 불기소이유통지서를 검토하여 본 바, 사기죄에 대해서만 수사를 하였을 뿐 업무상횡령, 배임죄로는 수사를 하지 않았다는 것을 알고, 가해자 가족들(김씨, 노씨, 노씨의 동생 진수)을 고발했다. 당연히 인천지검 검사와 경찰관도 징계요청을 동시에 하면서 집회투쟁을 했다.

더더욱 조사를 하여본 바, 노 씨는 최씨가 대출 받아서 준돈으로 공사비를 지급한 것이 아닌 노씨의 다른 부동산 신축자금으로 사용했고, 그 부동산은 김씨의 오빠 명의로 등기를 이전했다. 인천지검은 이러한 증거들이 입증되자 노씨에게 합의를 하도록 권유하자, 노씨는 강제면탈죄, 소송사기죄 등 가족들 모두가 처벌받을 위험에 처하자, 고발한지 10개월 만에 최씨와 합의를 보게 되었다.

다만 투자금액은 10년 동안 약 7억 원 정도였지만 노 씨가 재산을 다 빼돌려 할 수 없이 절반의 금액만 받고 합의를 했다.

이러한 죄를 짓고도 인천시 중구청장 후보로 당선이 되어 선거사무실까지 꾸려 열심히 선거운동을 했으나, 인천시 더불어민주당에 신고를 한 결과 후보로 탈락되고, 다른 후보가 당선이 됐다. 결국 돈 있고 빽만 있으면 통하는 법이기 때문에 노씨가 최씨에게 수십억 원의 피해를 주고서도 부당하게 무혐의처분을 받고, 도리어 최 씨를 고소하겠다고 공갈협박한 뒤 당당히 구청장 후보로 출마를 할 수 있었다.

나. 강문혁의 사건의 경우

"조상 땅 강탈한 전직 판사 출신 짜 씨 변호사를 구속하라!"

진정인 : 박씨

피진정인 : 짜씨 변호사, 짜 씨의 형, 전 시의원

이 사건은 제주시 월평동에 위치한 임야로서 진정인의 증조부 명의에서 조부(망) 명의로 바뀐 후 다시 조부의 사촌형의 명의로 이전된 상태에서 조부 사촌형이 1938년도에 일본으로 건너가 생활(일본에서 행불)하고, 그 직계 자손들도 일본에서 거주하는 관계로 진정인의 조부가 관리를 했으나 1996년에 조부가 사망한 후 세금을 납부하지 못하고 방치된 상태로 있었다.

그 후 소유 토지의 직계 자손들과 연락이 되지 않고 있던 중, 2006년도에 시행된 특별 조치법에 의해 진정인과 사촌형 공동명의로 이전 등기를 한 상태로 있었다.

그러던 중 진정인 박씨는 짜씨의 형이 상기 토지에 임의로 묘지를 조성한 것을 알게 되었다. 이에 진정인은 짜씨 형을 만나 진정인도 찾지 못하는 고모 박영실을 어떻게 찾았는지를 묻고, 고모는 이 토지가 있는 사실도 모른다고 전하며 묘지의 철거를 요구하였다.

그러자 짜씨의 형은 자신의 동생인 짜씨 변호사 선임해 2008. 12. 경이 사건 토지에 대해 소유권이전등기 청구하는 소장을 제주법원에 제출했다. 소장에는 서울 롯데호텔에서 박영실의 아들이라고 하는 양남식을 만나 계약을 체결했다면서 일본에 거주하고 있는 본 토지의 직계 자손인 박영실 명의로 된 매매계약서, 박영실 명의 증여문서, 토지 세금납부

영수증, 박영실 부친의 호적등본을 제출했다. 전한종은 김춘자, 오창윤과 공동으로 매매계약을 체결했다고 했다.

그러나 필자가 진상을 확인해 본 결과, 박영실은 양남식이라는 아들이 없었으며, 공동 매수한 김춘자는 계약서 주소지에 거주하지도 실존인물도 아닌 것으로 밝혀졌으며, 오창윤은 서울에 간 사실도, 계약한 사실도 없다고 했다. 또한 짜씨 변호사 위임장에 있는 주소지는 10년 전에 말소된 주소지였다.

짜씨 변호사는 영사관 공증 및 고모를 확인할 수 있는 민단증을 법원에 제출했으나, 박영실의 주소조차 일치하지 않았다. 그때서야 주소변경 위임장을 제출했으나 위임장 역시 박영실을 속여서 받은 위임장으로 밝혀졌다. 또한 짜씨 변호사는 자신의 소송사기를 숨기기 위해 일본에 있는 '간다 에이신'을 통해 박영실에게 변호사 선임약정서를 받으려고 하였으나 박영실의 거절로 미수에 그치고 말았다.

박영실은 2009. 9. 18. 제주지방법원에 참석해 '짜씨 변호사를 선임한 사실이 없다'고 진술했으나, 재판부마저도 전직판사 전변호사의 소송사기를 은닉해줄 목적으로 '각하' 처분할 사건을 '소 취하 간주'로 종료함으로써 박영실이 짜씨 변호사를 선임한 것처럼 합리화 시켜주었다. 결국 짜씨 변호사와 짜씨의 형은 진정인들의 조상 땅을 강탈하기 위해 소송사기를 한 것이 분명해졌으나, 고소한 결과 형만 처벌받고 짜씨 변호사는 무혐의처분을 했다.

그러나 진정인은 법적(입증방법) 투쟁하는 방법을 몰라 짜씨 형제들을 고소한 결과 모두 무혐의처분을 받게 되자, 필자에게 도움을 청했으며, 필자는 서울 프레스센터에서 기자회견도 하고 경향신문에 광고도 내는 등 짜씨 변호사 형제들의 소송사기 혐의를 입증하고자, 서울에서 제주도까지 비행기 타고 내려가 수 회차 구조운동을 했다.

진정인은 고모 땅을 되찾기 위해 3년 동안 투쟁한 결과 약 5천만 원 상당한 비용이 발생했다. 이에 짜씨 변호사 형제를 상대로 손해배상 청구를 해보았으나, 판사는 원고가 변호사를 선임한 선임료 3백만 원만 짜씨 변호사가 배상하라는 터무니없는 판결에 항소를 해보았으나 소용이 없었다. 단지 고모 땅을 되 찾게 된 것만으로 만족을 할 수밖에 없었다.

다. 강신복 씨 사건의 경우

가해자 : 1. 민정홍,

        2. 민한홍변호사

3. 대구지방검찰청 안동지청 검사 채희만

4. 대구지방검찰청 검사 김용주

1) 민정홍의 사기 행각

강씨는 (주)레오건설을 대표이사로 2002. 11.경 이 사건 부동산 900평을 31억 7,000만 원에 매입해 주상복합타워 신축을 착수해 2006. 7. 경 건물의 공정 약 50%퍼센트에 해당하는 지상 6층까지를 건축하였다.(레오건설 50%, 강신복 50% 지분) 하지만, 강씨는 신축하는 과정 중 자금사정이 악화되자 민정홍이 (주)레오건설을 인수하겠다고 하여 강씨는 100억원 이 들어간 토지 및 건축비를 은행채무 20억 원과 수표채권 40억 원 등 총 60억 원에 채권채무양도양수 형식으로 (주)레오건설의 모든 지분과 건축 중인 건물 및 토지 지분 50%를 민정홍에게 양도키로 했다.

나머지 지분 50%는 민정홍이 내세운 바지 사장 정희운, 김인식이 대표이사로 있는 (주)한화건설로 양도키로 하였다. 그러나 이들은 강씨에게 지불해야 하는 양도금을 지불하지 않고 민정홍은 건축노무자들의 임금조차 지불하지 않은 채 차일피일 미루다가 해당 토지와 건축물이 경매에 넘어가자, 동일한 명의의 신규법인인 (주)한화건설을 설립하여 이를 경락받아 가압류를 못하도록 신탁등기를 함으로써 강씨 소유 50%에 대한 권리마저도 모두 빼앗아갔다.

2) 민정홍의 동생 민한홍변호사의 소송사기 행위

강씨가 제기한 민정홍과 바지사장 정희운, 김인식은 사건마다 민한홍 변호사가 변론하였으며 그 변론 영역이 단순변론 수준을 넘어 법조비리를 서슴지 않고 자행했다. 강씨의 고소대리인 권혁중변호사는 고의적으로 고소장을 부실하게 작성함으로 인해 가해자 모두 무혐의처분을 받도록 하는데 단초를 제공하였다.

권혁중 변호사는 검사출신 변호사인데도 불구하고 가장 가벼운 죄명을 '상법상의 특별배임죄'로만 지정하여 고소장을 작성하였으며, 대구지방검찰청 안동지청 검사 채희만은 고소장이 부실하게 작성되었다는 이유로 무혐의처분 하였으며, 항고를 한 후, 사법연대 자문변호사를 선임해 확실하게 이들의 범죄를 낱낱이 밝혔음에도 불구하고 수사도 안하고 그 즉시 기각했다.

이처럼 민한홍 변호사는 자신의 학연·지연을 이용하여 사기꾼 형인 민정홍과 수십 건의 전과가 있는 바지사장 정희운, 김인식을 철저히 비호하는 세력으로 나서면서 변호사로서 해서는 안 될 온갖 악행을 다했다. 심지어 강 씨가 그나마 찾아낸 민정홍 명의로 된 부동산에 가압류신청을 했으나, 전서명재판장은 단 일주일 만에 기각결정을 했다.

〈구조방법〉
강씨는 소송비용조차 없어, 필자는 할 수 없이 능력이 있는 회원에게 부탁해 소송비용과 변호사비용, 집회비용까지 차용해 투쟁을 하도록 도움을 준 결과 민사 (2010가합 15852 약정금) 서울남부지법은 승소판결을 했고, 민한홍이 항소를 했으나, 취소하고 강 씨에게 5억 원을 변제했다.

민한홍 변호사는 이 사건 뿐만 아니라 여러 건에 해당하는 피해를 보았다는 시공사들의 진정도 있었던바, 판, 검사들 앞세워 열악한 공사업자들만 등치는 민한홍 변호사를 처단하는데 성공했다고 외칠 수 있는 사건이 되었다.

라. 김진섭 사건의 경우
(한OO 변호사의 이중변호로 피고인 옥살이 시키는 법 & 박광우 판사가 증인신문조서 조작으로 유죄판결 하는 법)

사건 : 서울동부지방법원 2009나 8700 손해배상
원고 : 김진섭
피고 : 한OO 변호사

사건 : 2011가단 32600 손해배상(기)

원고 : 김진섭

피고 : 1. 강신무 2. 정해수 3. 김언수

〈사건 개요〉

1) 원고는 내장산콘도미니엄 전기공사 도급계약과 관련하여 2000. 4. 경 주)율전 전기 대표이사였던 피고 강씨는 원고에게 금 5,000만원 수령해준 사실이 있다. 당시 회사는 원고 동생인 망 김씨는 실질적인 소유주로서 개발허가를 얻어 토목공사에 착수한 상태였다.

2) 동생은 전기공사 도급을 주는 대가로 이씨로부터 2억 원을 차용하였는데, 이씨가 부도를 내고 공사를 포기하자 위 2억을 반환해야 할 처지가 되었다. 형식상 대표이사였던 원고는 정해수에게 '위 2억 원을 대신 변제해주고 이 사건 전기공사를 맡을 업자를 물색해 달라'고 부탁한 결과 강신무를 알게 되었다.

3) 정씨, 강씨, 김씨 등은 동생 사무실에 들러 설계도와 제반서류 등을 확인한 후, 그 다음날 강씨는 우선 5,000만원을 주고, 나머지는 1억 5천만 원은 준비되는 데로 계약을 체결하자고 하자, 원고는 위 5,000만원을 받고 대표이사 명의로 차용증을 써주었다.

4) 강씨는 5,000만 원을 주면서 수일 내로 1억 5천만 원을 준비해서 계약서를 작성하자고 했으나 약속이 지켜지지 않던 중, 강씨는 계약조건을 바꿔 부당한 요구하여 원고는 계약을 파기했다.

5) 그러나 피고들은 원고 동생이 진행하던 공사가 원만하게 진행이 안 될 것이라고 판단한 나머지 원고에게 지급된 금 5천만 원을 반환받고자, 강신씨는 이 사건 전기 공사를 하도급 받아 주는 대가로 원고가 금 5,000만원을 지급받아 사용했다며 원고를 사기죄로 고소를 했다.

6) 강씨는 원고를 소개해 주었다는 이유로 정씨에게 700만 원을 받아 지급해준 바 있음에도 불구하고, 도리어 구두로 계약한 하도급계약서를 빌미로 강씨와 김씨와 공모해 원고와 정씨를 고소를 했으나 전주 정읍지청에서는 원고와 정씨에게 무혐의 처분을 하였다.

7) 강씨는 항고를 하면서 김씨로부터 허위로 작성된 진술서를 인증받아 광주고검에 제출하자, 광주고검은 재수사명령이 내려졌고, 정읍지청에서는 정씨가 1차 진술과 달리 허위 진술을 하자 원고가 부당하게 기소되었다.

8) 박광우 재판장은 강신무의 증인신문조서를 위조해 원고에게는 징역 1년의 실형을 선고하였고, 정해수는 징역 8월에 집행유예 2년으로 판결하였다. 원고는 박광우 재판장의 부당한 판결에 대해 원고의 변호사에게 적극 변호할 것을 탄원하였으나, 한00 변호사는 고의적으로 부실변호를 하므로 인해 유죄판결을 받았다. 상고를 해보았으나 대법원은 2005. 4. 29. 기각당해 유죄로 확정되었다.

〈구조방법〉

단체는 한00 변호사가 피고인(원고)과 피고인 정씨도 수임하는 이중

변론행위로 피해를 보았다는 취지로 손해배상 청구를 하도록 한 결과, 정씨가 허위 진술과 증언으로 인하여 유죄판결을 받게 되었다는 사실을 알게 되었다.

즉, 정씨는 강씨가 원고에게 준 5천만 원은 "공사도급 명목으로 우선 원고에게 5,000만 원을 지급하고 나머지 1억 5천만 원을 지급해주는 것이 아닌, 금 5,000만 원에 원고가 강씨에게 전기공사를 해 주기로 했다." 라고 정씨가 허위공증을 하고, 강씨는 정씨로부터 공증을 받고 고소취하를 하므로 인해 원고만 법정구속까지 되었다.

정씨의 신문조서에도 보면 "자세한 내용은 기억 할 수가 없지만 이전에 2억 원을 받고 계약을 한 사실이 있는데, 2억 원을 돌려 준 후 계약을 파기하고 다시 계약을 할 수 있다는 투로 말을 하길래 제가 김진섭과 강씨를 소개하여 주었고, 수회에 걸쳐 만나고 현장을 확인한 후 계약을 했다."라고 진술한 바대로 원고의 이 사건 전기공사를 위해 이씨로부터 2억 원을 차용하였는데, 이씨가 부도를 내고 공사를 포기하여, 위 2억 원을 반환할 처지에 있었기 때문에 2억 원을 변제하는 조건으로 강씨와 계약을 했던 것이 사실이었다.

그러나 원고의 동생이 간암으로 갑자기 사망하고, 대출이 불가능한 것을 강씨가 투자한 후 알게 되자, 계약이행을 하지 않고자, 도리어 계약금으로 지급한 5천만 원을 변제받고자 원고를 무고를 하였다. 그러나 원고를 고소해보았으나 도리어 무혐의 결정을 받게 되자, 정씨까지 끌여들여 허위 진술과 위증을 하도록 한 결과 원고가 유죄를 받게 되었다.

결국 단체 도움을 받아 공범자 피고들 상대로 소송을 하도록한 결과 위 내용과 같은 진실규명으로 원고는 패소하였으나 항소를 아니한 것으로 보아, 원고에게 피해배상을 해주고 합의를 한 것으로 예상하고 있다.

마. 박광우 판사의 증인신문조서 조작에 관하여

김씨는 정씨의 증인신문조서를 발급받은 것과 달리 구속된 후, 증인신문조서가 조작된 것을 알게 되었다. 김씨가 받은 증인신문조서에 보면 "피고인 김진섭은 호텔 허가 받아 공사를 진행하다가 도아갤럭시와 합작하여 사업을 진행 중이며, 전기공사부분을 친구에게 주기로 하고 2억 원을 가져다 썼는데 2억 원에 플러스알파만 주면 전기공사를 하도록 해주겠다고 했습니다."라고 증인신문조서가 되어 있으나, 변조된 증인신문조서에는 "피고인이 김진섭이 호텔 허가를 받아 공사를 진행하다가 도와갤럭시와 합작하여 사업을 진행 중이라고 했습니다."라고 중요한 증언취지를 180도로 바꾸어 증인신문조서가 조작되었다.

이러한 신문조서에 인해 박광우 판사가 판결한 판결문에 보면,
"피고인 김진섭은 전기공사를 도급을 줄 의사나 능력이 없음에도 불구하고, 위 공사의 전기공사 부분을 도급 주겠으니 회사 운영자금 5,000만 원을 빌려 달라고 거짓말을 하여 이에 속은 피해자로부터 차용금 명목으로 5,000만 원을 교부받아 이를 편취했다."라고 사기판결과 1년의 실형을 선고했다.

박광우 판사가 판결문을 조작해 실형을 선고한 결과 항소심에서는 1년 8개월의 실형을 받게 했다. 박 판사는 양심을 팔아 판결문을 조작하

여 판결하므로 인권을 유린했음에도 불구하고, 박 판사는 계속 성공하여 대법원 연구관으로 근무하다가 지난해 서울서부지방법원 부장판사로 근무하고 있다.

3. 3억 원의 허위 분양계약서로 소송사기꾼이 승소하는 법

사건 : 2006가합 5022 대여금 서울동부지방법원 재판장 윤성원 :
    피고 승소
2006나 112917 대여금 서울고등법원 부장판사 박 철 : 원고 승소
2008다 31225 대여금 대법원 : 심리불속행 기각, 원고 승소
재나436 대여금 서울고등법원 : 재심원고 기각
가해자 (원고, 재심피고) : 김용호
피해자 (피고, 재심원고) : 차혜숙

가. 원고 김용호가 소송사기로 승소하는 법

1) 피고 차혜숙은 건설회사의 대표이사로서 2003년도 강원도 한마음 아파트를 건설 및 분양하는 책임자이며, 원고는 위 아파트를 건설할 때 레미콘을 공급한 회사 사장이며, 소외 권씨는 아파트공사의 시행업무 및 시공을 도급받아 시공한 회사 사장이다.

2) 피고는 권씨가 공사금액 부족으로 현장공사가 중지 되자, 레미콘 회사 사장에게 분양계약서를 담보로 주면 3억을 빌리기로 했다. 피고와 직원 세 사람이 잠실호텔에서 원고를 만나 "3억을 빌려주면 레미콘 대금도 피고가 직접 지급하겠다"는 조건을 제시하자, 원고는 3억을 빌려준다고 승낙하였다. 피고는 원고가 부르는 대로 분양계약서를 작성해 주었다. 그러나 원고는 그날 저녁에 권 씨에게 아파트 분양계약서를 더 요구했다.

3) 피고는 원고를 더 이상 믿을 수 없다고 판단하고, 다른 사람으로부터 2억 7,000만 원을 빌렸으며, 원고에게 전화로 "사장님 돈 안 쓰겠다"고 말 했다. 원고가 분양계약서 5매를 회수하지 않은 것은 레미콘 대금이 1억 7천만 원 정도 남아 있었고, 법인이 3억이라는 돈을 빌리는데 법인통장이나 대표이사 개인통장으로 송금하는 것이 상식이라 위 분양계약서 회수를 대수롭지 않게 생각 하였다.

4) 그러나 원고는 권씨에게 현금과 가계수표등으로 대여금 중 1억4천만원이 남아있었는데, 원고는 피고로부터 받은 위 분양계약서를 소지하

고 있던 것을 기화로 권씨의 채무에 대하여 3억원으로 피고가 지급하기로 "약정"한 것이라고 사기소장을 제출했으나 원고가 패소했다.

5) 항소심에서는 권씨가 작성한 사실확인서는 증거로 원고 주장이 사실이 아니라고 하였는데도 불구하고 서울고법 박철 판사는 피고가 승소한 판결문을 뒤집고 원고에게 승소판결을 했다.

나. 채권금액을 잘 못한 계산한 판결문 가지고 재심하는 법

피고의 소송대리인 정희창 변호사는 원고의 주장이 사실이라고 하더라도 권 씨가 변제해야 할 채권은 1억 4천만 원이므로 위 돈만 원고에게 지급해야하는데 박철 판사는 계산을 잘 못해 원고에게 3억 원을 지급하라는 판결을 했다는 이유로 재심을 해 보았으나,

서울고법 12부 재판장은 "민사소송법 제 451조 제1항 제9호가 정하는 재심사유인 '판결을 영향을 미칠 중요한 사항에 관하여 판단을 누락한 때"라고 함은 당사자가 소송상 제출한 공격방어방법으로서 판결에 영향이 있는 것에 대하여 판결이유 중에 판단을 명시하지 아니한 경우에를 말하고, 그 판단이있는 이상 그 판단에 이르는 이유가 소상하게 설시되어 있지 아니하다거나 당사자의 주장을 배척하는 근거를 일일이 개별적으로 설명하지 아니하더라도 이를 법조에서 말하는 판단 누락이라고 할 수 없다(대법원 2001. 1. 25. 선고 99다 62838 판결 참조)라는 이유로 기각했다. 결국 판사가 계산을 잘못한 사기판결도 법적으로 아무런 문제가 없다는 판결이었다.

다. 구조운동 방법 및 결과 (시민운동 법으로 구조하는 법)

1) 진상조사 한 결과 박철 판사가 엉터리 판결을 했다는 것을 알고, 정희창 변호사를 선임해 대법원에 대응해 보았지만 심리불속행으로 패소하자, 할 수 없이 2008. 8. 재심소장을 제출했다.

2) 피고가 원고를 소송사기로 서울송파결찰서에 고소한 결과 신태원 경위는 기소송치를 하였으나, 동부지검 김효정 검사는 부당하게 2009. 7. 14. 무혐의처분을 했다.

3) 권씨를 증인으로 신청하지 아니한 박영식 변호사를 고발을 하고, 김효정 검사를 징계요청을 했으며, 박변호사는 가장 핵심증거가 되는 권씨의 사실확인서를 증거로 제출하지 아니하였으며, 항소심에서는 권씨를 증인채택 되었으나, 김 변호사는 출석하지 않는 것이 유리하다고 회유해 증인이 출석을 안 했다. 이러한 과실로 박 변호사 상대로 손해배상을 청구하였으나, 법원은 착수금으로 지급한 금 600만 원을 차씨에게 지급하라는 판결을 했다.

4) 피고는 승소판결문에 의해 원고에게 3억 원과 그동안의 이자까지 포함해 약 5억 원을 소송사기꾼 김용호에게 변제했으나, 단체 고발로 가해자 김용호로부터 미분양 된 아파트 5채를 받고 합의를 하고 말았다. 그러나 김효정 검사가 김용호를 구속 했다면 차씨는 김용호에게 지급한 5억 원과 그동안의 피해배상을 받을 수 있었다. 단체도 후원금을 받았을 것이나 원금만 회수한 관계로 한 푼의 후원금도 없었다.

확정된 판결(기판력)을 뒤집고 소송사기꾼 잡는 법

1. 기판력을 깨기 위해 다시 소송하는 법(소송하는 기술에 관하여)

가. 대부분 피해를 보다 보면 가해자 한 사람을 피고로 소송하는 것이 기본적으로 하는 소송절차이다. 그러나 소송 사기로 패소한 피해자가 다시 소송할 경우, 공범자들 모두를 상대로 다시 소송하면 된다. 피고를 달리할 경우, 새로운 소송물이 되기 때문에 기판력에 해당이 안 된다.

그러한 증거로 다음 대법원 판례를 봐도 알 수 있다.

"이 사건 소는 위 관련 민사사건의 기판력에 반한다는 취지로 주장하나, 관련 민사사건과 이 사건 소는 당사자가 다를 뿐만 아니라 확정판결의 기판력은 그 판결의 주문에 포함된 것, 즉 소송물로서 주장된 법률관계의 존부에 관한 판단의 결론 그 자체에만 미치는 것이고, 판결 이유에 설시된 그 전제가 되는 법률관계의 존부에까지 미치는 것은 아니라 할 것이다(대법원 2000.2.25. 선고 99다55472 판결)."
"다만, 기판력에 저촉되는지에 대해 견해를 달리하고 민사재판에서는 다른 민사사건 등의 판결에서 인정된 사실에 구속받는 것이 아니라 할지라도 이미 확정된 관련 민사사건에서 인정된 특별한 사정이 없으면 유력한 증거가 되므로 합리적인 이유설시 없이 배척할 수 없고, 특히 전후 두 개의 민사소송에 당사자가 같고 분쟁의 기초가 된 사실도 같으나, 다만 소송물이 달라 기판력에 저촉되지 아니한 결과 새로운 청구를 할 수 있는 경우에서는 더욱 그러하다(대법원 1995.6.29. 선고 94다47292 판결 등)."

나. 소송 사기로 가해자를 고소해도 검찰은 기소를 안 한다. 대법원까지 확정되었다는 이유로 수사를 해 주지 않는다. 그래서 소송사기꾼을 잡기 위해서는 민사소송을 다시 하는 방법만이 유일한 해결책이다.

다. 소송사기꾼 잡는 법(피해자가 승소하는 법)
1) 피고를 당사자 신청해 피고가 출석하지 못할 경우, 자동으로 원고가 승소할 수 있는 법률이 있다. 민사소송 제369조의 출석·선서·진술의 의무 규정에서, '당사자가 정당한 사유 없이 출석하지 아니하거나 선서 또는 진술을 거부한 때에는 법원은 신문사항에 관한 상대방의 주장을 진실한 것으로 인정할 수 있다'라고 되어 있으므로 우선 법원이 채택만 해주면 피고들이 출석하지 않을 시 원고의 주장이 인정될 기회가 주어진다.

설령 당사자가 거짓 증언을 할 경우에도 같은 법 "제370조(거짓 진술에 대한 제재) 선서한 당사자가 거짓 진술을 한 때에는 법원은 결정으로 500만 원 이하의 과태료에 처한다"는 법률에 따라 피고들의 거짓을 밝혀 낼 경우 유리한 위치에서 재판을 받을 수 있다. 당사자로 채택만 된다면 원고는 피고들이 출석하든 안 하든 이익이 될 수밖에 없다. 입증 책임은 원고에게 있으므로 당사자 증언은 판사가 마음대로 배척할 수 없다.

2) 소송 사기로 승소한 경우 대법원 판례를 살펴보자.

"적극적 소송당사자인 원고뿐만 아니라 방어적인 위치에 있는 피고라 하더라도 허위내용의 서류를 작성하여 이를 증거로 제출하거나 위증을 시키는 등의 적극적인 방법으로 법원을 기망하여 착오에 빠지게한 결과 승소확정판결을 받음으로써, 자기의 재산상의 의무이행을 면하게 된 경우에는 그 재산가액 상당에 대하여 사기죄가 성립한다고 할 것이고, 그 같은 경우에는 적극적인 방법으로 법원을 기망할 의사를 가지고 허위내용의 서류를 증거로 제출하거나 그에 따른 주장을 담은 답변서나 준비서면을 제출한 경우에 사기죄 실행의 착수가 있다고 볼 것이다[1998.2.27. 선고, 97도2786 판결(사기미수, 횡령)]."

"소송 사기죄는, 적극적 소송당사자인 원고뿐만 아니라 방어적인 위치에 있는 피고라 하더라도 허위내용의 서류를 작성하여 이를 증거로 제출하거나 위증을 시키는 등의 적극적인 방법으로 법원을 기망하여 착오에 빠지게 한 결과 승소확정판결을 받음으로써 자기의 재산상의 의무이행을 면하게 된 경우에 성립할 수 있다 할 것이다(대법원 2003도333 판결 참조)."

이런 판례가 있음에도 대부분 경찰이나 검찰은 새로운 증거를 내세워도 이미 대법원까지 확정되었다는 이유로 부당하게 각하 처분한다. 그래서 민사소송을 통해 증거를 입증한 이후 고소를 해야만 소송사기꾼을 잡을 수 있다.

3) 대법원에서는 2014.12. '재판지연 등 특별사유 없으면 민사증거 폭넓게 채택하겠다'라고 훈시한 바 있다.

"재판을 과도하게 지연시키거나 상대방 또는 제3자의 권리를 침해하는 경우가 아닌 한 법원이 앞으로 민사재판에서 원칙적으로 당사자가 신청한 증거를 폭넓게 채택하기로 했다. 당사자가 증거신청 시 법원의 증거 채부에 대한 실질적 심사를 위해 증명할 사실과 취지를 명시적으로 밝히면, 증거조사의 필요성을 심사하는 과정에서 해당 증거의 신빙성이 낮아 보인다는 이유만으로 필요성을 부정하지 않도록 했다. 이미 형성된 심증과 다른 내용의 주장 사실을 증명하려는 증거신청도 조사 필요성이 없다고 배척하지 않도록 했다(법률신문사 2014.12.7. 보도기사)."

법원은 증거채부에 대해 더 폭넓게 채택하도록 훈시한 바와 같이 원고 피해자들을 증거입증(증인신청, 사실조회, 문서송부촉탁, 현장조사 등)을 위해 적극적으로 활용해야만 가해자들의 소송 사기를 입증할 수 있게 된다.

소송 사기로 승소한 원·피고들을 처벌할 법률은 있지만, 법원이나 검찰은 대법원까지 확정된 사건은 다시 기소하지 않으려 하기 때문에 소송 사기꾼들이 판을 치고 있다. 즉, 수단과 방법을 안 가리고 판·검사에게 청탁해 승소하고 나면 공권력은 자신들이 돈 먹고 엉터리 수사한 승거들이 들통이 날 것을 두려워하여 어떤 사건이든 판사, 검사, 변호사들이 서로 묵시적 담합으로 부당하게 무혐의처분을 한다.

이러한 검찰의 불법한 수법에 제동을 걸기 위해서는 다시 공범자들을 피고로 하여 다시 소송할 경우, 증인이나 사실조회, 당사자 증거재판을 통해 소송 사기로 승소한 가해자를 응징할 수 있는 증거를 찾게 된다.

이러한 법률에 따라 대법원까지 패소한 김한수는 승소한 바 있으며, 최정미 사건도 민·형사에서 대법원까지 패소했으나 죄명을 달리해 고소한 결과 합의가 되었다. 부당하게 해고된 정선태 사건도 대법원까지 패소했으나, 공범자들 상대로 다시 소송한 결과 새로운 증거를 찾게 되어 가해자들을 고소하였고, 법률을 위반해 사기 판결한 판사를 문제 삼아 국가배상을 청구했다.

2. 민사 재심을 청구하는 법

가. 재심의 청구 요건

판결이 선고되어 확정되면 다시 다투지 못하는 효력이 생긴다. 이를 판결의 기판력이라고 한다. 그러나 확정된 종국 판결에 대하여 중대한 하자가 있을 경우 그 판결의 기판력을 배제하는 청구를 할 수 있는데, 이를 재심의 소라고 한다.

이러한 재심의 소는 민사판결이든 형사판결이든 엄격한 요건 아래에 인정된다. 만일 재심의 소를 제기할 수 있는 요건을 엄격하게 하지 못할 때 판결이 확정되더라도 또다시 재심의 소를 제기하여 소송을 무한히

반복하는 결과를 초래하기 때문이다.

민사판결의 재심의 소는 판결이 확정된 후 5년 이내, 재심사유를 안 날로부터 30일 이내에 재심의 소를 제기해야 한다. 따라서 명백하게 잘못된 민사판결이라고 하더라도 판결이 확정된 지 5년이 지났다면 재심의 소를 제기할 수 없게 된다. 반면 형사판결의 경우 이러한 재심청구 시기에 대한 제한이 없다.

민사판결의 재심사유로는 대표적으로 판결에 관여할 수 없는 법관의 관여나 대리권이 없는 자에 의한 재판진행 증거로 제출한 문서의 위조, 변조에 근거하여 판결이 난 경우나 형사상 범죄행위(예컨대 위증)로 인해 판결이 난 경우 동일한 사안에 대한 두 개 이상의 판결이 서로 모순될 경우 등으로 제한적으로 재심을 청구할 수 있는 사유를 민사소송법 제422조에 열거하고 있고, 이러한 사유 이외에는 재심의 소를 제기하면 각하된다.

당사자 사이의 조정이 성립되거나 재판부에서 한 이행권고 결정과 화해권고 결정 또는 명령에 대하여 이의신청을 하지 않아 그 명령이 확정되어 판결과 같은 효과가 발생된 경우에도 재심사유가 있을 경우에는 재심의 소에 준하여 재심을 청구할 수 있다. 이를 준재심이라고 한다.

나. 재심사유

1) 재심법률에 따라 판결법원을 구성하지 아니한 때
2) 법률상 그 재판에 관여할 수 없는 법관이 관여한 때

3) 법정대리권, 소송대리권 또는 대리인이 소송행위를 하는 데에 필요한 권한의 수여에 흠이 있는 때(다만 민사소송법 제60조 또는 제97조의 규정에 따라 추인한 때에는 그러하지 아니하다)

4) 재판에 관여한 법관이 그 사건에 관하여 직무에 관한 죄를 범한 때

5) 형사상 처벌을 받을 다른 사람의 행위로 말미암아 자백을 하였거나 판결에 영향을 미칠 공격 또는 방어방법의 제출에 방해를 받은 때

6) 판결의 증거로 된 문서, 그 밖의 물건이 위조되거나 변조된 것인 때

7) 증인·감정인·통역인의 거짓 진술 또는 당사자 신문에 따른 당사자나 법정대리인의 거짓 진술이 판결의 증거가 된 때

8) 판결의 기초가 된 민사나 형사의 판결, 그 밖의 재판 또는 행정처분이 다른 재판이나 행정처분에 따라 바뀐 때

9) 판결에 영향을 미칠 중요한 사항에 관하여 판단을 누락한 때

10) 재심을 제기할 판결이 전에 선고한 확정판결에 어긋나는 때

11) 당사자가 상대방의 주소 또는 거소를 알고 있었음에도 있는 곳을 잘 모른다고 하거나 주소나 거소를 거짓으로 하여 소를 제기한 때에는 확정된 종국 판결 상소

다. 판단누락에 대한 재심사유

보통 판사들이 중요한 사항을 고의로 가해자 편들어 승소판결을 할 때 재심사유 9항(판결에 영향을 미칠 중요한 사항에 관하여 판단을 누락한 때)에 따라 재심할 수 있으나 판사가 판결을 잘못한 것이라 재심사건 판사도 절대적으로 승소판결을 안 해 준다.

그것도 재심사유를 안 날로부터 30일 안에 제소하게 되어 있어 대부분이 재심 기간도 모르지만 판단을 누락했다는 것을 알지 못한다. 더러

욱 변호사들은 판사들에게 찍힐 것이 두려워 재심사건을 수임해 주지도 않는다.

이러한 재심제기 기간에 대해 '재심사유를 안 날로부터 30일'로 정한 민소법은 위헌이라는 취지로 민주사회를 위한 변호사모임(회장 김호철) 공익인권변론센터 군 명예선언 피해자 법률지원단이 1989년 명예선언을 했던 군 장교들을 대리해 헌법소원 심판을 청구하기도 했다. 이는 당연히 개정되어야 하고, 법을 알지 못하는 국민들이 대법원 확정된 날로부터 30일 안에 재심 소를 제기 안 했다는 이유로 무조건 패소한 사건들이 수두룩하다.

이에 정선태 사건과 대법원에 재심청구를 한 황 씨는 할 수 없이 필자가 사실확인서 '사법연대 구조단장 조남숙과 상담한 결과 재심사유를 알게 되었다'라는 것을 터 잡아 재심소장을 제출했으며, 다시금 대법원에서 확정된 날로부터 소를 제기하지 아니하였다는 이유로 각하 당할 경우, 헌법소원을 하려고 대비하고 있다.

라. 대법원 판례를 무시한 판결에 관한 재심사유

원고 정선태 사건에 대한 재심사유는 '재심 대상 판결은 민사소송법 제451조 제1항 제10호에 해당하는 재심사유로서 대법원의 확정판결(대법원(2011.11.10. 선고 2009다63205 판결)과 명백히 배치되는 판결이며, 이처럼 중요한 사항을 재심판결이 반영하지 못한 점으로 볼 때는 판단을 누락한 것으로 볼 수 있어 위 민사소송법 제1항 제9호 소정 재심사유에도 해당한다'라고 재심소장을 제출했고, 현재 대전행정법원에서 심리 중에 있다. 대법원 판례를 유탈해 사기판결을 했는데도 불구하고 대법원에서 심리불속행을 하면 대법원에 재심해야 한다는 것을 알게 되었다. 그런데도 행정법원에 재심을 신청하자 1년 동안 재판을 적당히 한 뒤, 위 사건은 고법에 해야 한다고 하면서 고법으로 이송했다.

그러나 국가배상 청구 시효 5년이 되고 있어서 할 수 없이 어떤 판결을 하는지 보고자 국가배상을 청구했다.

마. 대법원의 심리불속행 판결에 대한 재심사유

1) 상고심 절차에 관한 특례법 제4조(심리의 불속행)의 이유를 보자.

① 대법원은 상고이유에 관한 주장이 다음 각 호의 어느 하나의 사유를 포함하지 아니한다고 인정하면 더 나아가 심리(審理)를 하지 아니하고 판결로 상고를 기각(棄却)한다.

1. 원심판결(原審判決)이 헌법에 위반되거나, 헌법을 부당하게 해석한 경우

2. 원심판결이 명령·규칙 또는 처분의 법률위반 여부를 부당하게 판단한 경우

3. 원심판결이 법률·명령·규칙 또는 처분에 대하여 대법원 판례와 상반되게 해석한 경우

4. 법률·명령·규칙 또는 처분에 대한 해석에 관하여 대법원 판례가 없거나 대법원 판례를 변경할 필요가 있는 경우

5. 제1호부터 제4호까지의 규정 외에 중대한 법령위반에 관한 사항이 있는 경우

6. 「민사소송법」 제424조 제1항 제1호부터 제5호까지 규정된 사유가
   있는 경우

② 가압류 및 가처분에 관한 판결에 대하여는 상고이유에 관한 주장
이 제1항 제1호부터 제3호까지에 규정된 사유를 포함하지 아니한다
고 인정되는 경우 제1항의 예에 따른다.

③ 상고이유에 관한 주장이 제1항 각 호의 사유(가압류 및 가처분에
관한 판결의 경우에는 제1항 제1호부터 제3호까지에 규정된 사유)를
포함하는 경우에도 다음 각 호의 어느 하나에 해당할 때에는 제1항
의 예에 따른다.

1. 그 주장 자체로 보아 이유가 없는 때

2. 원심판결과 관계가 없거나 원심판결에 영향을 미치지 아니하는 때
[전문개정 2009.11.2.]

2) 원고 장씨 사건을 보면,

(가) 서울가정법원 1심 재판장은 "상속인들에게 각 각 1/4지분의 비
율로 공유하는 것으로 분할한다."라고 판결을 했다. 그러나 서울고법 강
민구 부장판사는 장 씨에게 "상속인들 각 600,685,862원 및 심판 확정
일 다음날부터 다 갚는 날까지 연 5%의 비율로 계산한 돈을 지급하라."
라고 판결을 하였다. 이에 장 씨는 상고를 하였으나 심불기각으로 2019.
1. 30. 자 확정되었다.

이러한 판결로 인해 형제들이 부동산에 강제경매신청을 한 결과 16
억원에 매각된 된 결과 형제들로부터 잔여채권에 대하여 장 씨 개인재
산마저도 강제집행을 당할 위기에 처하는 코미디가 연출되었다.

(나) 그러나 정산분할을 할 경우, 가사소송규칙 제93조(심판의 원칙 등)을 보면,

(1) 가정법원은 가정의 평화와 사회정의를 위하여 가장 합리적인 방법으로 청구의 목적이 된 법률관계를 조정할 수 있는 내용의 심판을 하여야 한다.

(2) 금전의 지급이나 물건의 인도, 기타 재산상의 의무이행을 구하는 청구에 대하여는 그 청구의 취지를 초과하여 의무의 이행을 명할 수 없다. 다만, 가정법원이 자의 복리를 위하여 양육에 관한 사항을 정하는 경우에는 그러하지 아니한다.

(3) 따라서, 『상속재산 분할방법은 상속재산의 종류 및 성격 상속인들의 의사, 상속인들 간의 관계, 상속재단의 이용관계, 상속인의 직업, 나이, 심신상태, 상속재산분할로 인한 분쟁 재발의 우려 등 여러 사정을 고려하여 법원이 후견적 재량에 의하여 결정할 수 있다(대법원 2014. 11. 25. 2012스 156 결정)』라고 한바와 같이 최소한 "합리성", "초과의무 이행불가"의 원칙은 지켜져야 했다. 그럼에도 불구하고 1심은 "공동상속인들은 법적 상속분은 각1/4지분이다."라고 인정하였음에도 불구하고 느닷없이 감정가액에 의해 현금으로 지급하라고 판결하므로 인해 장씨는 상속분은 존재할 수가 없게 되었으며, 심지어는 지연손해금마저 장씨가 지급하라는 판결로 같은 상속자들로부터 강제집행을 당하게 되었다.

(다) 그러나 〈민법1008조의2에서 정한 기여분 제도는 공동상속인 중에 피상속인을 특별히 부양하였거나 피상속인의 재산의 유지 또는 증가에 관하여 특별히 기여하였을 경우 이를 상속분 산정에 고려함으로써

공동상속인 사이의 실질적 공평을 도모하려는 것이므로, 기여분을 인정하기 위해서는 공동상속인 사이의 공평을 위하여 상속분을 조정하여야 할 필요가 있을 만큼 피상속인을 특별히 부양하였다거나 피상속인 재산의 유지 또는 증가에 특별히 기여하였다는 사실들이 인정되어야 한다.)고 했다.

(라) 기여분과 관련한 법원의 태도에 보면,

서울가정법원 2014느합30021호 상속재산분할 사건에서 6. 『청구인이 1980년 경 피상속인을 서울로 모셔와 자주 드나들며 보살피고 피상속인의 생활비 및 병원비도 보탠 반면 상대방들은 피상속인을 봉양하거나 금전적인 도움을 주지 못한 사실을 인정할 수 있는 바, 위 인정사실에 의하면 청구인은 피상속인의 재산의 유지 및 증가에 특별히 기여하였다고 봄이 상당하고, 상속재산의 가액, 그 기여방법과 정도 등 이 사건 심문에 나타난 여러 사정을 종합적으로 고려하여, 피상속인의 상속재산인 이 사건 부동산에 대한 청구인의 기여분을 100%로 정하기로 한다(서울가정법원 2014. 10. 16. 선고 2014느합30021호 심판 참조).』라고 판시하고 있다.

3) 주말과 휴일에 피상속인을 찾아와 생활을 돌본 사안에서도 기여분 50%로 인정하였고(서울가정법원 2014. 10. 15. 선고 2013느합30043 심판 참조), 피상속인을 모시고 살면서 제사를 지낸 것만으로도 기여분 40%로 인정하였다(서울가정법원 2014. 12. 12. 선고 2014느합162 심판 참조).

결국, 장 씨는 강민구부장판사의 엉터리 판결 때문에 25년 동안이 핑생 부모를 모신 기여분도 인정받지 못하였으며, 상속지분마저도 한 푼 받지 못하는 피해를 받았다.

바. 공소권 없음 처분에 (각하)의한 재심사유

재심사유에 보면,

"민사소송법 제451조 제1항 제6항 판결에 증거가 된 문서, 그 밖의 물건이 위조되거나 변조된 것인 때, 민사소송법 제 451조 제 2항의 1항 제4호 내지 제7호의 경우에는 처벌받을 행위에 대하여 유죄의 판결이나 과태료부과의 재판이 확정된 때, 또는 증거부족 외의 이유로 유죄의 확정판결이나 과태료부과 의 확정재판을 할 수 없을 때에만 재심의 소를 재기할 수 있다."라는 것을 이유로 이 사건은 피고들의 범죄사실을 입증하고자 했으나, 이미 공소시효가 도과 되어 수사를 할 수 없게 된 관계로 이 사건은 "과태료부과의 확정재판을 할 수 없을 때"에 해당이 되기 때문에 공소권 없음 처분을 받아 재심청구를 하는 것이다.

위 재심사유에 관하여 판례를 보면,

"재심원고는 허위 공문서작성의 피의자 사건을 들어 민사소송법에 의하여 판결에 증거된 문서 기타 물건이 위조나 변조된 것임을 재심사유로 삼고 있음으로 재심원고로서는 같은법 제2항에 따라 위 피의사건에 대한 검사의 불기소처분이 있었던 사실뿐만 아니라 공소시효가 완성되지 아니하였다면 그 피의자가 유죄의 확정판결을 받았을 것이라는 점 역시 증명해야 할 것이다(대법원 1989. 10. 24. 선고 88다카 29658 판결. 대법원 1990. 8. 14. 선고 89다카 판결 등 참조).

이러한 판례에 따라 필자는 박씨 사건을 단체에서 고발을 한 결과 공소권없음 처분을 받게 되자, 재심을 청구하였으며, 허위로 등기이전을 해준 법무사는 사무실마저 폐쇄하고 종적을 감추어 버려 문서가 송달되지 않아 공시송달을 했다.

그러나 재심원고는 법무사와 공모로 등기를 이전해간 처남을 증인으로 신청했으나, 박씨가 잘 난 척하고, 변호사까지 해임하고 나홀로 소송을 한 결과 재판부는 소용없는 은행거래조회만 채택해준 결과 정보공개 5년 경과로 반려회신만 받게 되어, 아무것도 건진 것이 없이 각하되고 말았다.

만약, 처남이 증인으로 채택만 되었다면 부동산 허위 매매계약서에 대해 누가 어디서 작성했는지 질문만 하면, 허위 매매계약서라는 것을 쉽게 입증이 가능했으며, 증언한 기록을 가지고 형사고소를 할 수 있기 때문에 이래저래 유리했다.

그러나 재심원고가 고령인 탓도 있고, 장기간 송사로 시달림하다 보니 불 신병에 걸려 변호사를 해임하고 나홀로 소송을 했으나, 소용없는 은행거래만 요구한 결과 은행거래 조회 5년이 경과되어 공개를 해줄 수 없다는 회신으로 재심원고는 아무것도 얻은 것이 없이 각하당하고 말았다.

제4부

억울한 사법피해자
구조활동 사례

이 억울함을 어쩌란 말이더냐?
- 억울한 이는 많고 구조는 한정되는 안타까움

1. 변호사도 아닌 나에게 명한(?) 사법피해자 구조

필자는 2001년 8월경 법무부 제1호로 민간단체 등록을 했다. 전국
공권력피해자연맹이었다. 필자의 직책은 대표 겸 구조단장이었다. 사법
피해자들이 뭉쳐 '시민운동법'으로 사법피해자 구조도 하고 법을 바로
세우는 운동을 하려는 목적이었다.

필자는 그 후 변호사도 아니고 법을 전공 하지도 않았음에도 사법피
해자 구조운동을 하고 있다. 성공한 사례도 많다.

구조운동을 통해 본 수많은 사건 중 사소한 사건으로 인생을 망치는
경우가 대부분이라 시민들에게 이러한 실수를 하지 않도록 책으로 홍보
하려고 했으나, 필자의 사건에 매여 책 발간이 늦어졌다.

▍조관순은 조남숙 구조단장의 별명이다. 유관순 열사를 잇는다는 의미다. 조 구조단장의 법정계란 투척 사건을 지지한다는 사법연대와 공구련의 성동구치소 앞에서의 기자회견 모습.

2. 노상 방뇨로 수천만 원 물어준 사건과 구조활동 오판

A씨는 구청 공무원으로 근무하던 중 가정불화로 이혼하게 되었다. 속 타는 마음을 달래려고 술을 먹다 보니 만취하면서 나이트클럽 주차 장에서 노상 방뇨를 하다가 지배인에게 들켰다.

지배인은 '왜 주차장에 노상 방뇨를 하냐'고 야단을 쳤다. 그러자 술에 취한 A씨는 순간적으로 격분하면서 폭행으로 비화하였다. 폭행을 당한 지배인은 그 즉시 응급실로 실려 갔다. 그는 다리에 골절이 생겼다면서 정형외과에 입원했다.

지배인은 A씨를 고소했으나 경찰은 죄가 안 된다고 무혐의처분을 하려고 했다. 그러자 지배인은 단체에 진정했다. 지배인은 다리에 깁스까지 한 상태에서 사무실을 방문했다. 필자는 지배인의 말이 사실인 줄 알고, A씨를 면담한 후 '치료 등 보상을 해주고 잘 마무리하라'고 조언했다.

A씨는 필자에게 하소연했다. "부인과 이혼을 하고 보니 속이 상해 술을 먹었다가 이런 사건이 벌어졌다. 폭행을 심하게 한 것 같지 않은데 다리가 부러졌다고 한다. 어찌해야 할지 모르겠다"며 울상이었다. 그러나 지배인은 진단서 등을 증거로 제출하면서 다리에 골절이 생겼다고 하니 적당히 돈을 주고 합의하라'고 권유할 수밖에 없었다. A씨는 할 수 없이 배상을 해주고 합의를 했다. 결국, 술에 취해 노상에 방뇨했다가 수천만 원을 배상해줘야만 했다.

하지만 그 후 지배인이 허위 진단서를 발급받아 돈을 편취할 목적으로 협박했다는 것을 알게 되었다. 당시에는 그러한 판단을 할 능력이 없어 한쪽 말만 듣고 구조운동을 잘못했다는 것을 알게 되었다. 20여 년에 가까운 구조활동 중의 대표적인 오판 사례이다.

3. 구청 공무원의 한인 출신 미군 폭행과 구조

한인 출신 미 육군 군인 D씨는 이태원 술집에서 술을 먹다가 옆에 있던 공무원 C씨와 말다툼을 하다가 언어맞는 사건이 발생했다. C씨가 얼마나 싸움을 잘하는지 그는 6개월 진단서를 끊어야 할 정도로 언어맞았다. 하지만 고소를 했으나 쌍방과실이라면서 각각 벌금 50만 원에 처했다.

이러한 결과를 가지고 D씨는 단체에 신고했다. 필자는 그를 구조하기 위해 서부지검에 검사장 면담을 요청하는 문서를 발송한 후 방문했다.

서부지검은 필자 일행(필자, D씨, 대표)을 부장검사실로 안내했다. 우리 일행은 부장검사와 면담을 하게 되었다.

부장검사는 첫 마디로 "단장이 쓴 모자가 아주 멋있습니다"라고 하면서 분위기를 띄우려고 노력했다. 필자는 "부장 검사님! 헛소리하지 마시고, 담당 검사 당장 불러오세요"라고 하면서 호통을 쳤다. 그러자 그는 "담당 검사가 휴가를 갔습니다"라고 말했다.

이에 필자는 어이가 없었지만, 피해자 구조를 우선할 수밖에 없어 협상 모드로 돌입했다. 다시 한 번 강하게 윽박질렀다. "당장 피고소인을 구속하세요. 세상에 아무리 유전무죄요, 무전유죄라고 해도 6개월 진단서가 있습니다. 걷지도 못합니다." 동행했던 D씨 또한 자신이 피해를 보았던 상황을 상세히 설명했다. 그러자 부장검사의 태도에 변화가 생겼다.

"제가 다시 잘 검토해서 재수사하라고 할 것이니 걱정하지 마세요."

우리 일행은 이러한 부장검사의 말을 믿고 돌아왔다. D씨는 잘되면 감사의 인사를 하기로 했으나 그 후 연락이 없었다. 하지만 지금까지 경험으로 미루어 봤을 때 연락이 없다는 것은 문제가 잘 해결되었기 때문이 아닌가 한다. 무소식이 희소식인 셈이다.

C씨는 공무원 생활을 하는 데 지장이 있을 것을 우려해 단체에 발설하지 않는 조건으로 합의를 보았을 가능성이 크다. 즉 D씨는 원만히 합의가 되었다고 해도 C씨가 공무원이라 우리 단체에 인사를 하고 싶어도 할 수 없었을 것이다. 그렇기에 일체의 연락을 끊은 게 아니냐며 필자는 행복한 상상의 나래를 펼친다.

4. 타인사건에 끼어든 죄로 감치되었다가 억울한 옥살이 피해자 구조

▌2007년 한나라당 당사 앞에서 집회를 가진 사법정의국민연대 회원들

　동대문구 국회의원이던 홍준표 전 의원을 탄핵하기 위해 필자는 2007년 11월 군사를 이끌고 한나라당 당사 앞에 자리를 깔고 투쟁을 했다. 한나라당 민원실장은 조합장이 자신의 엉덩이를 걷어찼다는 피해를 주장하면서 경찰서에 신고했다.

　바로 옆에서 지켜본 필자는 그 진실을 알고 있었다. 당시 조합장은 화가 나니까 발을 들어 걷어차는 행동을 했다. 이 과정에서 그 누구도 몸에 직접적인 상해를 입지 않았다. 그런데도 한나라당 민원실장은 헐리우드 액션을 펼쳤다. 그는 마치 발에 얻어맞은 듯한 액션을 취했다. 그런 후 경찰에 신고했다. 명백한 허위 신고였다. 그런데도 조합장은 기소되면서 재판을 받게 되었다.

이런 과정을 법정에서 피고인 대신 필자가 변론했다고 하여, 판사는 변호사도 아니면서 남 사건에 끼어든 죄로 일주일 감치를 했다. 감치 사건이고 보니 잡범 10여 명이 있는 넓은 방에 수감되었다. '제 버릇 개 못 준다'는 속담과 같이 '조 변호사'로 통하는 필자는 1주일 동안 감치된 시간에 같이 수감되어 있던 10명 사건 전부를 검토해 봤다.

그 가운데 한 사건은 가해자의 힘과 배경에 의해 억울하게 옥살이를 하고 있었다고 판단했다. 석방된 후 단체가 적극적으로 구조운동을 한 결과 1심에서 무죄를 받은 후 대법원까지 무죄로 확정됐다. 결국, 판사는 사법피해자들 구조에 앞장서고 있는 필자를 잡으려다 오히려 자신들의 치부만 들춰낸 격이 되었다.

5. 지역 유지 도박 판돈 2,000만 원 벌어주고 구속된 '꽁지 아줌마' 사례

판사: 김명섭 / 기소 검사: 황정임 / 공판 검사: 김수정 / 고소인: 조○○

공소장에 보면, 피고인은 당시 일정한 수입원이 없고 160여만 원 상당의 채무를 지고 있어 피해자 조 씨로부터 돈을 차용하더라도 이를 변제할 의사나 능력이 없음에도 불구하고 피해자에게 '돈이 급히 필요하니 돈을 빌려주면 며칠 안에 이를 변제하겠다'라고 거짓말하여, 이에 속은 피해자로부터 즉석에서 500만 원을…, 그 무렵 장소 불상지에서 500만 원, 다시 그 무렵 장소 불상지에서 300만 원을, 2005년 1월경 장소 불상지에서 500만 원을, 2005년 12월 5일경 장소 불상지에서 500만 원을 각 차용하여 합계 2,300만 원 상당을 편취하였다는 취지로 검찰이 기소하고 판사가 법정구속까지 하였다.

그러나 고소인은 고소장에서 피해 금액이 2,700만 원이라고 하였으면서도 경찰 진술에서는 2,380만 원이라고 하였다. 법정에서는 다시 2,000만 원을 차용해 주었다고 증언하는 등 피해 금액이 일관성이 없었다. 그런데도 검사나 판사는 돈을 차용한 피고인의 인감증명서가 첨부되고 인감도장이 찍힌 금 1,500만 원의 약속어음을 들면서 2,300만 원을 편취했다고 인정했다.

이 같은 판단과는 달리 피고인 한 씨는 억울함을 호소하고 있었다. 그는 돈을 차용한 사실이 없고, 고소인이 인감증명서와 인감도장을 갖다 달라고 하여 그의 사무실에 맡겨둔 사실이 있다고 했다. 고소인은 자신 모르게 인감증명서를 가지고 공증을 한 것이라고 주장했다.

실제 단체가 확인을 해보니 1,500만 원짜리 약속어음을 작성한 자는 다름 아닌 고소인과 친분이 있었던 세차장 아저씨였다 그를 증인으로 신청하게 했고, 증언에 나선 세차장 아저씨는 '대리하여 대필하였다'고 증언했다. 하지만 약속어음의 필적과 증인신문 선서에 서명된 필적은 육안으로 봐도 전혀 달랐다.

그런데도 한 씨는 법정구속이 되었다. 그는 범죄전과도 없었다. 피해 금액은 물론이고 범행 과정 등을 살펴볼 때 구속까지 한 것은 상식적으로 이해하기 어려웠다. 다만 추론하건대 한 씨가 재산이 구속이 되어야 이를 면하기 위해 가족들이 합의금을 가지고 합의하고자 하기 때문에 구속한 것 같다.

이 같은 이유 때문에 검사와 판사는 피해 금액이나 피해 진술이 엇갈

림에도 지역 유지였던 조 씨를 위해 무리하게 기소를 한 후 구속까지 한 게 아닌가 싶다.

고소인은 소위 '꽁짓돈'을 대주면서 한 씨가 주부들을 끌어모아 놀음을 하도록 했다. 또 고소인은 이런 돈을 통해 이익을 취했음에도 불구하고 검사와 판사는 한 씨를 2천만 원 사건도 법정구속까지 했다. 판·검사의 양심 수준이 어느 정도인지를 너무나 잘 보여 준 사건이었다.

6. 무고죄로 구속된 전직 경찰관 구조 사례

서울서부지방법원 2005고단0000 무고, 사문서위조, 변조사문서행사
피해자: 최용일(前 경찰관) / 기소 검사: 고진원 / 구속한 판사: 허명욱

전직 경찰관 출신이 구속되었다가 보석으로 출소한 후 단체에 구조요청을 했다. 그는 사기를 당해 고소를 했는데 도리어 무고죄로 구속되었다고 했다. 상대방인 A씨는 전과가 40건이 넘어 최 씨가 고소한 사건이 기소되면 무조건 5년은 구치소에서 살아야 한다고 했다. 그런 이유로 오히려 자신이 기소된 것이라면서 억울함을 호소했다.

A씨는 임대아파트 공사업자였다. 그는 최용일 씨에게 함바 식당을 운영하도록 해주겠다고 말했다. 이 때문에 최 씨는 2회에 걸쳐 7,000만 원을 대어해 주었다. 차용증서뿐만 아니라 공증까지 받은 문서에 함바 계약서도 있었다. 하지만 검사나 판사는 A씨에게 돈을 준 증거가 없다는

이유로 법정구속이 되었다.

최 씨는 지방에 있는 부동산을 매각하면서 수표로 받은 5,000만 원을 목포 농협에 입금한 후 다시 현금으로 인출해 집에 보관하고 있다가 현금으로 A씨에게 3,500만 원을 지급하였다고 주장했다.

그렇다면 부동산을 매수한 사람이 발행한 수표조회만 하면 최 씨에게 돈이 있었다는 사실을 입증할 수 있었다. 그런데도 검사는 수표조회를 하지 않았다. 도리어 최 씨를 상대로 거짓말 탐지기 수사를 한 후 무고죄로 기소했다.

하지만 항소심에서 판결이 바뀌었다. 필자가 최 씨에게 수표조회를 신청하라고 조언하는 한편 공정한 판결을 촉구하는 집회를 법원 앞에서 했기 때문이 아닌가 한다. 부정한 판·검사들이 사기꾼인 가해자 A씨를 위해 오히려 피해자에게 무고죄를 뒤집어씌워 옥살이를 시켰다고 의심되는 사례였다.

무죄로 마무리된 후 최 씨는 1심에서 유죄라고 판단한 판·검사를 상대로 손해배상 소송을 하고 싶다고 했다. 하지만 2008년 당시에는 필자에게 그럴만한 실력이 없어 국가배상 청구까지는 구조하지 못했다. 아쉬움이 남는 사건이었다.

▌사법정의국민연대 조남숙 단장이 한 사기사건의 문제점을 말하고 있다.

7. 사건은 넘쳐나고 할 수 있는 일은 한계가 있어

법과 양심에 따라 수사하고 판결해야만 하는 판·검사들이 문제다. 그들만의 세계에서 정의는 눈 감은 채 한 손은 돈을 움켜쥐고 또 한 손은 청탁을 받아들였다. 그것이 수면 위로 올라온 것이 양승태 대법원장 시절의 사법 농단이다.

알려지지 않고 있는 수많은 억울한 사건들이 얼마나 많을지를 생각하면 가슴이 답답해 온다. 20여 년 동안 사법개혁운동을 하는 필자 역시 관련된 사건이 있음에도 내 머리도 못 깎고 있다. 필자는 오늘도 하늘을 보고 한숨만 쉰다.

'파도야 나더러 어쩌란 말이더냐? 국민의 재산과 인권을 보호해야만 할 판·검사들이, 정의를 지켜내야만 할 판·검사들이 도둑놈으로 변신해 있으니 말이다. 힘두 빽도 없는 내가 어찌 그들을 응징하고 사법개혁을 하겠는가! 파도여 나더러 어쩌란 말이더냐?'

부실변론한 검사장 출신 변호사에게
폭행 당하고 배상받다

2004년 경이었다. 사법피해자 출신의 시민운동가인 필자는 건축주 A씨의 진정을 받고 비양심 변호사를 잡기 위해 이 시대 독립군들을 이끌고 천안지청 앞에 있는 검사장 출신 변호사가 운영하는 공증인가 사무실에 항의 방문하게 되었다.

사건은 개척교회를 외상으로 건축해 준 후 벌어졌다.

목사가 건축비용을 주지 않을 목적으로 A씨를 사기죄로 고소했다. 그는 재판을 받던 중에 검사장 출신 B변호사를 선임하였으며, 관련된 사건 모두를 B변호사에게 선임하고 대응했으나 B변호사의 부실변론으로 구속되어 1년간의 옥살이를 해야만 했다. 출소 후 그는 B 변호사에게 미리 준 성공사례비 500만 원이라도 되돌려 받기 위해 단체에 진정했다.

진상조사 결과 B변호사의 부실변론으로 옥살이도 하고 이런저런 사건 모두 패소한 것으로 판단되었으나, 변호사 과실 입증은 법적 다툼으로 판결받기 전에는 어려워 보였다. 그래서 성공사례비로 준 돈이나 반환받게 해줄 목적으로 변호사 사무실로 면담을 갔고, 변호사 사무실에서 그 변호사와 미팅을 하게 되었다.

B변호사는 우리 일행 6명을 응접실에 앉게 한 후 사건에 대한 진상확인 작업을 하던 중이었다. 이때 젊은 변호사가 갑자기 술 취해 나타나서 우리 일행에게 주먹을 휘두르기 시작했다. 필자 얼굴에도 변호사 주먹이 네 번이나 날아왔다.

이에 놀란 일행 모두가 변호사에게 달려들어 항의하기 시작했고, 그 즉시 112신고를 한 결과 경찰이 변호사 사무실에 도착했다. 경찰은 양쪽 다 경찰서에 가야 한다고 해서 필자와 술 취한 변호사 우선 둘만 경찰 순찰차를 타고 천안경찰서로 갔다.

수사관은 "단장님 변호사에게 몇 번 맞았습니까?"라고 물었다. 이에 "아마 6회 정도 일방적으로 내 얼굴을 때렸습니다."라고 진술을 했다. 같이 갔던 일행이 목격자 진술도 했다.

경찰서를 나서면서 이 시대 독립군이라고 자칭하던 군사들은 검사장 출신 변호사를 잡으러 갔다가 몰매를 맞고 조사까지 받고 오다 보니 허망했다. 힘도 없는 군사들을 이끌고 검사장을 잡으러 간 내가 바보라면서 착잡한 마음으로 상경했다.

사무실에 도착한 임원진들도 검사장 출신 변호사가 무서워서 고소한 것도 취하하자고 제안한 사람들도 있었다. 그러나 필자만 올인하기로 하면서 수사 결과를 기다리던 중에 B 변호사 사무장이 연락이 왔다. 합의를 보자는 제안이었다.

"변호사가 단장님 얼굴을 두 번 때렸으니, 한번 맞는데 200만 원 벌금으로 하고 두 번 맞았으니 400만 원에 합의합시다"라고 말했다. 이에 필자가 "분명 6번 맞았다고 진술했는데 무슨 말이냐"라고 하자, 사무장 왈 "어휴 단장님도 현장에 있던 목격자 연구소장은 두 번밖에 안 맞았다고 진술했습니다."라는 것이 아닌가.

'어휴 세상에… 손발이 맞아야 도둑질도 해 먹지'라고 속으로 한숨을 쉰 후, 제안대로 술 취한 변호사 한테 졸지에 얻어 맞고 400만 원 벌었으니 텅텅 빈 단체 곳간에 곡식을 채울 수 있었다.

이때부터 이 시대 독립군들에게 무조건 먼저 맞고 쓰러지라고 가르치기 시작했다. 또 맞아야 돈도 벌고 가해자 나쁜 놈들도 잡을 수 있다는 것을 교훈으로 새겼다.

훗날 피해자는 성공보수금을 반환받았다는 사실과 필자를 폭행한 초짜 변호사는 미국으로 유학을 갔다는 소식을 전해 들었다.

소송사기꾼들에게 뺏긴 주차장 되찾고 후원받다

1995년경 재건축 바람이 불고 있을 때였다. 1995.2.2. 지 씨와 정 씨는 마치 집합건물인 상가의 전체 관리자 대표인 양 한국안전관리공사에 전기시설에 대한 정기검사를 신청했다.

이후 정기검사에서 통상 지적되는 누전이 검침 되었다는 이유로 1995.5.24. 정 씨는 전기공업사 대표 박 씨와 전기시설 보수공사 대금 1억3천만 원에 계약한 뒤, 단전에 대한 사전 예고도 없이 상가 전체 전기를 단전시켰다.

이에 상인들이 집단 항의하는 소동이 벌어졌으나 폭력배를 동원하여 가로막고 정 씨는 항의하는 상인들 32명을 공사방해죄, 건축물관리법 위반 등으로 고소하자 검찰에서는 상인들 3명을 구속해 버리는 어이없는 사태가 벌어졌다.

이 같은 사태에 겁먹은 구분 소유자들은 오히려 조직폭력배에게 대항하지도 못하게 되었다. 상가 내부시설물은 폭력배에 의해 철저히 파괴되었으며 주차장도 전혀 권한 없는 사람들이 점유하여 유료주차장으로 제멋대로 사용하면서 이익을 챙겼다. 이렇게 5년 동안 소유자들이 자기

재산권을 행사하지 못하는 무법천지가 되어 버렸다. 무죄로 풀려난 상인들은 5년 동안 법적 공방을 벌이는 동안 정 씨는 번영회장 지위는 당연히 무효로 판결되고 따라서 지 씨의 힘도 크게 약화되었다.

사기꾼들은 상가 주차장을 강탈한 주차장 수입만도 월 2,000만 원씩 되다 보니 이 금원으로 공권력에 청탁하고, 공권력은 사기꾼들 편에서 편파수사를 하였다. 구분 소유자들은 사기꾼들과의 전쟁에서 밀릴 수밖에 없었다.

필자는 번영회 사무실에 단체 강북지부사무실로 운영하도록 하면서 임원진을 상주하도록 했다. 그런 와중에 사기꾼들은 사법연대 도움을 받지 못하게 할 목적으로 사무실에 있던 소파를 상가번영회 회장 2명이 절도해 갔다는 이유로 고소했다. 그러자 검찰은 낡아 빠진 사무실 소파를 절도해 갔다는 단순한 사건에 대해 75세 고령의 노인 두 분을 아침부터 저녁 9시까지 조사하는 일이 벌어졌다. 가족들은 할아버지들이 또다시 구속될까, 겁이 나서 필자에게 긴급히 구조요청을 해왔다.

필자는 정의감이 투철하고 달변가인 김인선 인권위원장과 소주 한 병을 마시고 서울지검에 들어갔다. 2001년도만 해도 검찰청에 신분 확인만 하면 쉽게 출입할 수 있던 시절이었다. 일행은 노인들이 조사를 받는 5층으로 올라갔다. 5층에 내리자마자 필자는 소주를 마신 용기로 검사가 들으라고 일부러 큰소리로 호통을 치면서 검사실로 향했다.

"어떤 놈이 소파 훔친 사건으로 밤새 조사냐! 이런 소파 훔친 사건도 조사를 못 해 하루 종일 조사냐!"라고 호통을 치면서 검사실로 향했다.

그러나 검사실 앞에서는 태도를 바꿨다. 필자의 일행 3명은 검사를 향해 정중하게 인사를 했다. 검사는 내 목소리를 듣고 어이가 없었는지 "당신들 누구야!"라고 소리쳤다. 필자는 "아, 예 저는 조사를 받는 할아버지 가족들이 부당하게 수사를 받고 있다면서 도움을 청해 긴급히 달려왔습니다"라고 말했다. 검사는 "당신이 무슨 자격으로 여기 왔어"라면서 화난 얼굴로 더 큰소리로 말했다.

"예 검사님 저는 사법피해자를 구조하는 구조단장입니다. 검사님 생각해서 말씀드리겠는데… 지금 할아버지들이 검사님 책상 앞에서 졸고 있는데… 할아버지들이 졸다가 쓰러지면 어찌 되시는지 알고 계시죠. 검사님 알아서 하십시오. 저는 내일 기자들 데리고 다시 오겠습니다."라고 말을 마치고 나는 유유히 검사실에서 나왔다. 그런 후 10분도 안 되어서 연락이 왔다. 할아버지들이 지금 아래층으로 내려가고 있다고...

이때 소주를 먹기 시작한 것이 버릇이 되었다. 지금도 공권력과 붙어야 할 사건들은 소주를 준비해 남몰래 마신다. 그리고 소리를 지르기도 하고, 애교성 있게 판·검사를 설득하기도 한다. 이날의 전쟁은 소주 한 병 마시고 검사에게 공갈·협박을 한 결과 무혐의처분을 받아내는 데 성공했다.

이런 전투가 있고 난 뒤 상가번영회 회장단들은 단체에 주차장 운영권을 위임하고 6개월 동안 수익금을 후원해 주기로 했다. 후원받은 필자는 번영회 회장 및 임원진이 보는 앞에서 당당하게 주차장 관리실 문을 부수고 들어가 점유한 후 주차장 관리를 시작했다. 번영회 임원진들은 자신들이 주차장 문을 부수고 들어가면 구속이 되는 줄 알고 무서워 그러한 행동을 하지 못하고 있었기 때문이다. 할 수 없이 필자는 자물쇠를 여는 기술자에게 문을 열게 한 후 주차장을 단체에서 관리하기 시작했다. 그 후 3개월 만에 다시 번영회에 반환해 주었다.

결국, 청한상가는 주차장을 운영함으로써 9년 만에 월 2,000만 원씩 수입이 발생하는 계기가 되었다. 이 수입금으로 청한상가를 원상회복시키는 데 큰 힘이 되었다.

청한상가가 원상대로 회복되어가자 4층 소유자는 10억 원에도 팔리지 않던 상가를 25억 원이라는 금액에 매도하게 되었다. 구분 소유자들 역시 부동산 상승으로 인해 기나긴 무법천지에서 빠져나올 수 있게 되었다.

시기꾼들이 고의로 전기를 단전시킴으로써 상인들이 영업할 수 없게 만들면 상가는 자동으로 폐허가 되고, 또 상인들은 빚에 쪼들려 경매로 내놓을 수밖에 없다. 사기꾼들은 분양했던 상가를 다시 헐값에 다시 매수할 목적이었다.

이러한 목적으로 조직폭력배를 대동하여 상인들을 강제로 내쫓았던 것이며, 사건은 당연히 법적 공방으로 비화하였다. 공권력은 돈만 갖다 주면 무죄가 되고, 돈 안 주는 사람은 죄인이 되기 때문에 도리어 4층 소유자가 구속되는 경우가 발생했다. 돈이 없었던 영세 상인들은 장기간 장사를 할 수 없게 되자, 사기꾼들의 목적대로 경매로 넘어가는 사례가 속출했다.

그러나 사기꾼들은 경매로 넘어온 점포를 헐값에 매수하였고, 이를 알게 된 4층 소유자는 단체 변호사를 선임하여 민·형사 소송을 제기해

승소하게 되었다. 사법연대 또한 현장에서 사기꾼들과 몸과 말싸움으로
6개월 동안 구조를 한 결과 그나마 법적 전쟁을 종식하는 데 큰 도움이
되었던 성공사례였다.

"공권력 피해 근절시킬 것"

공권력피해구조연맹 · 사법정의국민연대 조관순 집행위원장

"사기 치는 법, 사기 당하는 법" 사례모음집 발간

공권력피해구조연맹, 사법정의국민연대(집행위원장 조관순)는 지난 1월23일 혜화동 '홍사단 본부'에서 출판기념회 및 비리 공권력 고발 기자회견을 열어 '사기치는 법, 사기 당하는 법' 이라는 제목의 사례모음집을 발간했다.

공권력피해구조연맹과 사법정의국민연대는 지난 1995년 창립된 이래 '법질서 바로 세우기' 운동과 '공권력 피해자 구조' 라는 험난하지만 정의의 길을 걷고자 노력해 왔다.

또한 지난 2004년에는 '재판이나 개판이냐, 짜고 치는 재판 청산을 위하여' 라는 '변호사 피해 사례집' 을 발간하여 시민들로부터 많은 호응을 얻기도 하였다.

이에 조관순 집행위원장은 "이러한 시민들의 부응에 힘입어, 부정부패 척결을 위한 노력의 일환으로 '사기치는 법, 사기 당하는 법' 이라는 사례 모음집을 발간하게 되었다'고 밝혔다. 조 위원장은 이어 "법의 이름으로 활개 치는 사기꾼들의 전형적인 형태를 부각시킴으로서 재산 강탈과 인권 유린을 밥먹듯 하는 소송 사기꾼들을 근절시킬 것이다' 라고 각오를 피력했다.

제5부

사피자 구조 활동과
시련의 발자취

멀쩡한 사람 '관순 누나'로 재탄생하다
- 검찰의 절대반지, 법원의 절대반지, 국민의 절대반지 -

1. 이 시대 관순 누나를 잡아라!

공권력은 이 시대 '관순 누나'가 그리도 밉나? 30만 원짜리 고소사건에 무고죄 벌금은 500만원 이라니....고소하면 대부분 무혐의처분을 하는데, 도리어 무고죄로 기소해 500만원의 벌금이라는 화려한 별을 나의 어깨에 달아주었다.

아무리 대한민국 법이 고무줄 법이라고 하지만, 최소한 그것도 비리판, 검사 잡는 자칭 '이 시대 관순 누나'라고 외치는 '밥주걱 줌마'를 상대로, 그것도 2005년에도 금 450만 원짜리 사건에 10개월 실형을 살게 한 것도 부족해 다시금 그들은 계속하여 나를 그 섬에 가라고 강요하고 있다.

이런 것을 보고 고무줄 형량이라고 하지만, 누구는 정문으로 들어갔다가 뒷간으로 나오고, 돈 없는 자는 정문으로 들어갔다가 죽어서 나오

고. 힘(권력) 있는 분들은 무슨 세탁을 그렇게도 잘하는지······ 세탁소 전문과 학과를 신설해도 최고 인기학과가 될 것 같다. 아니면 내가 3개월 초고속 돈 세탁, 재산세탁, 학력세탁, 범죄세탁 하는 단기 '종합세탁학원' 운동본부를 만들어볼까도 싶다. 교수진들도 전직 판, 검사 출신들을 강사로 나선다고 홍보한다면 구름떼 같이 몰려 올 것만 같다.

머리도 깎았으니 이번 기회에 선무당으로 개업을 해서 錢이나 챙겨볼까 싶다. 얼마 전까지 만해도 필자는 국회사개특위가 진실로 비리 판, 검사들을 잡는 특수청을 신설하고 사법개혁을 하리라는 생각에, 비리 판, 검사를 응징할 '국민특별재판제도'를 신설해야 된다고 외쳐 왔었다.

그 누구보다도 국회사개특위가 필자의 꿈을 이뤄줄 것을 희망했고, "잘 하면 이 시대가 필자를 정말 유관순으로 만들어 주려나 보다"라는 욕심과 희망에 있는 돈, 남은 빵 모두 다 털어 힘을 보탰으나 또 다시 물건너감으로서 결국 필자만 사개특위 의원들의 정략적 권모술수에 놀아난 게 되었다.

필자는 2000. 4. 경 비리 판, 검사를 국민이 재판하는 국민특별재판부를 신설해야만 된다고 외쳤었다. 또한 당시 서울대 20회 법대생들에게 그 당위성을 최대한 압박하고 호소한 결과 '사법피해사례집'을 발간하도록 하는 데 성공했으니 그야말로 어머니와 아들 간의 사랑이라는 관계를 활용했던 기교 때문에 성공할 수 있었다.

그리고 필자는 기억 못하지만 사피자들의 억울한 사연을 발간해준 그들은 지금의 법조인이 되어 나를 멀리서 지켜보고 있을 것 같기도 한다. 그것도 서울대 출신들이 주름잡고 있는 사법부 현 풍토에서 그들 역시 서울대 출신이라는 이유로 지금은 주역이 되어 필자를 지켜보고 있을 것이 틀림이 없다.

당장 먹을 빵이 없어 전전긍긍하는 필자를 지켜보는 사람은 많으나, 장장 15년 동안 그것도 칼을 쥔 비리 공권력을 타파하는 운동을 하고 있다고 홍보해도, 순수한 회비나 후원해 주는 사람은 단 5명도 안 된다. 그런 이기적인 무시와 외면을 감수하고서도 어쩔 수 없이 골리앗을 잡기 위해 그 모든 수모를 감수하면서 여기까지 와야만 했다. 아니 책임져야 할 자식들 때문에, 병든 남편을 제대로 내조하지 못한 내 탓에 회개하는 마음으로 사죄하는 마음으로 호랑이한테 물려가도 정신만 차리면 산다는 옛말을 따라서 살았다.

　정신을 차려서, 악착같이 살면서 또 악착같이 부정한 인사들의 비리를 파헤칠 응징할 힘도 키우면서 스스로에게 최면을 걸면서 살아온 날들이 어느새 15년이라는 세월이 흘렀다.

　그 덕에 최고 일류급 귀족들의 집안을 뒤져서 먹고 사는 최첨단 직업을 갖게 되었고, 필자의 안방은 만물장사의 안방이다. 사무실 한구석에 있는 작은 방이 필자의 방이다. 한쪽에는 유화그림이 있고, 옷장 밑에는 신발가게가 있다. 한쪽에는 옷들이 겹겹이 널려 있는 옷 가게가 있고, 이어 모자 코너가 있다. 그리고 화장품가게가 책상위에 가지런히 널려 있다. 여기에 더해 비리 공권력을 척결할 무기를 만드는 문서 정리함이 있다. 이것이 나의 방이다. 아니 만물장사 방인 것이다. 전직 대법관 때문에 주기용 사무실마저 명도당해, 한쪽 사무실을 가리고 나의 안방으로 사용하고 있으니 말이다.

방물장사를 만물장사라고 한다. 필자가 팔아야 할 물건들은 갖가지 물건들이 있다. 오늘도 물건을 팔려 다닌다. 어제는 교통사고 물건을, 내일은 해고당한 물건 등을 팔려 다니고 있는 팔자이다. 방물장사의 지출은 만만치 않다. 한 달 사무실 임대료로 지출해야 되는 것만도 100만원이고, 그 외로 지출해야 되는 잡비를 더하면 최소한 200만원은 방물장사를 통해 벌어 들여야 한 달을 살 수가 있다. 그러한 비용에 대한 수입을 올리기 위해, 사이버 마당에도 맞불을 놓아야 장사가 되기 때문에 동영상도 손수제작하고 내손으로 비리 판, 검사들을 폭로하고 있다.

2. 검, 판사가 이 시대 관순 누나를 잡는 법 (1차 전쟁)

관순 누나의 적이자 공공의 적인 골리앗 '연세대'는 교목실장을 앞세워 1998. 2. 20. 승소한 결정문을 뒤집고 필자의 손으로 소 취하를 하게 만들었다. 하지만 필자가 연세대의 감언이설에 사기를 당했다는 사실을 알고 또 다시 소장을 접수한 결과 서부지원에서는 1999. 2. 28. 선고 기일이 지정 되었다.

그런 와중에 연세대는 필자가 활동하고 있는 부정부패추방시민연합(이하 부추련) 명의로 대대적인 시위를 할 것을 유려해, 전공련의 공동 대표 모씨와 같은 아파트에 살면서 각별한 사이였던 강 부총장은 모씨에게 청탁했고, 모씨는 98년 11월부터 필자를 모함하기 시작한 결과 1999. 2. 28. 골리앗 연세대와의 전쟁 결과가 선포되던 날, 필자는 긴급 총회를 하고 있었다.

결국 긴급총회를 통해 전공련은 부추련에서 탈퇴하고, 사무실 보증금 명목으로 차용한 400만원은 보증금으로 윤씨에게 반환해주고, 송씨로부터 받은 30만원도 반환해 주고, 사무실은 이전하기로 했다. 그럼에도 모씨는 재벌2세요. 전 교수였던 대표가 사무실 보증금을 후원해야만 했는데도 불구하고 한 푼도 후원은 없이 단체 대표로 잘난 척만 하던 모씨는 필자를 변호사법 위반으로 고소를 했으니 서대문경찰서에서는 무혐의처분을 했다.

비정상적 인격소유자였던 모씨는 검찰을 개혁해야 된다는 김대중 대통령에게 필자를 다시 고발하자, 검사는 사무실 보증금으로 차용한 400만원과 사기 변론한 변호사한테 착수금 600만원을 반환받도록 도움을 준 감사표시로 200만원을 후원한 것조차 변호사법위반이라는 이유로 기소했다. 기소뿐인가! 검사는 구속영장까지 신청해 서초경찰서 유치장에 구속되기도 했으나, 구속적부심사에서 풀려났다.

사건인즉, 회원 송씨는 연 회비 10만 원과 현장출장비로 20만 원을 입금했고, 이후 3천만 원짜리 소송에서 승소할 수 있게끔 도움을 주었으나, 송씨는 승소에도 불구하고 후원금을 주지 않기 위해 모 대표가 회유하자 필자를 무고했다. 또 윤씨 회원은 십억 이상의 상속 소송에서 대법원에서까지 부당하게 패소하자 단체 가입을 했으며, 윤씨는 연구소장 친구여동생이라 사무실 보증금을 위해 400만 원을 대여해 줬다.

윤씨 사건은 서자가 19년 만에 부친이 서자한테 부동산을 증여를 했다면서 윤씨 가족들 상대로 부동산소유권이전 소송을 해왔다. 그러나 1

심에서 윤씨가 승소했으나, 사건을 담당했던 의정부법원 주사 이상종은 패소한 원고 서자에게 접근해 서울고법 부장판사로 막 옷을 벗은 김학대 변호사를 소개했고, 김학대 변호사는 이상종 법원 계장으로부터 소개받은 사건을 수임했다. 그리고 패소한 사건이 서울고법에서 승소했고 대법원까지 승소로 확정되었다.

필자는 겁도 없이 감시단원 2명을 사전 교육을 시킨 뒤 녹음기를 소지한 채 서울지법 민사집행부에 근무하던 이상종 주사에게 접근해 '원고 서자 윤씨가 소개해줘서 왔는데, 나도 변호사 좀 소개해 달라'고 했다. 이상종 주사는 필자의 유도신문에 말려든 결과 사실대로 '윤씨 사건은 김 변호사에게 선임해준 사실이 있다'고 답변했다. 이러한 증거를 가지고 대법원장, 각 법원장들에게 공문을 발송하고 보니 법원은 필자의 입을 막아야만 했다.

이러한 활약으로 결국 공권력은 사무실 보증금을 위해 400만 원과 변호사에게 돌려받은 착수금 중 200만 원 후원한 후원금, 송씨 30만 원을 포함 한 총 630만 원도 사건을 해결해 준다는 명목으로 차용한 것이라고 하면서 변호사법위반이라고 집행유예 2년을 선고했다.

3. MBC방속국과 오마이뉴스가 관순 누나 잡는 법 &
경찰수사권 독립으로 관순 누나가 옥살이 하는 법 (2차 전쟁)

필자가 사법피해자 구조운동을 해본 결과 변호사가 의뢰인을 져버리고 사기 변론한 피해가 가장 많다는 것을 알고, 그러한 피해만 모아 2004. 7. 17. 제헌절에 즈음해, 남편 퇴직금까지 털어 〈개판이냐, 재판이냐 짜고 치는 재판청산을 위하여〉라는 제목으로 책을 발간하자, 매일같이 필자가 소개한 변호사 피해 사건이 약 3개월 동안이나 각 언론사들에게 불티나게 팔려나갔다.

그러나 그런 기쁨도 잠시 뿐, 정치학 박사출신 2명을 사개련 협동사무총장으로 임명한 결과 2개월도 아니 되어 피해 7명을 동원해 수십 차례 집단폭행과 업무방해를 당했으나 경찰은 나 몰라라 했다.

이러한 난동으로 긴급총회를 한 결과 경찰수사권독립은 반대하던 방희선 변호사와 김씨 변호사와 경찰수사권을 주장하던 문씨, 신씨 교수 등과 두 패로 나누어 싸움을 하다가 마침내 5명의 회원들은 방희선 변호사 사무실까지 찾아가 난동을 부린 죄로 업무방해 및 명예훼손으로 처벌받았다.

위 반역자들은 필자를 몰아내고 단체를 정치적으로 이용할 목적으로 MBC에 허위제보를 했으며, MBC 박영회기자는 사실 확인도 없이 2004. 10. 8. 저녁 9시 뉴스시간에 "돈 받고 대리 시위"라는 제목으로 허위 보도를 하자, 위 반역자들은 MBC허위보도 기사를 가지고 각 단체와 각 언론사에 허위 사실을 유포했다. 문 씨는 자신이 허위로 작성한 기사를 가지고 오마이뉴스 신문에 보도를 했으며, 오마이뉴스 기자 신종철 역시 필자에게 사실확인도 없이 문씨 말만 믿고 허위보도를 했다.

그러나 수사한 결과 내 돈 주고 구조해준 것밖에 없음에도 불구하고, 구속을 하고보니 다시 석방할 수도 없고 보니 유죄도 무죄도 아닌 허위 판결을 했다.

3. 관순 누나가 MBC문화방송국을 잡는 법

필자는 2005.11. 석방된 후 명예를 회복하고자 언론중재위원회에 MBC문화방송국의 허위보도에 대해 진정한 결과 언론중재위는 "허위보도한 것이 맞다"면서 추후정정 보도를 하라고 했다. 그러나 MBC는 추후정정보도한 사실이 없는데도 불구하고 보도했다고 허위 주장을 해서 묵인하고 말았다.

언론중재위 결정문을 가지고, 허위 보도한 20개 언론사 상대로 정정보도 소송을 했으며, 보도 내용을 보면,

"억울한 법조피해자 등친 간부 구속,

법조피해자 사건 해결해 준다는 명목으로 편취한 시민단체 간부 구속,

민원해결 미끼로 돈 챙긴 시민단체 간부 구속,

돈 받고 시위한 시민단체 간부 구속"

등으로 허위 보도했으나, 재판부는 언론중재위 결정은 무시하고 유죄 받은 판결문 때문에 허위보도가 아니라고 기각판결을 했다. 그러나 필자는 변호사법을 위반했다는 것이지, 피해자들을 등친 사건도 피해를 준 것도 없다는 판결이므로 위 기사들은 모두 허위보도를 한 것이 된다. 결국 사건은 패소했어도 허위 보도한 기사들을 언론사들이 자진 삭제하도록 하는데는 성공했으나 3년의 세월을 보내야 했고, 가정은 무너졌다.

언론중재위원회

서울 제 4 중재부
조 정 화 해 조 서

2006 년 월 일
조정화해조서정본송달방송

사 건 번 호 2006서울조정463
청 구 명 추후청구
신 청 인 조남숙

서울 영등포구 여의도동 31
대표이사 최 문 순

조 정 화 해 조 항

신청인과 피신청인은 2006서울조정463(추후청구)사건과 관련하여 다음과 같이 합의한다.

다 음

1. 보도문
가 제 목 : 추후보도문
나 내 용 : 본 방송은 2005년 1월 9일 「돈 받고 시위」 시민단체 간부 구속'제목으로 "조씨는 자신이 시민단체에서 일하고 있다는 점을 이용해 돈을 받고 그 대가로 경찰청과 변호사 사무실 앞 등에서 피켓시위를 비롯한 실력행사를 대신해 준 사실도 드러났습니다."라고 보도한 바 있는데, 조씨에 대한 재판 결과 조씨가 돈을 받고 피켓 시위를 한 사실은 인정되나 시위가 변호사법에서 금지하는 법률사무에 포함되지 않는다는 이유로 무죄확정판결을 받았음을 알려드립니다.

언론사 사건 내역서

남부지원
1. 사건 2010 가합 20571 피고 SBS방송국
2.   2010가합 17827 피고 문화방송국 엄기형, 박혜진
3.   2010가합 1242 피고 문화방송국 엄기형, 김영희,
4.   2009머 7450 피고 메일리안
5.   2010가합 1235 피고 KBS-1대표이사 이병순, 기자
6.   2010가합 13962 피고 KBS-2대표이사 이병순, 앵커 지승현

서울중앙
1. 2010가합 142349 피고 조선일보대표이사 방상훈, 기자 최경운
2. 2010가합 16125 피고 한국일보사 대표이사 이종승, 기자 김영하
3.   15684 피고연합뉴스 대표이사
4. 2009가합 142356 피고 와이틴 엔 대표이사 백석규, 기자 신 호
5. 2010가합 12666 피고 중아일보 대표이사 송필호, 기자 조강수
6. 2010가합 16095 피고 매일경제신문사대표이사장대환, 기자 민석기
7. 2009가합 139121 피고 동아일보 대표이사 김학준, 기자 이상록

서부지원
1. 2010 가합 8730 피고 문화일보
2. 2010 가합 8693 피고 오마이 뉴스, 신종철
3. 2010 가합 8723 피고 문성호, 오마이뉴스
4. 2010 가합 8716 피고 오마이뉴스
5. 2010 가합 8686 피고 로이슈
6. 2010 가합 8709 피고 한겨레

행정: 1. 2010가합 48351 피고 법률신문사
2. 2010가합 54188 피고 연합뉴스
3. 2010가합 54172 피고 노컷뉴스
4. 2010가합 54172 피고 뉴 시스
5. 2010가합 56901 피고 아시아경제신문사

4. 은혜를 웬수로 갚는 가해자 고소했다가 무고로 엮이는 법(3차 전쟁)

송남옥에 대한 위증 및 무고죄 수사관 : 강서경찰서 사법경찰관 김정섭
조남숙을 무고죄로 기소한 수사관 : 종로경찰서 사법경찰관 오인곤

필자를 무고했던 비정상적인(100번 고소경력 있는 65세) 송남옥 할머니는 1999. 2. 28. 단체 내분으로 해산총회를 한 후, 1999. 3. 15. 확인서를 받고 40만 원을 반환해 주었다.

그러나 윤용이 고소를 하자, 송씨는 윤용이 녹음한 것이 있는데 경찰서에 가서 뭐라고 진술을 하냐고 해서, 사실대로 진술하면 죄가 되지 않는다. 라고 하자, 송남옥은 정말로 사실대로 진술하면 죄가 안 되는지, 확인서를 작성해 달라고 하였다. 필자는 변호사법도 모르면서 "진술한 것에 대해 대표가 책임을 지겠다."라는 확인서를 작성해 주었고, 송씨가 사실대로 진술하자 무혐의송치 되었다. 그러나 윤용이 다시 필자를 고발하자 송씨는 허위진술을 해줘야 40만 원을 준다고 해서 확인서를 받고 허위 진술했다고 거짓진술을 하자 필자가 기소되고 2005년도 유죄판결을 받았다.

할 수 없이 송남옥을 위증죄로 고소했으나 구로경찰서에서 무혐의송치 했다. 송남옥은 도리어 필자를 무고죄로 고소하자 종로경찰서에서는 필자를 무고죄로 기소 송치했고, 서울지법은 벌금 500만 원에 약식명령을 했고, 이에 정식재판청구를 한 후 열심히 입증했으나 판사는 500만 원의 벌금형을 선고했다.

그러나 필자는 송남옥에게 돈을 주면서 1999. 3. 19. 사실확인 영수증을 받았으며, 같은 해 4. 7. 확인서를 작성해 주었기 때문에 위 문서에 기제된 일자만 보더라도 필자가 회비를 먼저 반환해 주었기 때문에 허위 진술을 해 주는 조건으로 30만원을 반환해 준 것이 아닌 것이 분명한데도 불구하고 종로경찰서 오인곤 수사관은 필자가 유죄 받은 사건을 재심할 수 없도록 하고자 30만 원 사건도 허위 공문서를 작성해 기소 송치했으며, 판사는 오직 관순 누나를 잡으라는 명령이 있었던지 무조건 2010. 3. 2. 벌금 500만 원에 선고했다.

그러나 송남옥은 무고죄로 2002.8. 경 구치소에 간적이 있으며, 위증죄로 2006. 5. 법정구속이 되었다. 회비 및 현장출장비 30만 원 받고 1년 동안 송남옥이 승소하도록 구조운동을 해준 것도 도리어 무고죄로 벌금 500만 원에 판결했으나, 필자는 1차 전쟁의 사건에 대해 유죄를 무죄로 만들기 위해 송남옥을 고소한 결과 10년 동안 소송을 해야만 했다.

그러나 진종필수사관과 오인곤수사관이 공정하게 수사했다면 무고죄는 될 수 없었으며, 김정섭수사관은 당연히 송남옥을 위증 및 무고죄로 처벌을 해야만 할 사건이었으나 부당하게 무혐의 송치한 결과 증거가 있어도 송씨를 처벌할 방법이 없었다.

사건: 2008고약 27434 무고 : 서울중앙지법 이정권 판사 500만 원 약식명령

사건: 2008고정 5419 무고 : 서울중앙지법 한대균 판사 500만 원 벌금

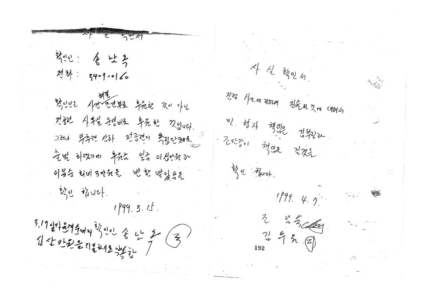

　결국 변호사가 아닌 필자가 내 돈 주고 구조해준 것도 죄가 된다고 처벌하고, 무고죄로 누명 씌워 벌금 500만 원은 납부하지 않으면 3개월 동안 옥살이 해야만 된다. 도리 없이 이 시대 관순 누나는 다시금 그곳에 가서 담장안의 새들과 합창을 해야 될 것 같아 이 글을 남긴다.

　법도 조직도 모르면서 15년 동안 줄기차게 '나는 이 시대 관순'라며 공권력을 향해 공갈 협박(?)한 결과, 골리앗에게 칼 맞고, 이제는 기자들에게까지 돌팔매를 맞아야만 했다. 사법부야 그 부패 척결을 위해 내가 싸워야 할 상대이니 내가 밉게 보이겠지만 언론은 좀 그렇지 않은가? 때리는 시어머니보다 말리는 시누가 밉다고 하더니 기자들은 왜 나를 잡으려 하는가? 그것이 나를 가장 힘들게 하고 있다.

5. 맺음말

사법부와 검찰은 비리 판, 검사를 밝혀주는 데 얼마나 좋은가, 절대
권력은 부패한다는 것은 고금의 진리다. 영화 반지의 제왕에는 '절대반
지(The One Ring)'가 나온다. 모든 것을 지배한다는 절대의 상징이다.
영화에서는 주인공들이 이 반지를 차지하기 위한 과정을 그리고 있다.
세상사의 축소다.

기소권이라는 '절대반지'를 가지고 있는 검찰과 판결이라는 '절대반
지'를 가지고 있는 법원의 자정은 결코 내부 통제만으로는 불가능하다
는 것이 상식일 테다. 바로 필자와 같은 시민사회단체들의 견제와 감시
만이 사법정의를 바로 세울 수 있는 국민들의 '절대반지'인 것이다.

2011. 10. 1. 이 시대 방물장사 관순누나

사건 조작한 판사를 상대로 국가배상을 청구하다
- 청구 소장

원고: 조남숙

피고 1. 대한민국 법률상 대표 법무부

2. 이호원(전 서울고등법원 부장판사)

3. 서울중앙지방법원 재판장 이규훈

4. 서울중앙지방법원 재판장 이은신

- 청구 취지 -

1. 피고들은 연대하여 원고 조남숙에게 금 110,000,000원 및 이에 대하여 2013.10.17.부터 이 사건 소장 부본 송달 일까지 연 5%, 그 다음 날로부터 완제일까지는 연 12%의 각 비율에 따른 금원을 지급하라(일부 청구).

2. 소송비용은 피고들이 부담한다.

3. 위 제2항은 가집행 할 수 있다.

라는 판결을 구합니다.

- 청구 원인 -

1. 원·피고들 간의 인과 관계

피고 2는 원고가 억울하게 구속된 사건 '2005노1033호 변호사법 위반'의 재판장이었으며, 피고 3은 '2010가단3786 위자료' 사건의 담당재판장이었으며, 피고 4는 '2012나19641 위자료' 사건의 담당재판장이었다.

2. 단체소개

가. 원고가 대표로 재직 중인 전국공권력피해자연맹(현 '공권력피해구조연맹'과 같음, 이하 '공구련'이라 함)은 1998.6.26. 전국공권력피해자연맹(약칭 '전공련')으로 창립식을 가졌으나, 근래 '전국공무원직장협의회총연맹'이 창립되면서 약칭을 같은 '전공련'으로 사용하는 바람에 단체 간 혼선을 빚게 되어 공권력피해구조연맹(약칭 '공구련'이라 함)으로 사용하는 단체로서, 법무부와 서울시에 등록한 비영리민간단체였다

나. 그 후 2002.12.10. 세계인권의 날에 기하여 전직 판·검사 출신 등 변호사와 법학 교수, 공구련 단체 임원진은 사법개혁국민연대를 창립하였으며, 사법제도개혁위원회 설립을 촉구한 결과 사법제도개혁위원회가 설립되기도 한 바 있다.

다. 원고는 사법개혁을 주도하고 시민의식 고취는 물론 인권운동을

전개하여, 헌법상 보장된 기본권인 인간의 존엄성을 추구하며 정의로운 사회건설을 위한 범국민운동에 적극적으로 참여함을 목적으로 한다'는 취지로 창립되어 현재 18년 동안 공익활동을 하고 있다.

▌느티나무 카페 기자회견

라. 억울한 피해자들은 본 단체와 같이 모여 서로 의견 교환하는 것만으로도 일단 정신적인 자신감을 회복한다. 공구련 집행부는 법적으로 대부분 확정되어 있더라도 억울함을 호소하는 경우 사건기록을 검토하여 그 공권력 피해자로 간주되는 사건(전반적 사실에 비추어 처분결과에 의혹이 있고, 그 기록에서 공문서 위변조 사실이 드러나는 사건)에 한하여 1인 시위 또는 집회를 개최함으로써 재판, 수사, 행정처분 등에 대한 공정성이 크게 결여되어 있음을 대외적으로 알리고 이에 대한 시정을 촉구하고 있다.

3. 단체 내분 개요

가. 원고가 임의로 임명했던 사개련의 협동사무총장이던 짜씨 등이 원고를 몰아내고 단체를 정치적으로 이용할 목적으로 피해자 7명을 앞세워 원고를 무고하였으며,

나. 서울지검 한명관 부장검사는 공소사실에서 '단체 간부가 1인당 수백만 원에서 1천여만 원의 금품을 받아 가로챘다'는 허위 피의사실을 공표했으며, 심지어 담당 최정숙 검사는 고의로 아무런 고소나 진정조차 하지 않은 한평수의 명의를 도용하여 단체간부가 금 1천여만 원을 받아 가로챈 것처럼 구속 기소하였으나, 재판 결과 모두 허위임이 드러났다(갑제3-1, 2호증 공소장, 서울고등법원 판결문).

다. 원고의 단체를 강탈했던 소외 문 씨와 정구진은 계속 단체 명의를 도용하여, 공권력 피해자임을 호소하며 찾아오는 선량한 시민을 우롱하고 두 단체의 명예를 훼손하고 있어, 불가피하게 사개련은 2007년 4월 25일 43주년 '법의 날'을 기하여 '사법정의국민연대'(이하 사법연대)로 명칭을 변경, 재창립하였다.

4. 손해배상책임의 발생

가. 피고 이호원의 불법행위
1) 피고 이호원이 작성한 판결문에 보면, "피고인이 대표자로 있는 공

권력피해구조연맹(약칭 공구련)의 그 정관 제10조에는 '법률구조와 인권옹호를 받을 권리'가 회원의 권리로 명시되어 있을 뿐만 아니라 사법개혁, 제도개선, 인권운동 등 정관에 규정된 사업의 목적을 달성하기 위해서는 회원이 주장하는 피해사례에 대한 진상조사가 불가피하므로 진상조사 및 피해구조 활동을 한 것이다. 그 과정에서 피고인이 받은 돈은 단체의 입회비 및 후원금으로서 단순히 진상조사 활동에 소요된 실비를 변상받는 정도에 불과하다고 주장하였으나 변호사가 아니면서 금품을 받고 법률 사무를 취급하였다면서 이 사건 공소사실을 유죄로 인정하였다.

2) 피고 이호원의 판단을 살펴보면 이렇다.

피고인이 법무부에 비영리민간단체로 등록된 정관에 규정된 사업내용과 달리 사건의 진상조사 및 해결 명목으로 돈을 받고 소송사건 또는 수사사건에 관하여 대리, 중재, 법률상담, 법률관계 문서작성 등 법률사무를 취급한 사실을 인정하기에 충분하고, 이와 같이 받은 돈이 단순한 회원 가입비 또는 실비변상에 불과한 것이라고 보기도 어려우며, 달리 이 부분을 원심판결에 사실오인 또는 법리오해의 위법이 있음을 찾아볼 수 없다."라고 판결하였다.

3) 그러나 피고 이호원는 직권판단에 보면, "피고인이 받은 돈은 비교적 소액이고 피고인의 개인적 이익을 취하기 위해 범행을 저지른 것으로 보이지 아니하며, 공권력에 의한 피해를 입었다고 주장하면서 억울함을 호소하는 사람들을 도와주기 위하여 나름대로 노력을 한 것으로 보이는 점, 비록 피고인에게 동종의 전과가 있음을 감안하더라도 원심이 선고한 징역 2개월 및 징역 8개월의 실형은 너무 무거워서 부당하다고 인정한다"고 판결을 하였다.

그렇다면 원고가 피해자들에게 회비 및 행사비를 받고 구조행위를 하였다고 하더라도 개인 이익을 취한 행위가 없으면 무죄인데도 불구하고, 원고는 이미 10개월의 실형을 다 살고 있었음에도 2일 앞두고 날치기 선고를 한 후 다시금 2년의 집행유예의 판결로 인하여 원고는 10개월 동안의 실형을 살게 한 점에 대해 보상도 받지 못하였으며, 도리어 2년 동안 더 이상 원고의 단체를 운영할 수 없도록 만들어 버렸다.
더더욱 원고는 정관 규정대로 사피자들의 회비(년 10만 원)를 받고 구조운동을 한 것인데, 정관까지 오판하여 조작 판결을 했다.

4) 상고심 재판부는 "변호사가 아닌 피고인이 금품·향응 기타 이익을 받고 변호사 제109조 제1호에 규정한 법률 사무를 취급하였다면 이 법조항에 위반한 행위로 처벌의 대상이 된다"고 판결을 하였던바, 원고가 이 사건 피해자로부터 금품·향응 기타 이익을 받은 사실이 없다면 당연히 무죄인데도 불구하고 대법원 마저도 부당하게 유죄 판결을 했다.

나. 피고 3 판사의 불법행위

1) 피고 2 이호원의 엉터리 판결에 대해 국가 상대로 배상청구를 했으나 피고 3은 피고 2의 불법을 덮어주기 위해 부당한 이유로 기각판결을 하였다.

2) 피고 3은 원고가 갑제3-3호증으로 제출한 헌법재판소 결정문에 의해 피고 이호원이 부당하게 유죄판결을 한 것임에도 불구하고 이러한 증거를 무시하고 부당하게 기각판결을 했다.

그러나 원고의 헌법재판소 결정문 6쪽 보면 "청구인은 법조계의 부조리 척결을 위한 사무의 취급을 목적으로 한 결사와 단체는 그 고유의 활동을 위하여 법률 사무를 취급할 수밖에 없고, 이 사건 법률조항을 위반하지 않기 위하여 변호사를 선임하게 되면 재정적인 부담을 지게 되므로 결국 청구인의 결사의 자유를 침해한다고 주장하나, 이 사건 법률조항은 '금품·향응 기타 이익을 받거나 받을 것을 약속하고 또는 제3자에게 이를 공여하게 하거나 공여하게 할 것을 약속하고… 법률 사무를 취급한 자'만을 처벌하고 있을 뿐, 결사 또는 단체의 설립과 운영을 제한하거나 현저하게 곤란하게 하지는 않으므로 청구인의 위 주장은 이유 없다"라고 결정하였다.

이 결정문과 같이 원고는 개인 이익을 챙긴 사실도 제3자에게 공여한 사실도 없으므로 변호사법 위반도 되지 아니한다. 더더욱 피해자들을 구조하기 위해 사기 변론한 변호사 면담만 하였을 뿐, 법률행위를 한 사실도 없다. 그럼에도 피고 이호원은 법을 위반해 엉터리 판결을 하였다는 것을 원고는 헌법재판소 결정문을 증거로 주장하였음에도 불구하고 피고 3마저 피고 2의 과실을 덮기 위해 허위공문서를 작성해 부당하게 기각했다.

다. 피고 4의 불법행위

1) 더군다나 비영리민간단체지원 제3조(기본방향)에 '국가 또는 지방자치단체는 비영리민간단체의 고유한 활동영역을 존중하여야 하며 창의성과 전문성을 발휘하여 공익활동에 참여할 수 있도록 적극 노력하여야 한다'라고 규정된 대로 원고의 활동을 국가가 적극적으로 지원하도록 되어 있음에도 피고 이호원 판사는 법률과 헌법을 무시하고 부당하게 판결을 하였다.

2) 더 나아가 헌법 제10조의 국민주권과 행복추구권, 같은 법 제11조의 평등권, 같은 법 제12조의 신체의 자유, 같은 법 제30조의 범죄행위로 인한 피해구조, 같은 법 제73조의 국민의 권리 존중, 제한 등 헌법에 명시되어 있음에도 모순된 변호사법과 공권력의 폭압으로 인하여 국민은 헌법에 정해진 권리를 보장받지 못하고 있다.

외국 사례를 보더라도, 시민단체는 정당하게 피해자를 구조하는 일을 할 수 있으며, 구조가 성공했을 경우, 정당하게 소요된 경비와 후원금 10%를 기부하도록 법으로 정하고 있으며, 구조를 받기 위해서는 그에 상응하는 비용을 지원하도록 규정되어 있다.

3) 한편, 개정 전 변호사법 제78조 제2호 소정의 이익의 의미 제78조 제2호는 금품·향응 기타 이익은 비 변호사의 법률 사무 취급을 금하는

법의 입법 취지 등에 비추어 볼 때, 실비변상을 넘는 경제적 이익에 한한다고 해석하여야 할 것이고, 단순한 실비변상을 받았음에 불과한 정도는 법 소정의 법률 사무 취급이 있어도 범죄가 된다고 할 수 없다는 것이 대법원의 견해이기에(대법원 사건 95도 3120호 판결 참조), 원고의 활동은 정당한 시민운동에 속하는 것이었다.

4) 그러나 이러한 법 집행자들의 불공정한 법 집행 때문에 피해를 보아 심정적으로 극히 황폐해진 피해자들을 관리하고 구조하기 위해서는 체계적이고 종합적인 진단이 필요하다. 또 언론을 통하여 각 개별적 사안을 널리 알리고, 국민적 공감대를 형성하기 위해서는 법 자체는 물론 다양한 홍보 등을 통한 자체역량 등의 전문성을 갖춰야 한다. 하지만, 본 단체 업무의 특성상 공권력과의 다툼 관계에 있다는 이유로 특정계층으로부터 외면당해 항상 열악할 수밖에 없으며, 일반 국민들의 인식

부족으로 단 한 푼의 순수한 후원금이나 회원가입도 전무한 상태이다.

반면, 원고는 투쟁해 본들 변호사법에 따라 부당하게 처벌받을 수 있는 위험부담과 피해자 상대방으로부터 고발 혹은 테러당할 우려도 있음에도 불구하고 '이 시대의 독립군 단체'라는 자부심과 양심만으로 여기까지 왔다. 그럼에도 피고 마저도 피고 이호원의 불법행위를 기각했다.

5. 손해배상 책임의 범위(피해 내용)

가. 적극적 손해 (일실 수익)

1) 원고가 운영해온 공구련의 운영은 공권력과 다투는 운동을 하는 이유로 일반 시민들의 침여가 전혀 없어 공권력 피해자 출신인 몇몇 임

원진들의 자원봉사와 원고 남편의 월급으로 15년여 동안 운영해오고 있었으며, 그나마도 참여정부와 더불어 사법개혁을 해보고자 남편의 퇴직금을 털어 〈재판이냐 개판이냐 짜고 치는 고스톱 재판청산을 위하여〉라는 변호사피해 사례집을 발간하여 많은 호응과 사법개혁이 되도록 하는 데 기여를 한 바 있었다.

2) 그러나 원고의 남편 사건으로 연세대학을 상대로 10여 년 동안 법정소송 끝에 업무상 재해 사건으로 5억에 가까운 피해배상을 받게 될 판결 직전에 원고가 구속되면서 2005.2.1. 부당하게 패소하였으며, 원고가 구속되자 2005.3.20. 적십자병원은 입원비를 내지 않는다고 하여 강제 퇴원 당해야 했다.

3) 그러나 원고는 연세대학의 사건이 승소할 수 있어 남편의 퇴직금까지 털어 책을 발간하여 피해자 구조를 하고자 했으나, 피고들의 부당한 판결로 원고가 승소할 사건은 도리어 2005.6. 패소하였다. 그 결과 남편은 정신과 병동에 갇혀 살다가 돌아가시고, 사무실 보증금도 없이 월세마저도 지불하지 못하고 있는 바, 피고들에게 연대하여 손해배상금 금 90,000,000원을 청구한다.

나. 위자료

원고는 결혼 후 현재까지 서울 YWCA 주부 클럽에서 자원봉사활동가로 활동해오다가 1995.12.16.부터 현재까지 법질서 바로 세우기 운동을 해왔음에도 불구하고 피고 때문에 부도덕한 시민운동가로 인정을 받게 되었는 바 이에 대한 정신적 위자료 금 20,000,000원을 청구한다.

앞에서 본 바와 같이 원고는 오직 '법질서를 바로 세워 억울한 사법피해자 구조하라'는 취지로 등록받은 대로 원고의 남편과 자식들로부터 사무실 운영비를 지원받아, 전공련의 정관에 의해 공권력 피해자들에 대한 구조운동을 성실히 하였음도 불구하고, 피고 이호원의 부당한 판결로 인해 정상적인 생활을 할 수 없게 되었다.

결국, 피고들은 원고가 비리 공권력을 색출해 탄핵하는 운동을 저지하고자 부당하게 유죄판결을 하였다. 원고는 이러한 판사들의 엉터리 판결을 바로잡고자 장장 22년 동안 투쟁한 사법개혁 운동가로서 피고 국가를 상대로 손해배상을 청구하게 되었다.

부디 다시는 원고들과 같은 억울한 사건이 재발하지 않도록 국가배상법에 따라 피고 판사들의 고의적 과실이 인정된 이상 원고의 청구 취지와 감은 공정한 판결을 하여 주길 바란다.

〈입증자료〉

갑제1호증 2005노1033호 변호사법 위반 판결문

갑제2호증 2010가단357867 위자료 판결문

갑제3호증 2012나19641 위자료 판결문

┃ 공수처 신설 지지 기자회견

〈참조〉국가배상법

제2조(배상책임) ① 국가나 지방자치단체는 공무원 또는 공무를 위탁받은 사인(이하 '공무원'이라 한다)이 직무를 집행하면서 고의 또는 과실로 법령을 위반하여 타인에게 손해를 입히거나, 「자동차손해배상보장법」에 따라 손해배상의 책임이 있을 때는 이 법에 따라 그 손해를 배상하여야 한다. 다만, 군인·군무원·경찰공무원 또는 향토예비군 대원이 전투·훈련 등 직무 집행과 관련하여 전사(戰死)·순직(殉職)하거나 공상(公傷)을 입은 경우에 본인이나 그 유족이 다른 법령에 따라 재해보상금·유족연금·상이연금 등의 보상을 지급받을 수 있을 때는 이 법 및 「민법」에 따른 손해배상을 청구할 수 없다. (개정 2009.10.21.)

제29조 ① 공무원의 직무상 불법행위로 손해를 받은 국민은 법률이 정하는 바에 의하여 국가 또는 공공단체에 정당한 배상을 청구할 수 있다. 이 경우 공무원 자신의 책임은 면제되지 아니한다.

[1] 법관의 재판에 법령의 규정을 따르지 아니한 잘못이 있다 하더라도 이로써 바로 그 재판상 직무 행위가 국가배상법 제2조 제1항에서 말하는 위법한 행위로 되어 국가의 손해배상책임이 발생하는 것은 아니고, 그 국가배상책임이 인정되려면 당해 법관이 위법 또는 부당한 목적을 가지고 재판을 하였다거나 법이 법관의 직무수행 상 준수할 것을 요구하고 있는 기준을 현저하게 위반하는 등 법관이 그에게 부여된 권한의 취지에 명백히 어긋나게 이를 행사하였다고 인정할 만한 특별한 사정이 있어야 한다.

[2] 재판에 대하여 따로 불복절차 또는 시정절차가 마련되어 있는 경우에는 재판의 결과로 불이익 내지 손해를 입었다고 여기는 사람은 그 절차에 따라 자신의 권리 내지 이익을 회복하도록 함이 법이 예정하는 바이므로, 불복에 의한 시정을 구할 수 없었던 것 자체가 법관이나 다른 공무원의 귀책사유로 인한 것이라거나 그와 같은 시정을 구할 수 없었던 부득이한 사정이 있었다는 등의 특별한 사정이 없는 한, 스스로 그와 같은 시정을 구하지 아니한 결과 권리 내지 이익을 회복하지 못한 사람은 원칙적으로 국가배상에 의한 권리구제를 받을 수 없다고 봄이 상당하다고 하겠으나, 재판에 대하여 불복절차 내지 시정절차 자체가 없는 경우에는 부당한 재판으로 인하여 불이익 내지 손해를 입은 사람은 국가배상 이외의 방법으로는 자신의 권리 내지 이익을 회복할 방법이 없으므로, 이와 같은 경우에는 배상책임의 요건이 충족되는 한 국가배상책임을 인정하지 않을 수 없다. (출처: 대법원 2003.7.11. 선고 99다24218 판결)

2018.12.18.
원고 조남숙

서울중앙지방법원 귀중

담장 안에 새들도 노래한다

필자는 왠지 한 번 쯤은 담장 안에 가고 싶었다. 아니 언젠가는 갈 수밖에 없을 지도 모른다는 생각을 하면서 시민운동을 해왔다. 이유야 악법에 도전하는 것이 시민운동가들의 기본적 책임이자 의무임은 물론, 내가 하는 운동이 다름 아닌 공권력과의 전쟁이기 때문에 필연적 내지는 당연한 절차적 가야만하는 깜방 1순위 단체였기 때문에 항상 각오하고 한 운동이었다.

어쩌면 10년 만에 옥살이를 한 것이, 그것도 사법개혁을 외치고 있는 참여정부의 손에 의해 옥살이를 하고 있는 것이 어찌 보면 행운아 인지도 모른다. 그토록 준비하고 각오하고 한 일임에도 막상 창살에 갇힌 새가 되고 보니 그 암담함이란.... 가슴이 터질 것 같은 그 고통은 그 무엇으로 표현하기 어려우리라..

스스로 자유를 박탈당한 삶이기에 탐험가 정신으로 용감하게 살다가 "돌아온 삼순이 내지는 금자씨"가 되어 돌아가리라고 스스로 자위하면서 생활했으나, 10개월을 살아야 했다. 필자의 계산은 '있어봤자 3-4개월이겠지'했었으나, 1심에서 10개월의 실형을 선고했다.

판결 역시 법무부에 등록된 정관을 채택하지 아니함으로써 고의적 오판으로 즉 "전국공권력피해자연맹으로 등록을 허가받은 것은 단지 세미나개최나 자료집 발간일 뿐, 공권력 피해자들을 구조하라"는 취지로 허가한 것이 아니므로, 피해자들에게 회비나 후원금을 받은 것은 변호사법 위반이라고 했던 것이다. 고의적 오판을 한들 그들은 억울하면 "항소하시요!" 항변하면은 되기 때문에 금 450만 원가지고 실형을 선고한들 그들에게는 아무런 문제가 되지 아니할 것이다.

이왕 잡은 김에 확실하게 버릇 장머리를 고쳐가지고 보내는 것이 그들로서의 의무이며 권한이기 때문이다. 결국 예상했던 대로 2심에서는 10개월 실형은 부당하므로 원심을 파기한다는 판결을 했으니, 훌륭하신 영감님들은 이 시대 관순누나 길들이기에 몰입했음을 입증해주는 판결이었다.

그 뿐인가 금 450만 원짜리 사건을 수십억 원에서 수백억 원 상당한 고차원적 사기 사건만 전담하는 합의부에서 재판을 받게 되는 영광을 누렸으니 이 역시 사법부에 도전한 대가 내지는 관순 누나로 톡톡히 대우를 해준 것에 도리어 감사를 드려야 될 것 같다.

그러한 대우 덕택에 구치소 역시 거물급들과 독방을 나란히 하면서 산 덕에 구치소에서도 가난한 필자는 간식과 필기도구를 후원받아 사는 덕을 보게 되었다.

담장 안 새들 중 몇 년째 억울함을 호소하면서 무죄를 주장하는 새들을 보니 측은하기 그지 없었다. 우연히 뽕을 흡입했다가 뽕 때문에 수차례에 담장 안 새가 된 어린 새들을 보니 그 역시 불쌍하고 안타까웠다. 새들은 매일같이 반성하고 후회하는 노래들을 한다. 처해진 환경 때문에, 부모를 잘못 만난 탓에, 사기 결혼으로, 또는 사업상 이유로, 정신장애로 자신도 모르고 범행을 한 새들도 많았다.

배운 도둑이 변호사도 아닌 주제에 변호사 노릇하다 들어왔으나, 감방인들 그 버릇을 개 주겠는가? 감방에서도 역시 조 변호사로 통했고, 조 변호사 노릇을 해야 했다. 새 들의 운동시간이나, 목욕시간, 종교집회 시간, 닭장차 안 등등에서 만나는 새들과 대화를 많이 했다. 자유로운 새가 되었을 때 울겨 먹기 위해서 말이다.

그들 스스로 도둑놈 소굴에 지옥 훈련을 보내주었으니 이왕 훈련을 받을 바에야 확실하게 받아, 훗날 나의 주가를 올려나야 할 필요성이 당연히 있었기 때문에 열심히 하드디스크에 저장을 했다.

조 변호사의 활약으로 2명은 무죄판결로 석방이 되었고, 부당한 수사절차로 기소중지로 몰아 구속시킨 그것도 금 100만 원짜리 사건을 구속 송치한 종로경찰서와 평택경찰서 경찰관들을 징계요청을 했으며, 시각장애자에게 공갈협박죄로 법정구속 시킨 판사도 징계요청을 했다.

세상에 아무리 서울호텔에 손님이 없기로서니 그것도 시각장애자가 금 1,500만 원을 가지고 공갈협박을 하였다고 구속까지 시킨 판사나 검사의 양심을 어찌 판단해야 할 지 이해가 가지 않는다.

설사 공갈협박을 하였다고 할지라도 검사는 화해를 시킬 의무가 있으며, 장애자 상대로 공갈협박죄로 고소한 자들에게도 인간적인 용서를 할 수 있는 관용과 아량을 베풀도록 설득함으로써 처벌보다는 인간답게 사는 법을 가르쳐야 했는데, 기소한 검찰이나 판사는 장님을 상대로 구속한 결과 장님은 보증금 2천만 원을 '방' 빼서 변호사 선임을 했다고 하니 이를 어찌할꼬……

주제파악도 못하고 감방 들어가 본 지 얼마 안 되어 교도관과 대판 말싸움으로 교도관 길들기에 성공을 했고, 그 후 담장 안 새들은 교도관들의 따뜻한 사랑과 친절을 받으면 생활하게 되었다. 필자의 주책바가지는 서울호텔에 소문이 났고, 내가 감방 사는 것이 아닌 교도관들이 나에게 감방을 사는 주객이 전도되었다.

단지 아쉬운 것은, 가장 안타깝게 한 것은 담장 밖의 집행부가 단체를 팔아먹은 매국 놈들에게 회유되어 아무것도 하지 못하고 있는 것과 가족들이 필자 때문에 고통당하고 있는 것이 고통일 뿐, 빵 생활은 아주 값진 생활이 었다.

5월 가정의 날에 기해 천주교 집회 팀에서는 (빛의 사람들) 서울호텔 최초로 야외 음악회를 개최하였고, 당연히 이 시대의 유관순의 선동으

로 갖가지 새들은 신부님
과 손잡고 노래하고 춤을
추었다.

▲ ⓒ사법개혁국민연대

천주교 선교사가 운영
하는 "사랑의 편지함" 민
병곤 레오님의 따뜻한 격
려의 편지가 나에게 많은
용기와 힘을 갖게 해준데
대해 감사함과 또한 잊지 못할 것 같다.

항소심에서는 같은 재판부의 변호사법 동지가(김춘기 선생) 나의 손
발이 되어준 덕택에 원심을 파기되도록 하는 데 많은 도움이 되었음에
감사를 드린다.

정의를 지킨다는 것이, 남을 돕고 산다는 것이, 잊어버린 권리를 지킨
다는 것이 얼마나 긴 고행인가? 무지했기에, 믿었기에, 사랑했기에, 설마
했기에 이런저런 이유로 우리는 사기를 당했다.

허나 공권력은 선량한 약자 편이 아닌 악랄한 강자 편일 때가 더욱
많았으니.. 그들은 무엇으로 설득하고 이해시켜야 우리 편으로, 우리의
따뜻한 가슴을 인정해 줄 수 있을까? 하는 고민을 15년 동안 해온 결과
첫 작품이 "재판이냐 개판이냐 짜고치는 재판 청산 위하여"라고 외쳤으
니..... 당연히 그들로서 가장 큰 형벌인 괘씸죄로 적용되었을 것이다.

그러나 그들 스스로 사법개혁을 외치면서도 자칭 "관순 누나" 한 여

자를 상대로 금 450만 원짜리도 실형을 감행할 만큼 좁쌀 같은 마음이 었다는 것이 다시금 개탄을 금할 수가 없다. 그들은 필자를 어쩌지 못해서 그 섬에까지 보내야 했는지 되묻고 싶다. 그들에게도 자식들은 있을 진데……

필자는 비로소 담장 안 새들은 죄를 짓지 않을 수 없었던 환경 탓과 정신과적 문제가 있는 것으로 나는 믿게 되었고, 범죄자들의 심리나 정신 상태에 대해 사회와 시민들이 함께 연구하고 고민해야 할 문제라고 판단되어 정신과적 질병에 대해 연구를 해보려고 한다.

이 사회가 진정 맑고 정의로운 사회가 되기 위해서는 담장 안 새들을 멀리하는 것이 아닌 함께 고민하고 사랑으로 포용하는 사회가 될 때 범죄 없는 나라가 되리라고 본다. 그리고 담장 안에 새들도 "노래를 한다."는 것을 독립문(전 서대문 형무소) 텃밭에서 이 시대의 독립군 단원들을 향해 외쳐본다.

2005. 11. 17.

이 시대 관순 누나로 살아보리라 다짐하면서….

시련에 굴하지 않고 독립군 단장처럼 사는 법

〈사기 치는 법, 사기당하지 않는 법〉이란 검찰 피해사례집을 발간했다. 공식적으로 보도는 되지 않았지만, 그 책이 '검찰 피해사례집'이자, '검사들이 사기 치는 교과서'라는 것을 알 만한 사람은 다 아는 것 같다.

그 증거로 유명한 박경리 작가의 유고 시집인 〈버리고 갈 것만 남아서 참 홀가분하다〉라는 시집에도 '어머니가 사는 법'이라는 제목의 내용도 있다. 어디 그뿐인가. 법무부에 들어가면 〈행복해지는 법〉이란 제목으로 법에 대해 일반인들이 알기 쉽게 만화로 설명을 하여 홍보하고 있고, 학생들이 법률을 체험할 수 있도록 '법률실습 체험장'도 운영하고 있다.

또한, 인기리에 막을 내린 '시크릿 가든'의 주연과 조역의 사랑 스토리에 대해 '두 사람의 사랑법'이라는 타이틀로 S 방송사에서 홍보하고 있다. 그 외에도 신문, 잡지 및 사이버상에도 'OO이 사는 법', 'OO이 하는 법', 'OO을 잡는 법' 등등 '~~하는 법'이라는 말로 종결되는 보도 제목은 널려 있었고, 나는 그러한 기사를 보고 혼자서 깜짝 놀란 적이 한두 번이 아니었다.

　필자가 쓰고 발간한 책 제목이 '~~하는 법'이었는데 내 허락도 없이 저작권법을 위반해 마구잡이로 너도나도 활용하고 있는 것은 그만큼 〈사기 치는 법, 사기당하는 법〉이라는 책이 그 제목만 보고도 그 내용을 짐작할 수 있다는 것이다. 다만 그 책 제목으로 내가 말하고자 하는 내용을 한마디로 '법'이라는 테제로 압축할 수 있어서 '법'이라는 것이 유행어가 되었고, '법'이라는 단 한마디로 우리의 삶과 인생에 관해 답변할 수 있다는 사실을 각계각층의 모든 사람들에게 알게 해준 것만으로도 나는 성공한 기자 내지는 작가가 된 것은 아닐까 하는 생각도 하게 된다.

　필자가 그러한 위트 있는 제목을 뽑아 쓸 수 있는 능력(?)을 갖추게 된 계기는 학창시절 때부터 글쓰기를 좋아했고, 호기심과 모험심이 강했던 나의 성격 탓과 나만의 스승님에게 어깨너머로 배운 위트와 해학의 그림(만화) 덕분일 것이라는 생각도 하게 된다.

그뿐인가, 초등학교 동창회장이자, 작가였던 남자친구가 함께한 독립운동을 한 탓에 친구가 가끔 쏟아내는 글들 때문에 나의 머리에서도 크게 작용을 했으리라는 것도 부인할 수 없다. 해학이 풍부한 스승님과 친구, 그리고 음악 감상, 영화 보기, 연극 보기, 산책하기로, 행복하게 사는 나에게 실화의 사건들까지 원고를 무상으로 제공해주고 있어서, 정말 글로 '맞짱을 떠봐?'라는 유혹에 시달리기도 한다.

상상해보자. 다큐와 실화가 유행인 요즘, 현장르포 같은 장르에 소위 이 세상에서 가장 거룩하시고 귀하시다는 '판·검사와 변호사'들에 대한 얘기를 소재로 쓴다면 얼마나 재미있고 흥미진진할 것인가. 게다가 그 내용이 파격적이고 쇼킹하여 그들의 양심과 도덕을 저울질하는 것이라면? 그 누구보다도 그들의 어둡고 드러내기 어려운 치부를 샅샅이 잘 알고 있는 사람은 나밖에 없으니 더더욱 재미가 있을 것이다.

가끔 공권력과 투쟁해온 우리의 투쟁사를 책도 내고, 영화도 찍고 싶다는 시나리오 작가로부터 섭외가 와서 만나기도 했으나, 왠지 쑥스러워 적당히 얼버무리고 말았다. 아직은 아닌 것 같아서였다.

　한데 지난 일 년여를 언론사들과 법정 투쟁을 하면서 많은 생각을 하게 되었다. 왜 그들은 인간적으로 적당히 화해할 수 없을까?, 화해하면 안 되는 것일까?. 오바마도 세계인들에게 사죄하지 않았는가. 그들이 '이 시대의 독립군'이라는 나에게 머리를 숙여 준다면 사법개혁도 검찰개혁도 저절로 될 수 있을 텐데….

　배짱과 용기밖에 없는 이 시대 관순 누나에게 "허 박 가수처럼, 관순 줌마처럼 용감무쌍하게 살아 사회정의를 실현하자"라고 치켜세워 주는 것이 뭐 그리 힘들까 하는 생각도 해보았다. 즉, 사석작전과도 같이 피고가 '멋있게 져주는 법', '기분 좋게 져주는 법', '현명하게 져주는 법'과 같이 언론사들이 큰 그림을 그려만 준다면 국가와 민족을 위해서도 얼마나 바람직한가? 그런 섭섭함에 마음이 착잡해질수록 글로써 맞짱을 뜨고 싶어진다.

필자가 패소하면 어떠한가? 필자의 사건을 NGO 법으로 판결하면 된다. NGO 판사는 다름 아닌 필자가 아닌가, 즉 필자가 작성한 판결문만이 마지막 확정판결문인데도 이렇게 불안해하고, 피고들에게 도리어 엎드려 한 푼만 달라고 애걸하는 내 꼴이 너무 치졸하고 자존심 상해 차라리 패소하거라, 더더욱 엉터리로 패소하거라, 그래야 필자의 몸값이 금메달로 인정받게 될 것이라고…

그러한 배짱에도 불구하고 필자의 안방에는 너저분한 서류들로 가득하다. 불도 안 들어오는 차가운 방(연구소)에서 '귀여운 겨울아 그만 가거라'라고 외치면서 살고 있으나, 올해의 겨울은 유난히 길고도 추운 겨울의 연속이다.

더더욱 기자들 주머니 털어 따뜻한 연료로, 따뜻한 호빵으로, 따끈따끈한 가슴을 울릴 거창한 작품 〈판사 목에 방울 다는 여자〉를 만들고 싶었는데 쉽지가 않을 듯해, 전략을 완전히 바꾸어 기자들 집 앞에서 불놀이를 하기로 했다.

나의 주특기인 떼법(망신 주는 법)으로 압박하기로 했다. 새해부터 이 시대 독립군들은 비양심적인 언론사들에 기습공격을 가해 군자금을 챙겨오려고 한다. 공식적으로 선전포고하고 공격을 가하는 것도 두 마리 토끼를 잡을 수 있기 때문이며 이미 지난해부터 그러한 전략으로 진행해 오고 있다.

그러나 언론사들 상대로 한 사건은 불행하게도 시효 때문에 좌절을 맛보아야만 했으나, 승리할 수 없다손 치더라도 필자인 독립군 텃밭 대문에 필자가 죽기 전까지 그동안 싸워 온 대의명분을 올려놓을 수만 있으면 된다.

다만, 골리앗의 전쟁에서 다윗이 승리할 수 있는 길은 기자들과의 기 싸움의 관문을 통과해야 하므로 기자들과의 전쟁은 불가피한 일이다. 예상했던 대로 법적 시효 때문에 제동이 걸리고 있으니 절반은 성공했다고 본다.

어쩌면 이 방법이 두 마리 토끼를 잡는 데 가장 중요한 역할을 할 수 있다고 보고, 기자들과의 기 싸움을 더욱 강력하게 진행함으로써 신묘년을 '사법개혁 원년의 해'로 만들어가도록 멋진 풍악과 함께 멋진 닻을 올리려 한다.

부디 필자의 군사들이여, 이 시대 독립군들이여, 마지막까지 정의의 깃발을 높이 들고 법이 정의롭게 집행되는 그날까지 정의롭고 아름다운 성을 이룰 수 있도록 저 높고 막강한 그들만의 철옹성과 마지막까지 투쟁! 투쟁해 보자.

2011.2.3. 신묘년 설날에

석궁으로 멍들고, 부러진 화살로 희망을 품다!
- '조남숙' 그는 왜 석궁사건 재판부를 향해 계란을 던졌는가? -

지난 2007년 1월 18일은 필자가 학교를 상대로 싸워온 사건의 판결 날이었다. 당시 나는 판결을 받기 전 숨겨둔 무기 2탄을 폭로하는 것이 좋은지 아니면 결과를 보고 나서 폭로를 하는 게 좋은지를 놓고 저울질 하고 있었다. 그런데 나를 도와주던 법률자문위원은 무조건 머리 푹 숙이고 판결을 받으라고 조언했다. 재판부가 이미 내가 누구라는 것은 다 알고 있으니 수긍한 채로 판결을 받는 것이 나을 것이라 하여 일단은 그러기로 마음을 먹었다.

그러나 선고 사흘을 앞둔 2007년 1월 15일 판결 결과에 불만을 품은 대학교수가 판결한 판사에게 석궁을 쏘아 상처를 입혔다는 충격적인 사건이 보도되었다. 나는 어쩌면 이 사건이 나의 사건에 유리하게 작용할지도 모른다는 생각에 변론 재개를 신청했고, 석궁교수 구명운동을 위해 불철주야 뛰어다녔다.

가운데가 조남숙 사법연대 집행위원장, 우측은 김원열 공동대표 ⓒ추광규

12년 동안 입증하지 못한 남편의 인사카드가 위조되었다는 것도 감정인 증언으로 입증된 터라 100% 성공할 것이라 기대하며 신나게 뛰어다녔다. 그러나 5개월여 후 내려진 선고 결과는 그동안 나의 노력을 저버리고 말았다.

어차피 방우영이라는 골리앗과의 싸움이라 결코 쉬운 싸움은 아니었다. 그래서 나는 결사항전을 위해 배수진을 친 장수처럼 달걀과 농약을 준비하고 재판장으로 향했다. 만약 판사가 패소판결을 내린다면 법관을 향해 달걀을 던진 후 음독자살을 시도할 생각이었다.

그런데 이를 다행이라고 해야 하나? 재판장에 들어가려는데 법정 경위가 몸수색하는 것이 아닌가! 그리고 물 종류는 들고 들어갈 수 없다고 하여 난 어쩔 수 없이 물병으로 위장한 농약을 밖에다 놓고 들어갈 수밖에 없었다.

예상대로 골리앗과의 싸움은 역시 힘들었다. 판결은 기각이었고 나는 그 자리에서 울분을 참지 못하고 달걀을 법관을 향해 던졌다. 하지만, 나약한 여자가 던지는 달걀은 불과 얼마 가지 못해 증인석 앞에 떨어졌고 판사는 주저 없이 감치 재판을 명하였다. 그래 너희가 하고 싶은 대로 해보라고 자포자기하고 있는데, 감치 재판에서 판사는 이것저것을 생각해 보더니 구류처분만은 하지 않겠다며 나를 풀어주었다.

이 같은 경험은 몇 개월 후 석궁교수 결심공판에서 유감없이 재활용될 수 있었다. 그날도 부패한 검찰을 향해 결심공판 당일 달걀을 던졌다. 결심공판은 검찰 구형을 마지막으로 마무리되는데, 판결 전에 달걀을 던져야만 판사의 저울추가 흔들려 형을 감형시켜 줄 것이라 판단했기 때문이다.

그 결과 검사는 10년 구형을 했으나 4년 형을 선고했다. 결국 달걀 2개로 6년의 형을 줄인 판결을 받아내는 데 성공을 했다. 하지만 필자가 던진 2개의 달걀은 14일간 감치시키고 말았다. 다소 아쉬웠던 것은 다른 사피자들도 필자의 행동에 동참하여 선고하는 날, 달걀을 던져주기를 바랐으나 그것은 나의 기대뿐이었다. 14일의 감치를 마치고 나온 후, 필자는 돌아온 관순 누나가 되어 더욱 극성스럽게 구명운동을 펼쳤다.

대법원은 석궁교수 선고하는 날 필자가 다시 계란을 던질 것을 판단해 사복경찰관들이 짝 갈려서 들어가는 사람마다 몸수색을 했으니 대법정에서는 달걀 투척은 성공할 수 없다고 판단하여 법정에 들어가지도 않고 대법원 정문에서 기자회견을 했다. 결국, 기각이었고 이 시대 독립군들은 눈물을 흘렸다. 필자는 용기 있게 대법원 정문 입석에 달살을 신나게 던졌으나 대법원 문지기들조차 부당한 판결이라고 생각했는지 우리의 행동을 멍하니 보고만 있었다.

사법개혁을 위해 석궁사건과 관련한 집회도 수없이 개최했다. 그렇게 노력을 기울였건만 석궁구명운동과 관련한 소식은 뉴스 시간에 불과 몇 초 정도 보도된 것이 전부였다. 이와 반해 투쟁비용은 알게 모르게 수백만 원씩 들어가고 말았다.

그렇게 또다시 4년여의 세월이 흐르고, 석궁교수는 석방되었고, 그렇게 또 수개월의 시간이 흘렀다. 이런 시간 속에서 나는 문득 아무도 인정해주지 않는 별 볼 일 없는 단체를 가지고 왜 쓸데없이 석궁구명운동을 펼쳐서 괜스레 사법부에 밉보여 필자의 사건만 엉망이 되고 말았다는 생각이 들었다. 막상 내 사건 때는 집회비용이 없어 시위도 하지 못했을 뿐만 아니라, 임대료도 못 내 사무실마저 명도 당하는 등 이런저런 서러움과 허탈함이 밀려와 이제는 단체를 접고, 아들 방에서 골리앗과의 전쟁에만 몰두해야겠다는 생각이 들기도 했다.

누군가 하늘은 스스로 돕는 자를 돕는다고 했지만, 오히려 그 같은 헛수고로 가정만 파괴되었다는 생각밖에 들지 않았다. 더욱이 이 시대 독립운동이라고 할 수 있는 사법개혁운동은 사법부라는 거대 권력의 눈높이에 정조준해 펼쳐야 하는 운동이었고, 또 그렇게 하지 않고서는 아무도 도움이 되지 않는다.

이렇게까지 해도 바뀌지 않는 집단이라면 차라리 독립운동을 접고 내 개인 사건이나 해결하는 데 오히려 도움이 될지도 모른다는 유혹의 생각마저 들었다. 더욱이 이제는 나이까지 들어 따라와 주지 않는 체력

마저 깊고 깊은 안주의 꿈속으로 나를 안내하려고만 했다.

이렇게 몸도 마음도 지쳐 가고 있을 때, 필자를 다시 투쟁의 길로 이끌어 준 것은 계속해서 찾아와 억울함을 호소하는 사법피해자들의 눈물과 거리의 철학자 김원열 교수님과의 만남이었다. 이들은 지쳐 실의에 젖어 있던 필자에게 새로운 힘을 샘솟게 했고, 다시 한 번 심기일전하여 지쳐 쓰러져 있던 깃발을 다시 들게 하였다. 지난 몇 달 동안의 고민이 다시금 작은 돛단배에 돛을 고쳐 달게 만들었고 새로운 항해를 준비하게 하였다.

그런데 이렇게 마음을 고쳐먹고 있을때, 이게 웬일인가? 그동안 상상조차 하지 못했던 연세대 창립자인 언더우드의 증손자가 미국에서 날아와 '연세대 진리와 자유'를 지켜야 한다며 성명서 발표하였으며, 기독교 총연합회에서도 골리앗(연세대재단)에게 달걀 세례를 퍼붓기 시작했다.

더더욱 놀라운 것은 남편의 연세대 농업개발원 동문회에서 30년 만에 동문회를 개최하였으며, 남편을 즉시 원상으로 회복시키라는 청원서를 보내왔다.

그뿐인가. 내가 그렇게 힘들여 구명운동을 펼쳤지만 아무런 소득도 없었던 석궁사건은 '부러진 화살'이라는 제목으로 영화화되어 사회의 관심을 한몸에 받으며 개봉을 앞두고 있지 않은가!

이 모든 일련의 사건들이 마지막 기자회견을 끝으로 마무리하려던 나의 투쟁사를 다시금 쓰게 만들었고, 2012년 1월 9일 사법개혁을 위한 기자회견온 마지막이 아니라 새로운 투쟁을 시작하는 날이 되었다.

특별수사청(공수처) 설치 운동을 위한 새로운 계기

사법피해자들을 제도적으로 구조하기 위해서는 비리 판사와 검사를 수사하는 권한을 갖는 특별수사청 설치만이 그 정답이라 생각하고 그동안 이 운동에 전념해 왔었다. 하지만 국회는 여야의 이해관계가 맞물리면서 지지부진하며 그동안 서로의 눈치만 보고 있는 것이 현실이었다.

이런 가운데 60년 사법사상 가장 충격적이었던 전 성균관대학교 수학과 김명호 교수의 석궁사건을 영화화한 '부러진 화살'은 애초에는 2월 경에나 개봉이 될 것이라 하였다. 그런데 갑작스럽게 상영 일정이 앞당겨져 설 연휴 직전인 18일 개봉한다는 소식을 접하게 되었다.

사피자들과 회의를 한 결과, 이 영화를 만든 정지영 감독에게 우리 단체가 '정의로운 예술인상'을 수여하고, 이를 특별수사청 설치를 위한 시민운동의 한 동력으로 삼는 것이 좋겠다는 결론을 얻었다. 구체적으로 비리 판·검사로 인한 피해사례와 관련하여 가장 언론의 주목을 받았던 석궁사건을 최대한 활용하자는 전략이었다.

그러나 기자회견 날짜에 행사 준비를 마치기에는 거의 불가능에 가까웠으나, 영화 상영 이전에 기자회견을 해야 한다는 생각에 무리해 가며 계획대로 진행을 하였다. 하지만, 정작 수상자인 정지영 감독과 연락이 닿질 않아 수상은 부득이 뒤로 미룰 수밖에 없었다.

어쩔 수 없이 시상식은 무죄 받은 사건조차 20개월 동안이나 대법원에서 잠자는 사법피해자 사건에 대해 신속한 판결을 촉구하는 기자회견을 하면서 정 감독에게 '정의로운 예술인상'을 시상하겠다고 공표하였으며, 상패를 가지고 멋지게 포즈도 취하면서 사진을 찍었다.

그리고 장소를 대검찰청으로 옮겨, 200억 원 횡령한 자는 봐주고 죄 없는 자는 억지 횡령과 무고죄로 구속시킨 검사에 대한 징계 및 고발장을 접수한 후 이날의 행사를 마무리했다.

그리고 정감독에게 정의로운 예술인상을 수여하겠다는 공문을 발송한 결과 정상민 대표는 '정지영 감독은 못 오시고, 대신해 자신이 오겠다'고 하였다. 일단 행사는 이틀 후인 19일로 잡았다. 운전기사, 사회자, 피켓을 들어 줄 행사단원, 얼굴마담(공동대표), 사회인사 등 지난 15년 동안 해온 실력으로 일사천리로 행사 준비를 했다.

긴장감에 잠이 안 와 새벽같이 일어나 준비를 하는데, 갑자기 알지 못하는 회의감이 밀려 왔다. '이 추운 날에 노상에 행사한다는 것이 얼마나 힘든가!' 그것도 없는 살림에 톡톡 털어서 행사 준비를 하는 것 역시 부담되어 '내가 누구를 위해 이렇게 험난한 사법개혁의 길로 들어섰나' 하는 착잡한 심경이 몰려 왔다. 그러나 암행독립군이 성명서를 준비해서 보내준다는 이 한마디에 그때까지 아팠던 두 어깨는 날개가 달린 듯 가볍게 움직이기 시작했다. 봉고차에 가서 앰프를 준비하고, 꽃다발 준비, 풍선까지 정신없이 행사 준비를 했다.

이어 필자를 얼굴마담으로 내세우고 투쟁하고 있는 독립군으로부터 메일이 왔고 메일 내용을 보니 너무나 감격해 눈물이 났다. 바로 이거야, 이런 무기야말로 대한민국을 바로 세우는 가장 위대한 무기라고.

모든 행사 준비를 마치고 종로3가 피카디리 극장 앞으로 가서 보니 12시가 다 되었다. 행사를 위해 장비를 내려놓고 준비를 하고 있는데 극장 관리인의 반응이 무척이나 차가웠다. '무조건 저 멀리 가서 하라'는 거였다. 별수 없이 영화관에서 좀 떨어진 장소에서 행사를 시작했다.

시상식은 처음이었으나 노상에서 하는 행사치고는 그런대로 즐겁게 진행이 되었다. 통기타 가수인 이병용 간사도 일찍 도착해 분위기를 고조시켰고 '촛불 사랑 TV'의 실시간 인터넷 TV 기자도 와서 취재에 열중했으며 김원열 공동대표님도 일찍 찾아와 우리에게 용기를 주었다.

▌19일 12시, 피카디리 극장 앞에서

그런데 아뿔싸! 독립군 할머니들이 오늘은 영화를 보여준다고 했더니 늘 쓰고 오던 모자도 안 쓰고 도리어 머리에 힘을 주고 오셨으니 이를 어찌할까나! 가볍게 시위를 펼쳐 볼까 했었는데 우리 단체의 상징인 모자를 안 쓰고 오셨으니… 하하하! 어찌 되었건 이런저런 해프닝을 겪으면서 아들 같은 젊은 영화사 대표에게 '정의로운 예술인상'을 시상하는 영광을 얻었으니 이날 문화행사는 기대 이상으로 멋지게 마무리되었다.

그리고 이날 행사로 부정한 권력자들의 비리를 만천하에 고하는 기쁨과 신실은 언젠가는 알려지게 된다는 진리를 다시 한 번 되새기면서 어쩌면 우울한 설날을 맞이할지도 모르는 사법피해자들의 마음을 조금이나마 녹여주지 않았나 하는 자화자찬을 해 보기도 한다.

　이러한 행사를 인터넷에 홍보를 하자 상영을 거절했던 영화관이 적극 앞서서 상영을 하게되자, 흥행 랭킹 1위로 선정되었으며, 이어 국민영화로 인정 받게 되었다. 정감독은 제작비 가장 적게 들이고(구치소에서 법원만 오가는 장면) 흥행에 성공한 영화라고 했다.

2012.1.23. 설날에

施賞(시상)에 즈음하여

나라가 건강하게 존재할 수 있도록 떠받치는 것은 법치인데 법치의 근간은 사법정의이고 사법정의의 보루라는 국가기관이 바로 법원이다.

사법정의의 보루가 구조적으로 부패해 있다면 정의는 우리 사회 그 어디에서도 존재할 수가 없고 정의가 없는 곳에서는 힘과 돈이 모든 것을 좌우하는 절망과 무법천지의 도가니 판이 되고 마는데, 대한민국이 바로 그 지경에 있다.

이런 안타까운 대한민국의 현실을 일깨우기 위해 '부러진 화살'이라는 제목으로 메가폰을 잡으신 정지영 감독님께 시민단체 사법정의국민연대가 감사의 마음을 드린다.

역사의 변화는 언제나 조그맣고 작은 시냇물과 같은 소수의 선각자를 통하여 시작되었다. 그러나 그것은 결국 강을 이루고 바다를 이루고 거대한 파도가 되어 다시 돌아와 새로운 역사의 장을 만들어낸다.

'부러진 화살'이라는 영화가 바로 그 작은 시냇물이 될 것을 확신하며 '부러진 화살'이 시민들의 관심을 이끌고 거대한 파도로 되돌아와 절망과 무법천지의 도가니 판에서 신음하고 있는 대한민국을 거대한 희망의 장으로 인도 할 것을 간절히 기원한다.

2012.1.19.
사법정의국민연대, 공권력피해구조연맹, 민족징기구현회

제6부

엄마를 믿어줘
- 나의 이야기

엄마를 믿어줘 & 법이 외면한 우리가족들의 아픔

　　모교인 대학교의 스승과 그 대학교에서 사기를 당했던 남편! 그것도 부족해서 상속재산마저 사기를 당해 소송을 해야만 했던 그런 남자의 아내가 된 입장에서 억울하게 빼앗긴 권리와 재산을 되찾기 위해 싸우는 일은 너무도 힘든 일이었다. 무엇보다 힘든 것은 법적으로 싸우기 위해 밑 빠진 독에 물 붓듯이 들어가는 돈을 마련하는 일이었다.

궁여지책으로, 희생양으로 삼을 대상으로서 가장 만만했던 것이 내 아이들이 아니었던가 싶다. 부모라면 누구라도 자식에게 더 많이 해주지 못해 안달하는 게 인지상정인데, 이 세상에 자식에게 사기를 치는 어미가 어디 있겠는가?

필자 역시 처음부터 자식에게 사기를 치려했던 것은 아니다.

억울하게 박탈당한 남편의 권리를 되찾기 위해 혼신의 힘을 다해 노력했지만 돌아온 결과는 너무도 어처구니없는 판결이었다. 그럼에도 불구하고 "법은 진실의 편이겠지."라는, 당연한 믿음을 버릴 수 없었던 내가, 너무 순진하기 짝이 없었던 것이 아니었던가 싶다.

사실관계가 명명백백할 뿐만 아니라, 모든 증거가 완벽할 정도로 갖추어진 재판이었기 때문에, 즉 부당한 인사 발령을 받기 위해서는 징계받은 사실이 있어야 하고 기본적 생존권이 보장되는 노동법에 의해 판단해야 하고, 가해자 학교는 기독교 재단에 모교라는 이유로 나는 "마지막 승리는 분명히 나의 것"이라고 장담하지 않을 수 없었다. 그런데, 재판 결과는 번번이 패소였다.

"재판은 진실이 아니라, 기술!"이라는, 조롱 비슷한 말이 법조인들 사이에 공공연히 회자되고 있었는데, 그 풍자의 의미가 무엇인지를 뼛속 깊이 직접 체험하는 슬픔을 맛볼 수밖에 없었다. 30년을 두고 패소에 패소를 거듭하고 있는 것은 무엇을 의미하는 것일까? 허위문서 제출과 황당하기 짝이 없는 위증이 "재판의 기술"이 될 수 있다는 반증이다. 그

것 외에는 패소의 원인을 설명할 길이
없다.

승소를 호언장담하던 엄마가 12년
이 지나도록 패소에 패소만 거듭하자,
딸아이는 나도 모르게 국제결혼을
하기로 결심했다면서, "결혼식만 올
려 달라!"는, 일방적인 통보를 해왔다.
2001년도의 일이었다. 청천벽력 같은
통보에 나는 아연실색하지 않을 수 없
었다. 앞으로 딸아이가 여러 가지로
고생을 겪으리라는 것이 불을 보듯 너
무나도 분명했기 때문이다. 딸아이의 마음을 돌리기 위해 갖은 애를 썼
으나, 딸아이는 요지부동이었다.

그 당시의 우리 가정이, 보증금 200만원에 월 30만원씩 내는 지하 사
글세방에 살아야하는 최악의 형편이었기 때문에, 아이들 뒷바라지를
해 줄 수 있는 처지도 못 되었으니 사실 어미로서 할 말이 없었다.

남편의 정당한 직위를 인정받기 위한 재판을 시작하기 전까지만 해
도 우리 가정은 상당히 유복한 편이었다. 시댁이 공주갑부라 할 만큼 부
자였기 때문에, 연희동의 200평짜리 대 저택에서 가정교사까지 두고
아들을 공부시킬 정도였으며, 아들과 딸을 쇼트트랙 운동선수로 키우
기 위해 월 100만 원씩의 수강료를 지불하는 등등, 부족한 것 없이 살고

있었다.

경제적인 어려움 없이 단란하게 살던 아이들, 근면 성실하게 일하던 아빠가 하루아침에 사회적 신분이 최하의 신분으로 추락하였으나, 남편을 지켜줄 무기는 나에게 없었다. 속수무책으로 지켜볼 수밖에 없는 입장으로 내몰리고 말았다. 게다가 엎친 데 덮친 격으로 생각지도 않게 재판에 계속 패소하여, 있는 재산마저 다 날리고 완전히 알거지가 되고 말았다는 것을 인정할 수밖에 없는 지경임을 알았을 때는, 그 심정이 얼마나 참담했을까?

만약 우리 가족이, 진실과 상식이 통하는 나라, 법이 법대로 되는 나라에서 살고 있었다면, 지하 월세방으로 내몰리는 비참한 꼴은 절대로 당하지 않았을 것이다. 그나마 다행이었던 것은, 아들이 군대 생활을 하고 있던 중이라 엄마의 절박함을 굳이 알게 할 필요가 없었다. 그러나 그것도 잠시 일뿐, 아들과의 평화는 제대와 함께 무너질 수밖에 없었다.

장기간의 송사로 인한 스트레스에 시달릴 수밖에 없었던 남편은 1997.9.16.추석날인데도 고향에 가지 못하고 근무하던 중, 계단에서 굴러 떨어져서 응급실로 실려 가는 사고가 발생하였다. 그런데 놀랍게도 연세대학측은 피해자가 목숨이 끊어져야 저항하지 않을 것이라고 계산했던 것인지, 당연히 수술을 해야 할 환자를 수술도 하지 않고 강제 퇴원시키는 만행을 저질렀다. 그들이 일을 그렇게 만들어 가는 과정을 보면 참으로 비정하기 짝이 없었다.

당연히, 남편은 근무 중 사고였고, 그것도 학교는 승인만 해주면 사학연금에서 요양급여를 지급하기 때문에 학교가 거절한 이유는 아무것도 없음에도 기왕증으로 발생한 뇌진탕이라고 하면서, 세브란스병원 허위 진단서를 가지고 업무상 재해로 인정하지 않았다.

그러던 중, 98. 2. 20. 경 서울서부지방법원에서는 "사무직임을 인정하고, 32호봉의 급여를 지급하라!"는, 강제조정 승소결정문을 받게 되었다. 7년 가뭄 끝에 단비를 만난 것과 같은 희소식이었다. "분명히 승소한 이상. 서럽고 원통하기 짝이 없는 세월은 이제 곧 끝나게 될 것!"이라는, 희망을 가지게 되었다. 그러나 지극히 당연한 희망은, 학교 측의 농간 때문에 여지없이 박살이 나고 말았다.

학교는 강제조정에 응하지 않은 반면, 교목실장 박명철 목사를 앞세워, "소 취하를 하면 합의를 해주겠다."고, 필자를 회유했다. 할 수 없이, 박 목사의 말을 믿고 소 취하를 했으나, 학교는 합의를 해주지 않았다. 게다가, 박 목사는, "그런 말을 한 적이 없다."고, 오리발을 내밀었다. 증인이 있었음에도 불구하고 할 수 없이 지방노동사무소에 부당휴직구제 신청을 하자 학교측은 그때서야 복직을 허락했다. 나는 할 수 없이 10년 전에 냈던 소장을 다시 제출해야만 했으나, 이번에는 판사들이 엉뚱하게도 농업개발원 위임 전결규정마저 멋대로 해석해 기각판결을 하였다.

그 결과로 30년 동안 "77년도부터 지금까지 선생님으로 근무를 했던 것인지, 아니면 일용잡급직으로 근무했던 것인지를 확인하기 위한 직급확인 소송을 하고 있다.

가정의 계속되는 불행 속에서 힘들게 대학을 진학했던 딸아이에게 엄마로서 아무런 경제적 도움을 줄 수가 없었다. 다행히 성적이 우수한 덕분에 학교에서는 실습조교를 하고, 밤에는 야간시장에서 알바 일을 하면서 스스로 학비를 마련할 수 있었다. 그리고 '조금만 참아라. 엄마가 승소 한다.'라는 엄마의 말만 믿고 끝까지 잘 버티어 주었다.

그런 중에, 미국에서 살던 동생이 2001년도에 귀국해 한국에서 잠시 살다보니 딸아이가 너무 안됐다는 생각과 언니의 생활이 너무 어려워 보여 미국 육군 장교와 중매를 했다. 그 일로 인해 그만 딸과는 생이별을 해야 했고, 우리 가족은 전혀 예상하지 못했던 삶의 질곡으로 빠져들기 시작했다.

사실 딸은 똑똑하고 예쁘고 말도 잘하고, 공부도 잘하고 그림도 잘 그려 나는 딸아이를 다윗의 후계자 내지는 정치인으로 키우고 싶었다. 아들에 대한 희망은 없었어도, 남편에 대한 기대는 없었어도 오직 딸만을 바라보고 살아왔고 딸이 있어 모진 시련을 이겨내는 것이 가능했다. 그런데 나의 희망과 목적이 한순간에 다 날아갔다. 더욱이 딸의 말인즉 "이 나라에서는 아빠 사건 못 이겨요. 그래서 엄마 아빠를 위해 국제결혼 하는 것이니 허락해 주세요"라는 것이었다. 나는 더 이상 할 말을 찾지 못했다. 딸의 명료한 결정에 딸을 설득할 용기가 나지 않았다.

불의의 화신 골리앗은 딸아이까지 국제결혼을 해야만 되는 처지에 몰린 것을 보고 법원을 통해 생색내듯 조정을 하려 했으나, 골리앗의 횡포 때문에 사랑하는 딸까지도, 딸의 희망도 딸의 행복권마저도 뺏아긴 이 마당에 조정이 무슨 소용이야 싶고, 남편의 직위확인을 포기하고 돈만 가져가라는 조정에는 더더욱 응할 수 없다고 거절하자 패소했다.

누가 봐도 근무 중 사고는 업무상재해이기 때문에 승소를 장담했고, 남편의 정신도 오락가락해 더 이상 근무를 할 수가 없는 상태인지라, 차라리 자신 사퇴를 한 후 그 퇴직금으로 책을 발간하여 두 마리 토끼를 잡는 게 낫겠다는 생각을 했다. 즉, 책으로 진실을 밝혀 내 사건도 승소하고 우리 단체가 어떻게 구조했는지 보여 줌으로써 단체를 활성화할 목적으로 퇴직금까지 털어서 책을 발간했었다.

이 책에서는 주로 피해자들이 선임한 변호사들이 사기변론을 한 것을 폭로하였다. 그래서인지 "재판이냐 개판이냐 -짜고 치는 재판 청산을 위하여" 책 내용의 사례를 불티나게 보도가 되었다. 그러나 그 흥행도 잠시뿐이었다. "경찰수사권 독립"문제로 단체 내분을 겪게 되었는데, 필자를 몰아낸 후, 경찰수사권 독립이라는 검찰개혁을 통해 정치에 입문하고자 하는 몇몇 부정직한 임원진들의 농간 때문에 구조해준 피해자들 손에 의해 필자가 구속되는 웃지 못 할 사건이 발생하였다.

아들을 미국으로 도피시키는 법

책을 내면서 육감적으로 어쩌면 검찰과 사법부가 나를 잡아 넣으려들지도 모른다는 생각이 들었다. 혹시라도 그런 일이 발생할 것을 우려해 나는 아들을 미국으로 도피시켰다. 아들이 미국 가서 동생하고 지내다 오면 엄마가 성공해 있을 거라고 간신히 설득시켜서 미국으로 보냈다.

엄마를 애타게 기다리던 딸아이는 엄마 대신 오빠를 보는 것으로 만족을 해야만 했다. 나는 6개월을 예상해 아들을 미국에 보냈으나, 아들은 직장 때문에 돌아와야 한다면서 3개월 만에 귀국을 했고, 돌아오자마자 엄마가 구속되는 사태가 발생했다.

그 무렵 남편은 적십자병원에서 척추수술로 입원 중에 있고, 엄마는 구치소에 있는 이 얼마나 황당한 일이었겠는가....심부름도 잘 못하는 아들인 줄로만 알았는데, 아들은 퀵으로 내가 요구하는 문서들을 그 즉시 보내주는 순발력으로 구치소에서 무죄판결을 받아내는 데 성공했으니, 그야말로 기적 같은 일이 아닐 수 없다.

남편은, 아들은 엄하게 키워야 한다면서 큰 목소리로 야단을 치니, 늘 주눅이 들어서 밖에서 누가 큰소리만 쳐도 울고 들어올 정도로 겁이 많은 아이로 자라게 되었다. 공부 역시 아빠의 잔소리에 기가 죽어서 더 못하는 것 같았다. 할 수 없이 공부는 못해도 용기 있는 남자로 키워 보겠다며 태권도, 펜싱 등 운동 쪽으로 가르치게 되었다. 그러다 쇼트랙 선수가 전망이 좋다는 판단에 초등학교 5학년 때부터 스케이트를 타기 시삭

했고, 결국 태능 선수촌까지 들어가는 데 성공을 했다.

똑똑한 딸아이한테 오빠 가방을 들고 목동까지 오빠를 데리고 다니게 했다. 같이 다니는 김에 딸아이에게도 쇼트랙을 가르치기 시작했는데, 결국 서울시 쇼트랙 대회에서는 아들이 아니라 딸아이가 우승을 했고, 코치선생도 딸아이가 더 낫다면서 유혹하기 시작했다. 남자아이보다 여자아이가 국제선수가 되는 것이 더 유리하다고까지 하면서 선수로 키우자고 했다.

그렇게 해서 아이들이 쇼트랙 선수가 되기 위해 열심히 운동을 하고 있던 그 무렵에 남편이 부당한 인사발령을 받게 되었다. 갑작스럽게 닥친 황당한 일에 너무나 어이가 없고, 살 의욕도 없어 자식들에 대한 특기교육도 접어야 했다. 아이들 역시 실망이 컷지만 딸은 공부도 잘해 무난히 우수한 성적으로 고등학교를 졸업하고 체육학과에 입학을 하였다. 그러나 아들은 경제적 뒷받침을 해 주지 못해 군에 입대를 해 버렸다.

아들이 군대에서 제대할 때쯤이면 나는 경제적 능력이 좋아질 것이라고 생각을 했는데 실상은 그렇지를 못했다. 아들은 제대를 한 후, 직장생활을 하다가 엄마 꼬임에 빠져, 미국에 가서 동생하고 지내다 왔지만 엄마가 성공해 있기는커녕 사기꾼으로 몰려 구치소에 들어가 앉아 있으니 얼마나 황당했을 것인가..

석방된 후 딸이 너무나 보고 싶어 미국에 갔으나, 딸아이가 사는 것을 보니 감옥 아닌 감옥 생활을 하고 있는 것 같아 도저히 딸을 볼 수가 없었다. 제 아빠를 닮아 차분하고 영리한 딸이었는데, 군인가족들이 모여 생활하는 것이 마음에 안 들었는지 교회조차도 한인들이 모이는 교회를 다녔으며 뭔가 마음이 텅 빈 것처럼 눈빛에는 초점이 없고 방황하고 있는 듯한 모습이 역력했다.

그럼에도 자존심이 강했던 딸아이는 아무런 불만도 하소연도 하지 않고 침묵으로만 일관하면서 혼자 괴로워했다. 그런 딸의 삶을 보고 있자니 더 이상 미국에 있을 수 없었다. 딸을 살리는 길은 내가 골리앗과의 싸움에서 승리하는 길밖에 없다고 판단했다. 그리고 골리앗에게 승리하는 길은 책을 내어 나의 억울함과 남편의 사건을 알리는 길밖에 없다고 생각하여 한 달 만에 미국에서 귀국했다.

귀국 후 죽기 살기로 원고 정리를 한 결과 출소 1년 3개월 만에 검찰 피해사례집 "사기 치는 법 사기당하는 법"을 2007. 3. 2. 발간하게 되었다. 그러한 도전장에도 불구하고 대법관 양승태는 남편 사건에 대해 부당한 이유로 2008. 12. 패소 판결을 내렸다.

딸이 너무나 걱정된 나머지 아들이 벌어온 돈을 모아 독일로 파병 간 딸집으로 엄마 대신 아들을 보내야 했고, 손녀딸이 탄생한 2010년에도 아들이 엄마 대신 미국을 갔다 왔다. 그럴 적마다 엄마 대신 다녀오면 재판에서 꼭 이긴다고 장담을 하곤 했었다. 그러나 이때도 또 재판에서 졌다. 이젠 더 이상 아들에게 거짓말을 할 면목이 없었다. 고민 끝에 아들을 미국으로 보내놓고 자살하기로 마음먹고 아들을 2011. 5. 경에 다시 미국으로 보냈다.

시련만큼 커지는 저항과 싸움

아들을 미국으로 보낸 뒤 골리앗 앞마당에서 삭발식을 하고, 명도당한 살림살이를 전 대법관 김용담의 앞마당에 갖다 버린 후에 한강에 투신하기로 작전을 세웠다. 그런데 골리앗의 집 앞에서 삭발식으로 하고 있자니 골리앗의 졸개가 나와서 잘못했다고 사죄를 하는 것이었다. 전 대법관 김용담에게는 그 즉시 가지 못하고 일주 후에 가기로 했다. 일주일 후에 세종법무법인 앞마당에서 살림도구들을 다 던져 버리는 행사를 할 목적으로 소리가 잘나는 사기그릇과 통 등의 물건들은 꼭꼭 싸가지고 봉고차에 실어 두었다.

그러나 날씨가 너무 덥다 보니 봉고차에서 악취가 진동했다. 더 이상 봉고차를 사용할 수가 없게 되는 바람에 이벤트를 하기도 전에 고스란히 그냥 버려야 했다. 그리고 골리앗이 잘못했다고 사죄까지 하였으니 더 이상 항의 집회를 하는 것이 바람직해 보이지 않아 포기해야만 했다.

결국 아들이 귀국한 2011. 9. 경에도 얻은 것은 없고, 자살도 못하고 보니 아들이 펄쩍펄쩍 뛰기 시작했다. 이번에는 꼭 이긴다고 해놓고서는 이젠 월세방까지 다 날려 버리고 사무실에서 생활을 하라고 하자, 더 이상은 이대로 살 수 없다고 하면서 집을 나가 버렸다. 그래서 할 수 없이 월세방을 얻어 주게 되었다. 막상 아들을 분가시키고 보니 텅 빈 사무실을 혼자 지키고 있는 내 자신의 모습이 한없이 초라하고 가련하게 느껴졌다. 딸이 사준 집마저도 담보로 잡혀 몇 년 동안 다 쓰고 빚더미에 앉고 보니 도저히 더 이상 살아갈 자신이 없었다.

결국 나의 짧은 생각으로, 주겠다는 돈도 거절한 결과 골리앗과 사법부로부터 테러를 당해 말로 표현할 수 없는 시련을 겪어야 했다. 지금은 자식들을 위해 미지급 임금만이라도 달라고 애걸해도 골리앗은 합의를 해주지 않고 있다.

골리앗은 소송사기수법을 동원한 결과로 승소판결을 받아낸 이상 사법부 스스로 자신들의 오심을 자백하는 판결을 하지 않을 것이라는 판단에서 베짱을 튕기고 있다.

그러나 다윗처럼 하늘의 심판자를 믿고, 작은 조약돌로 악의 무리들을 응징하는 것만이 내가 존경하던 유관순처럼 살고자 했던 꿈을 이루는 것이고, 자식들에게 사기 친 엄마가 아니라, 이 땅의 사법정의를 위해 빛과 소금의 역할을 한 엄마로 기억될 수 있도록 정의의 조약돌을 무기로 저 골리앗과의 정면 승부를 걸기로 결심하게 되었다.

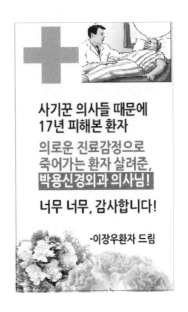

김용담(전 대법관) 장로와 판결문에서 만나는 법

강원장 차를 운전해 주던 직원이 명예퇴직을 한 후 연희동에서 식낭을 운영하고 있으면서 필자가 살고 있는 연희동 집 2층에 임차하여 살고 있었다. 장기간 소송으로 연락도 없이 지내던 사이였으나, 한 집에 살고 보니 자주 남편애기를 하던 중 강원장 처조카가 판사를 말을 했고, 그 애기에 깜짝 놀라 이름이 뭐냐고 하자, 운전기사였던 이선생은 김용담이라고 했으며 새문안교회 장로라고 했다. 그 즉시 판결문을 뒤지기 시작한 결과 1차 전직발령 무효확인의 항소심에서 판결을 했던 판사였고, 농개원 위임전결규정을 위조해 사기 판결한 판사였다는 것을 2011. 5. 경에 알게 되었다.

그 즉시 김용담에게 편지를 보냈으며, 학교와 조정이 되도록 노력해 달라고 호소를 했다. 그러나 김용담은 자신이 판결을 잘못한 것이 없다고 답변을 했다. 이에 할 수 없이 학교와 김용담, 강영희를 상대로 소송을 하게 되었으며, 이 사건에서 농업개발원 위임전결규정과 직인규정에 대해 문서제출명령을 신청하게 되자 학교는 2012. 7. 경문서를 제출한 결과 필자의 주장대로 위임전결규정을 조작해서 김용담이 사기판결을 하였다는 것이 들통이 났다.

그러나 재판장은 이미 김용담의 판결한 판결문 때문에 다른 판결을 할 수 없다고 사기판결을 했다. 그러나 특별한 증거가 있으면 그러하지 아니한다는 대법원 판례가 있음에도 불구하고 강태훈 판사는 패소 판결을 했다. 그러나 피고들이 소송사기로 승소했다는 것을 문제 삼아 2018. 7. 경 다시 소장을 제출했으며 현재 서울중앙지방법원에서 진행 중에 있다. 죄진 자는 언제가 천벌을 받는다는 속담과 같이 김용담은 강원장의 운전기사 도움으로 김용담을 잡는 증거를 찾게 되었다.

최은수 전 부장판사 상대로 소송했다가 증거를 잡는 법 &

남편이 증거를 찾아 주고 저세상 사람이 되는 법

　남편의 원수를 갚기 위해 사기 판결한 최은수 전 부장판사 상대로 2012. 3. 경부터 소송을 하고 있던 중, 남편은 정신과병원에 입원해 있다가 갑자기 병실에서 넘어지는 사고로 정형외과에 입원했다. 우연히 의료사고로 승소한바 있는 사피자는 다른 사건으로 도움을 받고자 필자는 만나게 되었으나, 사피자 손씨는 박용의사가 바르게 감정을 잘해준다고 하면서 소개해 주었다. 그 즉시 박용의사가 운영하는 병원으로 남편을 입원시킨 후, 사고당시 CT필름을 감정한 결과 외상에 의한 뇌출혈이라고 했으며, 이렇게 쉬운 사건을 15년이나 걸려야 했냐면서 이해가 안간다고 했다.

　이때부터 CT필름만이 남편의 사고를 입증할 수 있다는 판단에 대한의사협회와 서울에 있는 대학병원 5개 곳에 억울하게 업무상재해도 인정받지 못해 장장 15년 동안 소송을 하고 있는 남편을 살려달라는 진정서와 함께 CT필름 감정을 부탁한다는 공문을 발송한 후, 의사협회까지 달려가 애원을 했다. 이어 고려대 안암병원에 가서도 1인 시위를 하면서 감

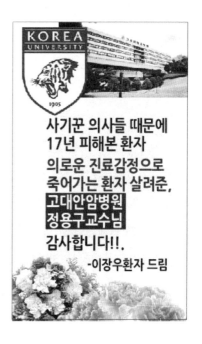

정을 부탁하자, 신경외과 정용구 교수님이 감정을 해주겠다고 했으며, 진단 결과 남편은 외상에 의한 뇌출혈이 있었다는 진단서를 2014. 4. 경 해주셨다.

이러한 진단서를 가지고 세월호 사건이 발생된 날, 서울대병원 응급실을 통해 남편을 2014. 4. 16. 입원시키는 데 성공했으며, 서울대병원에 8개월 동안이나 입원해 있으면서 남편을 살려내라고 하였다. 그러나 서울대병원은 아무런 잘못이 없다고 우겨 할 수 없이 소송을 해야만 했고, 이러한 진단서에 의해 학교측에 사죄와 함께 최소한의 피해를 배상하라고 요구했으나 끝내 학교는 거절했다.

그 후 박용 의사는 2014. 7. 경 증인으로 출석해 CT필름에서 오른쪽 앞(전두부)에 흰색의 미세한 구름모양의 음영은 출혈을 의미하며(음영증가) 신경외과 전문의사면 누구나 판독이 가능한 음영이라고 하면서 "통상적인 충격으로는 이 정도의 출혈이나 상흔은 일어나지 않으며, 최소한 1m이상의 높은 데서 떨어졌을 때 생길 수 있다"고 증언했다.

그러나 남편은 서울대병원에 입원해 있었으나, 병원비용과 간병비 비용을 부담할 능력이 없어 할 수 없이 2014. 12. 15. 서울대병원에서 퇴원을 한 후, 요양병원에 입원해 있었다. 이러한 절박한 사정으로 고려대 안암병원과 인제대학교 서울백병원, 박용신경외과의원 모두 "급성경막하혈종, 뇌좌상"이라는 진단을 가지고 학교 측에 사죄 및 보상을 촉구했으나, 학교가 거절한 결과 남편은 억울한 누명도 벗지 못하고 2015. 2. 2. 저세상 사람이 되었다.

마지막 조약돌이 될 책(무기)

남편의 명예도 회복시키지 못한 죄책감에 점점 몸은 쇠약해져 갔으나, 우연히 의사출신 변호사를 만나 추가선임을 한 후, 더욱 확실하게 세브란스병원 진단서가 잘못이 있다는 준비서면을 제출했다. 그리고 법원에 조정을 신청했다. 의사출신 변호사는 정상적인 피해배상은 15억 이상이나 최소한 3억 원 정도만 요구해야 될 것 같다고 했다. 그것마저도 학교가 준다는 보장이 없다고 했다.

재판장은 13억 원 청구한 소장을 던져 버리고 최초로 제출했던 청구금액 1억 원을 기준으로 조정재판을 했고, 학교는 2천만 원도 안주겠다고 우겼다. 그러자 재판장 왈 "피고가 2천만 원도 안준다고 하므로 5천만 원에 조정하겠다"라고 했다. 원고는 판결문을 조작해 판결한 피해 사건에서 어떠한 몸값이 정해지는지, 재판장 양심을 떠보기 위한 작전이니 금액이 적을수록 원고 몸값이 올라간다. 어떻게 그 가격밖에 안되냐고 울면서 애원을 했으나 5천만 원에 화해권고결정이 났다.

결국 근로자가 사망한 사건인데도 불구하고 엉터리 판결로 재판장은 금 5천만 원의 배상밖에 되지 않는다는 것이니, 비리 판, 검사 고발 투쟁을 해온 필자로서 큰 수확이라 하겠다. 조정이 거절되자 이원신 재판장은 중앙대학교병원 감정과 서울대학교병원 감정만을 증거로 채택해 남편은 근무 중 사고로 인정할 수 없다는 취지로 2018. 2 경 다시 기각판결을 했다.

그러나 돌이켜 보면 남편이 정신과병원에 입원해 있다가 넘어지는 사고로 정형외과병원에 입원했다가 박용원장님을 만나는 계기가 되었으며, 박용원장님은 필자를 학생을 가르치듯 무거운 의학서적까지 주면서이 책을 보고 '외상에 의한 뇌출혈'에 대해 공부를 해보라고 했다. 그 책을 통해 사고 당시 CT필름을 감정하는 방법을 알게 되었으며, 결국 남편 덕에, 우연히 사무실을 방문한 사피자 덕에 진실을 규명할 방법을 알게 되었다. 남편 덕에 이렇게 큰 소리로 "남편은 계단에서 내려오다 굴러 떨어져 다친 뇌출혈 사고다."라고 목소리 높여 외칠 수 있게 되었다.

중앙대학교병원 상대로 소송 하는 법 & 확정된 판결을 뒤집는 법

한편, 필자는 이미 중앙대병원의 허위감정으로 2005. 7. 5. 패소로 확정된 사실을 알고 10년이 지나기 전 소장을 제출했으며, 대한의사협회 감정은 채택이 되었으나, 의사협회만 믿고 있을 수가 없고, 최고로 높은 분한테 감정을 받아야 법원이 인정을 해 줄 것 같아, 고 장준하 선생도 정의화 전 국회의장이 타살이라고 양심선언함으로 진실이 밝혀졌던 것을 의지하면서, 필자는 정의화 전 국회의장님한테 편지로 호소를 했다.

문서를 보낸 후 부산으로 내려가 가장먼저 정의화 전 국회의장의 기념관을 찾아가 담당자하고 인사를 한 후, 현수막을 들고 호소를 했다. 그런 후 김원묵기념봉생병원으로 달려갔다. 너무나 떨려 눈물짓고 있는 필자를 함께한 임원진들의 정성어린 도움을 받으면서 2018. 3. 경 CT감정을 신청한 결과 동 병원 신경외과 이상준 과장은 "이렇게 큰 사고가 있었는데 수술을 안 했느냐"라고 하면서 그 즉시 감정을 해주셨다. 이처럼 하루 만에 감정이 나오는데도 불구하고 대한의사협회는 1년여 동안 고민 끝에 2019. 4. 경 남편은 높은 데서 떨어지면서 다친 사고라고 감정을 했고, 고려대 안암병원의 감정서에 의해 최종 4월 30일 오후 2시 변론을 마지막으로, 다음 달 선고기일로 지정될 것 같다.

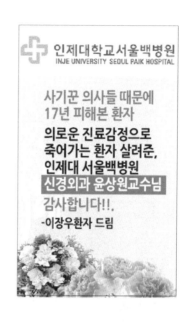

부당한 판결을 뒤집는 것은 쉽지 않은 일이지만 민족단체 대표들이 "이 시대 열사가 되지 말고, 의사가 되어야 한다."라고 필자에게 늘상 충고를 했던 것처럼 이 작은 책 한 권으로 불의한 자들을 응징하고, 정직하고 올바른 사람이 대우받은 그런 정의로운 사회가 되었으면 한다. 그러한 전략으로 판결을 받기 전 내가 먼저 판결문을 작성하여 온 국민들에게 보고하기로 했다. 조금은 무모해 보이는 듯 한 복수의 아리랑이지만 부당한 공권력에 의해 혹은 불의한 권력에 의해 억울하게 피해를 당한 분들에게 조금이나마 도움이 되었으면 하는 마음이 간절하다.

시작은 미약했으나 끝은 창대하리라는 성경말씀을 믿고 싶다.

국민들의 지지와 성원으로 나와 나의 가족이 불의한 악당들 때문에 아무 죄도 없이 억울하고 비참하게 살아야 했던 과거를 딛고 일어나, 나의 사랑하는 아들딸과 힘차게 새 출발을 할 수 있도록 힘을 실어 주시기를 소망한다.

2021. 1.

공권력피해구조연맹 상임대표 겸 사법연대 집행위원장 조남숙

확정된 판결을 뒤집는 법 & 직급도 보직도 모르는 판사들

- 고 이장우 피해사례(조정신청서) -

판결문무효확인의 소

원고(신청인) : 1. 조남숙 외 2

피고(피신청인) : 1. 학교법인 연세대학교 재단이사장 허동수

　　2. 강영희 (농업개발원 전 원장, 연세대학교 전 부총장)

　　3. 정노팔 (연세대학겨 생물학 전 교수)

　　4. 김용담 변호사(전 대법관, 전 행정처장, 세문안교회 재정장로)

　　5. 소순무변호사 (법무법인율촌 대표 변호사)

　　6. 이우근 변호사 (법무법인 충정)

　　7. 이성보 변호사 (법무법인 동인대표)

　　8. 양승태 전 대법원장

청 구 취 지

1. 피고 김용담이 판결한 별지 1의 "서울고등법원 95나 30583 전직

발령무효확인"의 판결은 무효임을 확인한다.

2. 피고소순무 판결한 별지 2의 "서울서부지방법원 98가합 8073 임명장에기한 사무직이행등청구의 소"의 판결은 무효임을 확인한다.

3. 피고이우근이 판결한 별지 3의 "서울고등법원 99나18833 임명장에기한 사무직확인등청구의 소"의 판결은 무효임을 확인한다.

4. 피고이성보가 판결한 별지 4의 "서울고등법원 2004나62742 손해배상(기)"의 판결은 무효임을 확인한다.

5. 피고 양승태가 판결한 별지 5의 "대법원 2007다 44729 손해배상(기)" 판결은 무효임을 확인한다.

6. 피고들은 연대하여 원고 조남숙에게 우선 일부 금 300,000,000원, 원고 이상인 및 원고 이혜정에게 각 금 200,000,000원 및 이에 대해 2008. 11. 13.부터 이 사건 소장 부본 송달 일까지는 연 5%의, 그 다음날부터 다 갚는 날까지는 연 12%의 비율에 의한 돈을 지급하라.

7. 위 제 2항은 가집행 할 수 있다.

라는 판결을 구합니다.

신 청 원 인

1. 원고와 피고들과 인과 관계

원고 조남숙은 고 이장우의 처이고 원고 이상인과 신청인 이혜정은 고 이장우의 자녀로서 상속자들입니다. 피고 1은 학교법인 연세대학교 재단이사장이며, 피고 2는 고 이장우의 스승이고 상관이던 자이고, 피고 3 정노팔도 고 이장우의 스승이자 상관이던 자이고, 피고 4는 강영희의 처조카이자, 고 이장우 사건을 판결한 판사이며, 피고 5 소순무, 피고 6 이우근, 피고 7 이성보, 피고 8 양승태 등은 고 이장우 사건을 담당한 판사였습니다.

2. 고 이장우(이하 원고)의 이력

가. 원고는 공주고등학교에서 축구선수로 활동하면서도 우수한 성적으로 졸업을 하였으며, 이어 서울법대만 4년 동안 응시하였으나 낙방하자, 법조인의 뜻을 꺾고 초연히 농부나 되겠다는 각오로 낙향하여, 군입대 후 행정병으로 제대를 하였으며, 남편은 농촌운동가가 되겠다는 생각에 밤 농장 15,000,000평(현시가 50억원)을 관리하다가 농업개발원에 입학하게 되었습니다.

원고는 연세대 부설 농업개발원 낙농학과(1년 과정)에 입학, 동학과를 수석 졸업하였으며, 이어 1975년 같은 농업개발원 원예학과 수석으로 수료하였습니다.

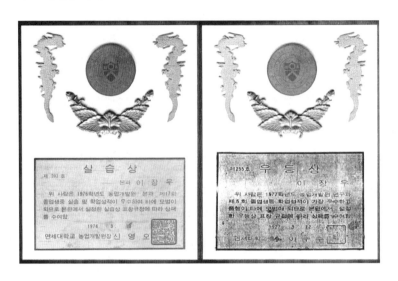

다. 원고는 농업개발원을 수석으로 졸업했다는 이유로 학과장 추천으로 1977년 3월 15일 당시 신영오 농업개발원장으로부터 농업개발원 사무직원으로 채용되어 농업개발원 부설 삼애농장에서 근무하면서 실습지도 강사도 겸하였으며, 일산 삼애실습농장의 농장장이자 원예학 원세호 교수님은 우리나라 최초의 시범과수농장인 삼애과수원예실습농장을 더 발전시켜 보자는 권유에 따라 원예학 실습지도 강사 겸 사무직원으로 1977. 3. 15. 경부터 근무를 하기 시작했습니다.

나.원고의 근로 및 대우

1) 농업개발원은 농촌지도자를 육성하는 교육기관인 관계로 원고의 주 업무는 농장을 관리하며 식물의 성장, 번식, 개량 등을 조사, 연구

및 실습을 통한 지도강의 업무였
고 원고가 지급 받던 급여도 정충
섭, 박천조 등과 같은 실무책임자
와 마찬가지로 급여상승과 보너스
를 적용받아 왔으며 사무직으로
분류되었습니다. 농업개발원 졸업
앨범에서도 원고는 다른 사무직원
과 마찬가지로 선생님으로 기록되
고 있습니다.

1980년도 농업개발원생 졸업앨범 중에서..

2) 강영희 원장이 부임해온 후, 1981. 3. 2. 경 원고에게 장차 일산 삼
애실습농장 사무장으로 승진시켜 주겠다면서 삼애농장 부사무장으로
발령과 전 직원들에 대한 승진발령을 했고, 남편은 강원장님을 믿고 고
향에 있는 밤 농장(현 시가 50억원)은 형님에게 물려주고, 형님은 1982
년경 일산에 있는 농지 700평을 매입해 주셨습니다.

3) 그러나 학교는 1984. 3. 경부터 농업개발원을 부당하게 폐원시켜
재단에 귀속키는 것이 목적이고 보니, 기증 받은 일산 삼애실습농장(6
만평)도 타 용도로 사용하기 위해서는 고 이장우를 자진사퇴를 시켜야
만 했습니다. 재단의 부정한 사업방침에 따라 강영희 원장은 원고를 덕
소농장으로 전근 보낸 후, 원고가 관리하던 과수원예실습농장을 벌목
해 버린 후, 목장 초지로 관리하다 마침내 축구장으로 변경하는 데 성
공을 했습니다.

4) 농업개발원에서 설립한 연세우유처리장 역시 1980년도 재단에서 강제이관을 해가면서 연세우유 수익금은 전적으로 농업개발원 발전을 위해 사용하겠다고 약속은 했으나 약속한 지원금은 없었습니다. 그러나 연세우유주식회사는 현재까지 연세재단 수입원 1호로서 연세재단을 발전시키는 데 공로자들인데도 불구하고 연대는 원고에게만 부당한 차별대우를 했습니다.

5) 원고는 1인 3역의 근로를 제공하였음에도 일주일에 2회분의 강사료만 지급받고 보니 부동산을 담보로 대출받아 살아가면서 정식직원이 되기만을 12년 동안 손꼽아 기다렸으나 상상도 할 수 없는 기능직 발령을 받고 보니 원고 부부들은 제 정신이 아니었습니다. 그 결과 부동산 (일산신도시개발로 보상금 20억 원)마저 사기를 당해 7년 동안 소송과 이 사건으로 경매로 넘어가 버렸으며, 지금까지 소송을 하게 되는 어처구니없는 삶을 살게 되었습니다.

3. 피고학교와 피고 강영희, 피고 김용담의 소송사기에 관하여

가. 원고는 용원직 발령을 부당하다는 취지로 93년도 9월경에 소를 제기하자, 원고의 인사고과를 행정직급이 아닌 일용단순노무직으로 허위보고했던 농업개발원 원장 강영희는 94년경 연세대의 부총장이고, 농업개발원 과장이던 이충일은 총무처장, 농업개발원 과장이던 황규복은 입학관리처장이고 보니 강영희 부총장은 황규복 처장을 내세워 "사무직원이 아니라 단순잡급직으로 근무했다."라고 위증하도록 하므로 학

교가 승소하였습니다.

나. 항소심에서는 95년 당시 피고강영희는 자신의 처조카가 되는 서울고등법원부장판사였던 피고김용담(전 대법관, 한국법학원 원장)에게 청탁한 결과 (서울고등법원 95나30585호)피고 김용담은 원고의 청구를 기각시키기 위한 목적에서 고의로, 농업개발원 위임전결규정 제2장 직제 제4조의 3항의 규정 즉, "각 실습농장에는 1인의 사무자 외에 목부, 잡부 등 필요한 인원을 둘 수 있다."는 내용 중, '사무자'라는 부분에 동그라미를 하나 더 붙여 '사무장'은 있으나 '부사무장'은 직제표에 없다는 이유로 왜곡시켜 기각하였습니다.

농업개발원 위임전결규정 제 2장 직제 4조

1. 실습농장 운영책임자는 농업개발원장이 된다.

2. 각 실습농장에는 1인의 농장장을 둔다.

3. 각 실습농장에는 1인의 **사무자** 외에 목부, 잡부 등 필요한 인원을 둘 수 있다.

위 규정을 있는 그대로 해석할 경우, 원고는 이미 사무자로 1977. 3. 15. 채용되어 연세대학의 사무직원으로 재직하고 있었으며, 이어 1981. 3. 2. 일산 삼애농장 부사무장으로 보직 발령을 받았기 때문에 원고의 청구를 기각시킬 수 없었습니다.

93가합 11425 전직발령무효확인의 소 1995. 6. 23. 원고 패소

95나30585호 전직발령 무효확인의 소 1996. 4. 30. 원고 패소

96다 22839 재판장 김용담 대법원 1996. 8. 26. 심리불 속행 기각

나. 원고는 다시 소장을 제출한 결과 1998. 2.경 서부지원 최춘근 재판장은 "피고는 원고 이장우가 행정직 31호봉으로 발령하라" 강제조정 결정을 1998. 2. 20. 내려 주었으나, 피고 학교는 조정에 응하지 않았습니다. 반면, 피고학교는 "소 취하를 하면 합의를 해주겠다."고 교목실장 박명철 목사를 앞세워 회유했으며, 원고는 박명철 목사를 믿고 소 취하를 하였으나, 학교는 약속을 지키지 않아 다시 소송을 할 수밖에 없었습니다.

> 1996가합 5834 임명장에기한 사무직확인의 소
>
> 1998 2. 20. 강제직권조정, 서부지원 최춘근 재판장
>
> 조정문 :피고는 원고에게 행정직 31호봉에 위자료 1천만원을 지급하라.

4. 판결문 무효 확인을 구하는 이유

가. "95나30585호 전직발령무효확인" 판결문에 대하여

1) 피고 김용담이 1996. 4. 30. 작성한 판결문 5쪽 상단에 보면,

"위 농업개발원은 낙농 및 원예지도자의 양성을 목적으로 1967. 3. 1. 개설된 피고학교부속교육기관이며, 위 농업개발원에는 4개의 실습농장(연희농장, 홍은농장, 덕소농장, 삼애농장)이 있고 위 각 농장에는 1인의 농장장과 1인의 사무장 외에 목부, 잡부 등 필요한 인원을 둘 수 있도록 되어 있으며 목부 등 임시직은 농장의 추천으로 위 농업개방원장이 임면하도록 되어 있는 사실,

    원고는 공주고등학교를 졸업하고 위 농업개발원의 낙농과 1년 및 원예학 1년 과정을 수료한 후 1977. 3. 15. 경 위 농업개발원장에 의해 자체임시직(일용잡급직)으로 채용되어 위 농업개발원 산하의 각 농장에서 과수와 관상수 및 젖소 등의 관리, 학생실습보조원의 업무를 담당하였던 사실, 원고는 위 각 농장에서 근무하는 동안 여전히 자체임시직 직원으로 있으면서 위 농업개발원장으로부터 1981. 3.부터는 삼애농장의 부사무장의 직위를 부여받고 1985. 경부터는 덕소농장의 사무장보의 직위를 부여받아 업무를 수행하여 온 사실, 위 농업개발원이 재정적 어려움과 영농교육의 효율성 등의 문제로 1990년도 2학기를 끝으로 폐원될 처지에 이르자, 피고법인은 폐원예정인 위 농업개발원에 근무하던 임시직 직원들에 대한 구체적으로 그들로부터 사직서를 받아 일단 위 직원들을 농업개발원에서 퇴직하는 형식을 취한 뒤 위 직원들을 피고학교의 총무과 등으로 발령 내기로 정한 사실, 이에 원고도 사직서를 제출하고, 위 농업개발원을 퇴직한 뒤 1989. 3. 2.자로 신규채용형식으로 피고 총무과 관리계 일반용원으로 임명받았다.

    위 농업개발원 소속의 농장에서 부사무장, 사무장보로 근무한 정식 사무직이었다는 점에 부합하는 듯한 갑제 16호증, 갑제 18호증, 원심증인 이청덕, 정순익, 당심증인 장세영의 각 증언의 원고의 위 농업개발원에서의 고용계약의 실체에 기초한 것이 아니라 원고가 위 농업개발원 산하 농장의 부사무장 또는 사무장보로 불리 워 졌던 외양을 토대로 한 진술들에 불과하여 믿기 어렵다."

라고 하였던 바 피고 김용담을 법률적으로 움직일 수 없는 당시 노조위원장 정순익의 증언조차 배척하고, 더더욱 원고처럼 농업개발원 수료한 후 실습조교 겸 사무직으로 근무하다 피고대학의 행정직 16호봉으로 발령받아 근무했던 증인 장세영의 증언마저 배척하고 부당하게 기각 판결을 한 것은 누가 봐도 피고 강영희 불법을 은닉해주기 위해 사기 판결을 한 것입니다.

2) 피고 김용담은 원고의 청구를 기각시키기 위한 목적에서 고의로, 농업개발원 위임전결규정 제2장 직제 제4조의 3항 "각 실습농장에는 1인의 사무자 외에 목부, 잡부 등 필요한 인원을 둘 수 있다."는 내용 중, '사무자'라는 부분에 동그라미를 하나 더 붙여 '사무장'은 있으나 '부사무장'은 직제표에 없다는 이유로 왜곡시켜 기각하였습니다.

> 농업개발원 위임전결규정 제 2장 직제 4조
>   1. 실습농장 운영책임자는 농업개발원장이 된다.
>   2. 각 실습농장에는 1인의 농장장을 둔다.
>   3. 각 실습농장에는 1인의 **사무자** 외에 목부, 잡부 등 필요한 인원을 둘 수 있다.

위 규정을 있는 그대로 해석할 경우, 원고는 이미 사무자로 1977. 3. 15. 채용되어 연세대학의 사무직원으로 재직하고 있었으며, 이어 1981. 3. 2. 일산 삼애농장 부사무장으로 보직 발령을 받았기 때문에 원고의 청구를 기각시킬 수 없었습니다. 그럼에도 피고 김용담은 농업개발원 위임전결규정까지 조작하여 사기판결을 하였습니다.

3) 원고는 피고들의 사기판결을 입증하고자 피고 1, 2, 4를 상대로 소

송을 하여본 바 (2011가합 21766), 피고가 학교가 2011. 8. 19. 경 제출한 농업개발원 위임전결규정에는 위 규정대로 "사무자"로 되어 있는바, '사무자'를 "사무장"으로 왜곡하여 판결문을 조작해 판결을 했다는 것을 알게 되었습니다. 그럼에도 위 사건 재판부는 이미 피고 김용담의 판결문에 의해 패소한 사건인데도 불구하고 기판력에 의해 다른 판결을 할 수 없다는 취지로 기각 판결을 했습니다.

나. 피고 소순무가 판결한 "98가합 8073" 판결문에도 보면,

"(2) 사무직 이행 청구부분

우선 당시 농업개발원장이던 소외 강영희는 피고로부터 위 농업개발원 내의 직원 중의 일부를 임용할 수 있는 권한을 위임받아 가지고 있었음은 분명하다. 그러나 그러한 권한을 가진 위 강영희에 의하여 이루어진 임용행위라 하더라도 피고학교 정관 기타 인사규정이 정하는 바대로의 효력만을 가질 수 있다 할 것이고 여기에는 근로계약의 성질상 특별한 사정이 없는 한 일반 거래관계에서 주로 적용되는 표현대리의 법리가 그대로 적용 될 수 없을 터인데, 위 인정사실에 의하면 위 농업개발원의 직제 상으로는 각 실습농장에 1인의 농장장과 1인의 사무장 외에 목부, 잡부 등 필요한 인원을 들 수 있다고만 되어 있을 뿐, 원고가 수여받은 부사무장이라는 직위가 피고 학교의 인사규정상 어느 직급에 해당하는지 여부에 관하여 명확히 규정된바가 없다."라고 판시한바와 같이 피고 김용담의 판결문과 같이 피고 소순무도 농업개발원 위임전결규정을 왜곡하여 같은 이유로 기각판결 하였습니다.

다. 피고 이우근이 판결한 "99나18833" 판결문10쪽 2항에도 보면,

"농업개발원의 실습농장 운영규정 중 직제에 관한 규정은 그 산하의 4개의 실습농장의 운영책임은 농업개발원장이 맡고, 각 실습장에는 1인의 농장장과 1인의 사무장(운영규정에는 '사무자'라고 규정되어 있으나, 제5조의 규정과의 관계상 이는 사무장의 오기로 보인다)"라고 판결을 하였던바, 피고 김용담의 판결을 합리화 해주기 위해 피고 이우근은 농업개발원 위임전결규정의 직제마저 스스로 만들어 판결을 하였습니다.

판결문 16쪽에 보면 "당시 농업개발원장인 강영희가 1981. 3. 2. 원고에게 부사무장에 임명한다는 내용의 임명장을 수여한 것은, 향후 적법한 절차를 거쳐 사무직에 임용시킬 것을 구체적이며 종국적으로 약속한 것으로서, 그 상대방인 원고는 그 약속이 이행될 것에 대한 강한 신뢰를 갖게 되었고, 그 신뢰에 따른 근무가 장기간 계속되어 온 이상, 이러한 신뢰는 단순한 사실상의 기대를 넘어 법적으로 보호받아야 할 이익이라고 보아야 할 것이므로, 강영희의 사용자인 피고로서는 정당한 이유 없이 이러한 신뢰를 깨뜨려서는 아니 되고 이를 어긴 경우에는 그 신뢰의 상실로 인한 원고의 손해를 배상하여할 책임이 있다고 할 것이다.

나아가 피고가 배상하여야 할 손해액에 관하여 살피건대, 원고의 근속기간, 과거부터 현재까지의 원고의 근로형태 및 직급, 보수 모든 사정을 종합하면, 그 손해액을 금 20,000,000만 원으로 정함이 상당하다고 할 것이다."라고 판결한 바와 같이 피고 강영희가 원고에게 신뢰를 져버린 책임을 인정은 했으나 너무나 터무니 없는 위자료만 지급하라는 판결에 상소를 하자, 그 나마도 대법원은 피고 김용담의 힘에 의해 부당하게 파기환송을 해버려 대응도 아니 하고 다시 소장을 제출하게 되었습니다 (별지 3호증 판결문 참조).

라. 피고 이성보가 판결한 2004나 62742 손해배상(기)의 판결문 13쪽에 보면,

"근로계약의 성질상 특별한 사정이 없는 한 일반 거래관계에 적용되는 표현대리의 법리가 그대로 적용될 수 없을 터인데, 농업개발원의 직제 상으로는 각 실습농장에 1인의 농장장과 1인의 사무장 외에 목부, 잡주 등 필요한 인원을 둘 수 있다고만 되어 있을 뿐, 선정자 이장우가 수여받은 실습조교라는 직위가 피고 학교의 인사규정상 어느 직급에 해당하는지 여부에 관하여는 고용자인 피고 학교로부터 받은 대우 등을 종합적으로 고찰할 수밖에 없다."라고 판결하였으며,

동 판결문 16쪽 하단에 보면,
"(다) 선정자 이장우의 기대가 법률상 보호되어야 할 이익인지 여부
실습조교 또는 부사무장이라는 직위를 피고 학교의 인사규정상 구분하고 있는 사무직급으로 분류할 수 없으며, 근로자에 대한 전보나 전직은 인사권자인 사용자의 권한으로서 업무상 필요한 범위 내에서는 사용자에 대하여 상당한 재량이 인정되는 이상 향후 사무직에 임용될 것을 기대하고 있었다 하더라도 위와 같은 신뢰가 법적으로 보호받아야

할 이익이라고 할 수 없다"라고 상식이하의 판결한 피고 이성보는 그 즉시 서울 동부지방법원장으로 승진발령을 받았으며, 이어 서울중앙지방법원장으로, 그 후 권익위원회 위원장까지 지낸 바 있습니다(별지4호증 2004나 62742 손해배상(기)의 판결문 참조).

바. 피고양승태가 판결한 "2007다44729 손해배상(기)" 판결문 3항에 보면,

"상고이유에서 주장하는 바와 같은 판단유탈, 근로기준법위반, 피고 학교의 인사규정의 해석에 관한 법리오해, 체증법칙 위반, 심리미진 등의 위법이 있다고 할 수 없다."라고 판결을 하였으며, 판결문 4쪽에 보면 "원고가 진정한 것이라고 제출한 갑제 41호증의 8의 기재 등을 그 근거자료로 삼고 있을 뿐, 위와 같은 복사본의 기재 (비고 난의 기재 내용이 삭제 된 것)는 그 근거자료로 삼고 있지 않음을 알 수 있다. 또한 기록에 의하면 복사본이 증거로 제출 채택됨으로써 그 해당 판결의 판결 결과에 영향을 미쳤다고 볼만한 자료도 없다."라고 판결을 하였으나, 피고는 인사카드 비고란을 삭제해 원고가 단순 노무직처럼 변론하므로 피고가 승소를 하였습니다. 그러나 원고 인사카드 비고난에 '직원들과 똑같이 근무했지만 강사료 지급'이라는 근거로 원고는 사무직원들과 동등한 근로를 제공했으나 강사료를 지급받았다는 것이므로 당연히 원고는 피고 직제에 있든 없든, 장세영 증언, 이청덕 증언, 신영원원장의 증언들을 모아보면 원고가 사무직 근로를 제공한 것이 입증이 되었습니다.

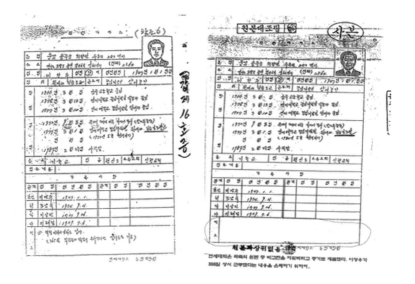

< 강영희원장과 황규복과장을 위증 및 사문서 위조죄로 고소를 해보았으나 김상호 검사는 이장우를 직접 채용했던 신영오교수님이 일용잡급직 아니었다고 진술을 하였음에도 김상호검사는 부당하게 무혐의처분을 하였다. >

더더욱, 대법원 판례에 의해 사무직 근로자와 동등한 근로를 제공했다면 사무직 직원에 준한 대우를 해야만 된다는 판례가 있음에도 불구하고 피고 양승태는 대법관이면서도 대법원 판례마저 무시하고 상식이하의 괴변으로 원고 청구를 기각했습니다(별지 5 대법원 2007다44729 손해배상(기) 판결문 참조).

소 론

만약 피고 김용담이 농업개발원 위임전결규정 직제 제4조 3항대로 판결을 했다면 당연히 원고는 사무직급이며, 사무장, 부사무장은 보직을 뜻하는 것이기에 원고가 당연히 사무직급이었음을 입증이 가능하였을 것이나, 피고 김용담은 자신이 사기 판결한 판결문을 덮기 위해 피고 소순무, 이우근, 이성보, 양승태 등에게 청탁을 한 결과 피고들은 법률과 양심을 져버리고 김용담이 판결한 판결문대로 농업개발원 위임전결 규정 직제 4조를 왜곡하여 기각을 하였으므로 피고들이 판결한 판결문을 모두 무효가 되어야 할 것입니다.

1. 손해배상 책임의 발생

가. 원고는 학교가 소송사기로 승소하였다는 것을 입증하기 위해 2011. 9. 경 소를 제기한 결과 "2011가합 21766 농업개발원위임전결규정등에대한 확인의소" 피고학교가 2012. 7. 서울중앙지법에 제출한 학교정관 직인규정 제9조(직인의사용)에 의해 학교가 소송사기로 승소하였다는 것을 알게 되었습니다.

나. 학교가 제출한 직인규정에 보면,

> 1) 직인은 소정의 결제과정이 통제가 끝난 문서에 한하여 사용하여야 한다.
> 2) 직인관수 책임자는 별표 1의 직인 사용대장에 날인할 문서의 관계사항을 기입하여야 한다. 다만, 문서 발송대장 및 제 증명서 발급대장에 기록한 것은 이에 갈음할 수 있다.

즉, 위 학교정관의 직인규정에 의하여 농업개발원 원장이 연세대학교 총장 허락 없이 직인을 사용할 수도, 발령해서도 아니 되는 것이었습니다. 그럼에도 학교는 장장 20년 동안 "강영희 원장은 원고에게 사기를 진작시킬 목적으로 강영희 원장이 멋대로 부사무장이라는 명칭을 사용한 것으로 보인다."라고 사기 변론을 하여 피고가 승소판결을 받았다는 사실을 2012. 7. 알게 되었습니다.

학교가 제출한 준비서면에 보면,

> 위 발령자체는 농업개발원장이 자체적으로 임시직의 보직을 변경한 것에 불과할 뿐, 정식직의 사무직으로 채용되었거나 전직된 것이 아닙니다. 원고가 주장하는 부사무장, 사무장이라는 명칭은 농업개발원 자체에서 임으로 편의상 부른 호칭일 뿐이며, 피고법인이나 위 농업개발원의 정식 직책이 아니었고, 원고의 업무형태도 비육우관리, 과실수 관리 등 일반 잡급직에 해당하는 업무였습니다.

라고 변론한 바와 같이 "원고가 주장하는 부사무장, 사무장이라는 명칭은 농업개발원 자체에서 임으로 편의상 부른 호칭일 뿐이다."라고 허위 변론으로 원고가 패소한 것입니다.

다. 원고가 승소결정문을 받게 된 소장과 대법원 판례를 본다면,

> 임명장에 확인을 구하는 것은 일종의 법인체 문서이므로 법률행위로써 해석은 당사자가 표시 항에 부여한 객관적 의미를 명백하게 하는 것으로써 즉 (삼애농장 부사무장에 명함) 당사자 간 표시한 문헌에 의하여 그 객관적 의미가 명확하게 들어나지 않는 경우에는 그 문헌의 내용과 법률행위 이루어진 동기 및 경위 당사자 간 그 법률행위에 의하여 달성하려고 하는 목적과 진정한 의사거래의 관행 등을 종합적으로 고찰하여 사회정의와 형평이념에 맞도록 논리와 경험의 법칙 그리고 사회일반의 상식과 거래의 통념에 따라 합리적으로 해석해야 한다고 대법원

판례 1994. 4. 29. 제 3부 판결 94다 1142를 볼 적에,

원고는 피고 강영희가 평범한 사무직급에서 부사무장으로 승진 시키는 것이라 해서 피고들이 원하는 목적당성에 임하고자 휴가, 휴일도 없이 1인 3역의 업무를 충실히 하였으므로 본권 청구는 위 내용과 같이 그 의미가 있으므로 원고는 피고 학교의 사무직원임이 분명합니다.

라고 기재된 바대로 부사무장 임명장은 누구도 움직일 수 없는 법인체 문서인데도 불구하고 김용담 전 대법관이 판결한 판결에 의해 모두 부당하게 기각했습니다.

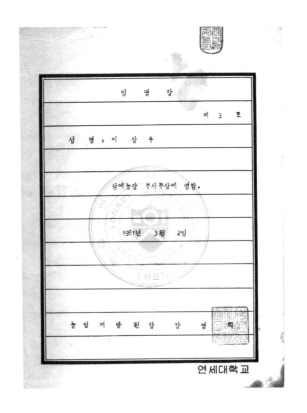

*대법원 판례에 보면, 1997. 11. 25. 97다 18899호 판결요지

독립채산제로 운영되는 사업부문이 법인체의 사업장에 불과 하다면 그 사업 부분에 근무하는 직원에 대한 임명권을 그 부문의 장이 행사하였다고 할지라도 그 것은 법인체의 위임에 의한 것으로 보아야 할 것이니 근로자가 근로계약 관계를 맺고 있는 상대방인 사용자는 법인체라 할 것이다.

* 대법원 76. 10. 26. 선고 76다 1090호

형식상으로는 비록 일용근로자로 되어 있다 하더라도 일용관계가 간단없이 계속되어 상용근로자로 봄이 상당한 경우에는 회사는 그 취업규칙 및 보수규정상의 직원에 준하여 그에 규정된 퇴직금을 원고에게 지급하여야 한다.

라는 판례와 같이 형식상 일용근로자로 채용되었다 손 치더라도 원고는 정식전문직급으로 근로를 제공한 이상 행정직 초임호봉표에 의해 정당한 급여를 지급해야만 했던 것입니다.

근로기준법 제13조(대통령과 규칙의 명시)에 보면 "사용자는 이법과 이 법에 기하여 발하는 대통령의 요지와 취업규칙을 상시사업장에 게시 또는 비치하여야 한다. 제22조 (근로조건의 명시) 사용자는 근로계약 체결 시 근로자에 대하여 임금 근로시간 기타의 근로조건을 명시하여야 한다. 제23조(근로조건의 위반) 제22조의 규정에 의하여 근로조건을 위반하였을 경우 손해배상을 청구할 수 있다."라고 규정된 바대로 피고는 근로기준법을 위반해 학교를 운영해 왔습니다.

피고학교는 원고의 항의로 1992. 4.경 지방노동사무소에 취업신고를 하였는바, 피고 학교는 취업규칙도 무시하고 주먹구구식으로 직원들을

채용하고 관리해 왔으며, 원고의 항의로 직원노동조합은 임시직 제도는 폐지를 하는 것으로 1994. 3. 경 단체협약을 체결하기에 이르렀습니다.

따라서 피고학교는 모교라는 이유로, 스승이라는 이유로 원고를 기망해 장기간 노동력과 정신력을 착취해 왔으므로 당연히 원고에게 그에 대한 배상 책임이 있다 할 것입니다(사건 2003가합1953 손해배상(기)에서 2003. 7. 29. 준비서면 참조).

라. 피고들은 국민의 재산과 인권을 책임지고 있는 법관들로서 헌법과 법률, 양심에 의해 바르게 판결을 해야만 하는데도 불구하고, 피고들은 대법원 판례도 무시하고 피고김용담의 사기판결을 정당화시킬 목적으로 부당하게 기각 판결을 함으로써 원고들에게 장장 32년 동안 소송을 해야만 되는 피해를 입게 하였습니다.

2. 손해배상 책임의 범위

가. 적극적 손해

1) 피고학교는 피고 김용담에게 사기판결을 하도록 교사한 결과 원고가 청구한 모든 사건이 패소한 것이며, 따라서 피고학교는 원고에게 지급해야할 임금을 부당하게 착취한 것입니다.

2) 원고은 피고학교로부터 정상적인 급여도 지급받지 못하였음은 물론, 근무 중 사고조차도 피고 김용담의 사기판결이 들통이 날 것을 우려

해 계속하여 피고 5, 6, 7, 8들에게 교사하여 사기판결을 하도록 하였으며, 결국은 2009가합 97739 농업개발원위임전결규정 등 사건도 피고들이 판결한 판결문 때문에 2010. 8. 13. 패소로 확정되었으며, "2011 가합 21766" 사건도 피고들이 판결한 판결문 때문에 기각이 되었으므로 피고들은 연대하여 우선 원고들에게 500,000,000원을 지급할 것을 청구합니다.

나. 위자료

고 이장우는 피고들의 장기간 소송사기로 인한 불법행위로 인하여 원고들의 가족들은 월세 방조차 없이 시민단체사무실에서 생활을 하고 있으며, 고 이장우는 이 사건의 후유증으로 인한 장기간 정신과병동에 생활을 하다가 사망하였으므로 피고들은 연대하여 고 이장우의 상속인들인 원고들에게 위자료 각 금 100,000,000원을 청구합니다.

따라서, 원고 조남숙, 이상인, 이혜정은 피고들의 공동불법행위로 인하여 가정은 풍비박산 났으며, 생존권마저 위협을 받고 있는 바, 정신적 위자료로 피고들은 연대하여 원고 조남숙과 이상인, 이혜정에게 각 금 100,000,000만원을 청구합니다.

3. 상속 관계

고 이장우는 오랜 고통의 세월을 끝으로 2015. 3. 2. 사망하였고, 배우자 원고 조남숙, 자녀인 원고 이상인, 원고이혜정은 위 각 손해배상재권을 그 법정 상속분(각 3/7, 2/7, 2/7)에 따라 상속하게 되었습니다.

따라서 위 청구금원 중 우선일부 금으로 피고는 원고조남숙에게 금 300,000,000원(7억 원 ×3/7), 원고이상인 및 원고 이혜정에게 각 금 200,000,000원(7억 원 × 2/7)을 지급할 의무가 있습니다.

6. 결론

위에서 본 바와 같이 피고학교가 부당하게 전직발령을 하지 않았다면, 원고들은 서울고법 "2004나 62742 손해배상(기)" 사건에서 제출한 '청구취지정정 및 원인변경신청서' 와 같이 그동안 지급받지 못한 미지급 임금 6억5천여만 원이었습니다.

따라서 피고들의 소송사기 행위로 인하여 원고들에게 위 금원 상당의 손해를 입힌 것이므로 민법 제750조 및 제760조 제1항 혹은 동조 제3항에 따라 불법행위에 의한 손해배상책임이 있으므로, 피고는 원고들에게 우선 일부금 700,000,000원을 손해배상금으로 청구합니다.

별지 1.   95나 30583 전직발령무효확인 판결문
    2.   98가합8073 임명장에기한사무직이행등청구의소 판결문
    3.   99나 18833 임명장에기한사무직이행등청구의소 판결문
    4.   2004나62742 손해배상(기)
    5.   2007다 44729 손해배상(기) 판결문

- 입 증 자 료 -

갑제1호증   승소결정문, 소장

갑제2호증의1   학교가 2011. 8. 19. 제출한 농업개발원위임전결규정

     2   학교가 2012. 7. 경 제출한 직인규정

2018 . 11 . 15 .

위 원고(신청인) 조남숙

이상인

이혜정

서울중앙지방법원 조정부 귀 중

오늘은 '임은정, 서지현' 그들과 실컷 울고 싶다
- 바보가 천재를 잡는 법 -

미투 사건을 보고 새삼 테스의 소설을 생각했다. 시민운동하면서 만나는 대표들 역시 내 손을 남보다 꼭 잡아주는 남자들이 많았다. 특별히 생각한다는 뜻일 것이다. 하지만 특별한 마음을 갖지는 않는다.

서지현 검사가 폭로하지 않았다면 미투 운동이 들불처럼 활활 타오르지 못했을 것이다. 그가 검사라는 이유 때문에 이슈가 더욱 크게 되었고 효과를 보게 된 점에 높이 평가한다.

기득권자가 자신의 기득권을 도외시하고 사회악에 맞설 때 사회적 아젠다는 쉽게 만들어지곤 한다. 시민단체가 성명서를 발표하지 않아도 가능한 일이다. 그러나 우리사회 기득권자들은 자신의 안위를 위해 모순에 대해 외면하고 침묵하고 한다.

서지현 검사를 위해 선배 검사인 임은정 검사가 앞장서서 서 검사를 보호하고 투쟁해준 임 검사가 왠지 더 든든한 언니 같아서 힘찬 박수를 마음속으로 보내었다. 그러다 지난해 '나는 고발한다'를 보고, 임은정검사도 당했고, 상관들은 부하 여검사들을 그렇게 장기간 농락해왔고 여

검사들은 그렇게 당해 주어야만 했던 것이 관행 아닌 관행으로 참고 지내야 했던 것을 알게 되었다.

더더욱 그런 와중에 임 검사가 담당했던 광주인화학교 청각장애여성폭행 사건 공판 당시 경험과 심경을 검찰 내부게시판에 올린 것이 기사화 되면서 '도가니 검사'로 알려졌다. 2012년 9월 6일, 민청학련 사건으로 15년형을 선고받았던 박형규 목사의 재심공판에서 무죄를 구형한것 또한 화제가 되었다.

2012. 12. 28. 특수범죄처벌에 관한 특별법 위반죄로 1962년 유죄선고를 받은 故 윤길중 씨에 대한 재심 결심공판에서도 무죄를 구형했고, 법원도 당일 무죄를 선고했으나(백지구형-위 특별법이 위헌이며 무효라는 이유도 포함되었다). 법무부는 임은정 검사에 대하여 내부 폭로한 죄로 정직 4개월의 징계를 하였고, 이에 대하여 서울행정법원은 2014. 2. 21. 징계처분을 취소하라는 판결을 선고하였다. 법무부에서 항소하였으나, 2014. 11. 6. 서울고등법원에서는 법무부의 항소를 기각하였다.

그런 임 검사는 서지연 검사를 앞세워 도전을 했고, 그의 전략은 백프로 성공했다. 불의에 저항하기 위해는, 정의를 지키기 위해 갖은 수난과 고난이 당연히 따라온다. 그러나 그러한 압력과 고통을 지혜롭게 잘대응을 해야만 악당들을 처단할 수 있다. 그것도 공권력이라는 권력과힘을 가진 자들의 싸움이다. 그럼에도 아무도 스스로의 조직을 파괴하는 일들을 감히 할 수가 없다. 지지해주는 국민이 없는 한 아무나 용기를 낼 수 없다. 그러나 촛불의 힘에 의해 임 검사의 도전과 용기는 인정빈게 되었으며 당당히 미투를 척결하는 검사로 우뚝 섰다는 것에 임 검사와 서 검사에게 사랑한다고 하지 않을 수 없다.

나의 삶이 너무나 억울해 울고 싶다가도 가끔 미투 검사들을 보면서 나도 어떻게 폼 나게, 촛불들 심장을 울려, 쉽게 사법개혁은 물론 나의 사건을 승소할 수 없을까 하는 고민을 자주 하게 된다. 즉 법을 바로 세워야 나라가 바로 선다고 22년 동안 줄기차게 외치고 달려왔지만 나를 지지하는 사람은 그다지 많지 않는 듯하다. 아니 지지하지만 공권력으로부터 뒷조사를 당할까 겁나서 가까이 오지 못하는 사람들이 대부분이다. '가까이 하기에 먼 당신'이 바로 나인 것 같다.

그러나 대법, 대검까지 패소한 피해자들만이 구조요청을 하기 때문에 필자로서는 당연히 비리 판·검사, 경찰관, 변호사를 잡는 운동을 해야만 피해자를 구조할 수 있다. 한 명의 피해자를 구조하기 위해서는 최소한 판·검사, 경찰관은 10명 정도가 연관이 될 수밖에 없다. 결국 한 해 동안 5명을 구조하기 위해서는 필자는 50대1로 공권력과 투쟁을 해서 성공해야만 구조가 성공한다.

그러한 운동을 22년 동안 하고 보니 어느 정도 기술도 전략도 전술도 깨우치게 되었고, 이렇게 내 놓고 자랑할 만큼의 성과도 있게 되었다. 그러나 비리 판·검사도 확실하게 처벌받아야 된다고 하지만 사법피해자 (사피자)들 외에는 내 손을 잡아주는 사람은 거의 없다. 이러한 나의 한계에 봉착할 적마다 외롭고, 더 이상 전진할 수 없다는 좌절감에 몹시도 힘든 세월을 보내야 했다.

32년 동안 가해자를 잡기 위해 달려온 필자는 이제야 모든 증거를 잡았는데도, 법이 타락한 세상에 살고 있다 보니 도리어 가해자들에게 살려달라고 애걸하고 있다. 그것도 막상 잡고 보니 사이코패스였다. 즉 〈천재의 두 얼굴〉이라는 책을 보니 우리 가족들을 줄기차게, 남편을 억울하게 사망하게 한 살인자들이 고작 정신병자들이라는 것이며, 그들은 오직 머리가 천재라는 이유로 판사가 되었고, 법대 교수가 되었고, 변호사가 되어 최고의 위치에서 약자들의 권리를 약탈하고 있었다.

그럼에도 천재 사이코들은 권력과 힘, 웅변술마저 뛰어나 감히 그들과 대적하기를 꺼려해 도움을 받을 수가 없다. 이런 절망감에 빠진 필자는 미투 검사들에게 한 수 가르쳐 달라고 부탁하고 싶은 생각이 간절할 적마다 울면서 글을 다듬어 보지만 이 일 저 일로 편지를 보내지 못했다.

얼마나 나의 봄을 기다렸던가, 얼마나 나도 손자손녀들 손 잡고 놀이공원에서 놀고 싶었던가, 사랑하는 자식들과 밥도 먹고, 함께 자고 싶었던가... 끝내 살인자들의 추격을 이겨내지 못하고 남편은 저세상 사람이 되었고, 남은 아들과 딸은 엄마가 성공하길 학수고대하지만 아직도 필자는 투쟁일기만 작성하고 있다.

지난해 아들은 "엄마 망치부인 알아?"라고 물었고, 그때서야 망치부인을 검색해 보았고, 유튜브 방송으로 인기를 모으고 있다는 것을 알게 되었다. 아들도 엄마의 한계를 눈치 챈 것 같았다. 아무리 증거가 확실하게 있어도, 가해자들이 워낙 힘센 사람들만 있기 때문에 언론도, 정치인도, 사회지도자들도 엄마를 도와주지 못하고 있다는 것을 알고 망치부인처럼 유튜브에 폭로하라는 것이었다. 아들의 말이 맞다는 생각을 가지면서도 필자는 계속하여 낚시대만 던져 놓고 입질(때)을 기다리고 있었다.

그런 나의 세월을 낚고 있던 중에 사법농단사건으로 사법피해자들이, 법대교수들이, 시민단체들이 거리로 뛰어나와 사법개혁을 외치고 있으니 나로서는 웬 축복인가? 감격스러움에 필자는 도리어 편안한 마음으로 그들의 외침을 구경만하고 있었다. 즉, 하늘나라에서 왠지 남편이 나를 지원사격해주고 있는 것 같아 고맙고, 박근혜와 양 전 대법원장이 깔아 놓은 사법농단 멍석에 어떻게 재주를 부려야만 사법개혁도 되고 사법피해자를 구조할 수 있는지, 그것도 펜 하나만으로 설득해야만 하는 것이 필자의 숙제가 되었다.

우연히 〈천재의 두 얼굴〉 책을 보면, 사이코패스는 보통 사람들이 생각하듯 연쇄살인범이 아니다. 사이코패스를 기능적 사이코패스(또는 직장인 사이코패스, 화이트칼라 사이코패스)라고 부르는데, 그런 기능적 사이코패스가 오히려 연쇄살인범보다 더 위험할 수 있다고 한다.

왜냐하면 연쇄살인범 같이 범죄를 저지르는 사이코패스들은 대부분 지능이 낮고 충동적인데 반해 기능적 사이코패스들은 지능이 높고 교묘해서 범죄를 일으키고도 교도소에 잘 가지 않고 사람들에게 큰 피해를 주기 때문이라고 한다.

이 책은 사이코패스가 어떤 사람인지에 대한 분석부터 왜, 어떻게 그들이 정치권이나 경제계로 진출했는지, 진출해서 어떤 식으로 성공하는지에 대한 얘기이다. 예를 들어 사이코패스 진단표를 미국 대통령의 전기를 쓴 작가들에게 보내서 누가 얼마나 사이코패스의 기질이 있었는지에 대한 조사한 것을 그대로 책으로 엮어 낸 책이다.

필자 역시 피해사례를 가지고 판·검사, 경찰관들이 어떠한 방법으로 불법을 자행하기 때문에 법집행자들을 처벌할 수 있는 법을 만들자고 했다.

최고의 지식인들, 가장 존경받은 사회지도자, 정치인들 일상을 조사한 결과 대부분이 사이코패스 기질이 많았다는 것은 충격이지만, 그 이전에 이를 공론화해서 사이코패스들을 주의하고 경계하고, 그들 스스로 나쁜 짓을 못하도록 이들에 대한 정신계몽 운동을 전개해야만 된다.

미투 운동처럼 정신스마일운동을 해야 한다고 본다. 그래야 자살인구도 줄이고, 정신장애로 인해 졸지에 선량한 시민이 피해를 당하지 않도록 사전에 예방해야 한다고 본다.

2년 전에 발생한 인천노래방 살인 사건이나 강남 화장실 살인사건 모두 조현병으로 발생한 사고였다. 한국미래기술 회장 양진호는 사람이 탈 수 있는 직립보행 로봇 '메소드-2'를 개발한 로봇 제작 업체로 널리 알려져 있다. 이런 그가 부인과 교수, 직원을 폭행하는 등 그가 한 행위를 보면 천재의 두 얼굴을 생각하지 않을 수 없다. 사이코패스가 분명해 보인다.

필자가 사법개혁을 위해 함께 운동해온 천재 법조인들과 천재 교수들과 있었던 일들을 돌아보면 그들은 모두 천재 사이코패스들이라고 보여진다. 그들은 전직 판사요, 일류대 출신들이며, 가정도 넉넉하다. 구태여 약자를 발로 밟고 가해자를 위해 나쁜 짓을 할 필요도 없는 자들인데도 불구하고 필자에게 그토록 잔인한 행동을 한 것은 그들은 선천적으로 타고난 성격 때문에 어쩔 수 없는 부분도 있었다는 생각을 하게 되자 그나마 마음이 편해졌다.

그러나 이런 피해가 너무 빈번하고 너무 충격적이라 주위 사람들도부터 지도를 받지 않으면 안 된다는 생각을 했다. 사이코패스 척결운동을 미투 운동처럼 해야만 될 것 같다. 제3 제4의 임은정 서지현이 적극 나서서 사이코패스들에게 더 이상 선량한 시민들이 피해를 보지 않도록 '정신스마일운동'을 해주길 호소한다.

2020. 9.

천재들을 생각하며

시사저널

2009. 1. 13 제 1003호 WEEKLY NEWSMAGAZINE

사법정의국민연대 조관순 집행위원장

사법 비리에 부릅뜬 '시민의 큰 눈

"판사도 사람이다 보니 실수를 할 수 있는데, 이를 인정하지 않으려는 권위의식 때문에 사법 피해자가 양산되는 것입니다." 조관순 사법정의국민연대 집행위원장(55)은 법조계에서 '악명'이 높다. 1996년 사법 피해자들의 모임을 처음 결성한 이후 10년 넘게 이들의 목소리를 대변하며 '법조 비리'를 파헤쳐왔다. 부당한 판결이라고 여겨지면 여지없이 해당 법조인의 실명과 함께 사건 내용을 공개해, 옳고 그름을 다시 따졌다.

그 과정에서 명예훼손도 여러 번 당했다. 조위원장은 "해마다 있는 일이지만 그 정도는 이미 각오하고 시작한 일이다"라고 밝혔다. 한 차례의 패소도 없이 모두 승소했다고 한다. 그래서 "당당하게 신념을 갖고 일을 할 수 있다"라고 말했다.

이미 변호사와 검사의 각종 비리 수법을 두 권의 책을 통해 고발한 바 있는 그는 올해 초 판사의 비리 행태를 폭로하는 새 책을 출간할 예정이다. '전관예우'가 그 대표적인 사례가 될 것이라고 한다. 조위원장은 "판사들의 잘못된 동료의식은 아직도 은밀하고 뿌리 깊게 내려오고 있다"라고 지적했다.

결국, 부정·부패의 고리를 끊기 위해서는 시민사회가 직접 나서 감시의 눈을 부릅떠야 한다는 것이 조위원장이 내놓은 해법이다. 곧 사법 피해 신고 카페를 오픈해 운영할 예정이라는 그는 "억울한 일을 당하고도 사법 권력이 두려워 말 못해온 피해자들이 더 많이 참여해주기를 기대한다"라고 말했다.

제7부

엮고 나서

비리 경찰관, 검사, 판사, 변호사 고발운동 했다가 기초수급자 되는 법 & 이 시대 관순 누나 되는 법

불의에 저항하는 것이 시민운동이요. 악법에 도전하는 것이 시민운동이라고 한다. 남편의 명예를 회복시켜 보려고 22년 동안 비리 판, 검사 고발하는 운동을 했다가 가정은 풍비박산되었다. 그러나 판사는 판결로 말하고, 시민단체는 성명서로 말을 하기 때문에 필자 사건을 필자가 책으로 판결을 하는 행운을 얻게 되었다.

따라서 필자의 판결요지는 다음과 같다.

1. 청구요지

가. 원고 정선태 사건은 김병식 판사가 대법원 판례를 오판해 원고 청구를 기각하였으나, 이에 재심소장을 제출해 보았으나, 대법원에서 확정된 후 30일 안에 재심을 청구 아니 했다는 이유로 대전 고법에서 2021. 3. 20. 기각했다.

나. 피고 차혜숙 사건은 서울고법 박철 판사는 대여금액조차 계산을 잘못해서 피고가 1억 5천만 원이나 초과해서 지급하라는 판결로 재심

을 해보았으나, 서울고법은 재심사유가 안 된다는 취지로 기각했다.

다. 피고인 김진섭은 증인신문조서가 조작된 것을 가지고 박광우 판사를 고소도 하고, 징계요청도 해보았지만, 다 무혐의처분만 받았다.

라. 원고 박씨는 전직판사 출신 짜씨 변호사의 소송사기로 피해를 본 것에 대해 손해배상 소송을 해보았으나, 고작 원고가 선임료로 지출된 착수금 300만 원만 지급하라는 판결을 했다.

마. 원고 고 이장우는 증인신문조서를 조작해 판결한 최은수 부장판사와 가해자 연세대학을 상대로 소송을 하여본 바, 재판장은 피해 금액이 10억 이상이고, 근로자가 사고 후유증으로 사망을 했는데도 불구하고, 5천만 원에 조정을 권유했으며, 원고가 거절하자 판사는 의사 증언도 무시하고 패소판결을 했다.

2. 판단

위 판사 피해사례와 같이 판사가 법을 왜곡해 판결하고, 판사가 계산도 잘못해 부당한 판결을 해도, 증인신문조서를 조작해 패소판결을 해도 판사를 처벌할 법도, 피해를 배상받을 법도 없다. 그러므로 판사들의 직권남용을 방지하기 위해서는 "국민특별재판부"를 신설해 운영한다면 두 마리(비리 판, 검사) 토끼를 잡는 계기가 될 것이다. 따라서 공수처는 고위층 비리만 수사하도록 하는 것이 바람직하다.

그러므로

1. 피고 대한민국은 비리 판, 검사 때문에 피해 본 사건들은 필자가 제안한 대로 "국민특별재판부"를 신설해, 공권력 피해를 미연에 예방하라!

2. 김명수 대법원장은 판사를 피고로 한 국가배상 청구 사건은 홈페이지에 공개해, 공개재판을 받도록 하라!
라고 판결한다.

2021. 4. 25. 법의 날을 맞아

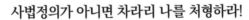

사법정의가 아니면 차라리 나를 처형하라!

판결문을 작성하기 위해 투쟁한 나날들을 돌아보면,

1. 법도 모르고 시민운동 했다가 범죄자로 둔갑하는 법

기소한 검사 : 서울중앙지방검찰청 김영규 검사

사건 2000고단 3318호 변호사법 위반

서울중앙지법 손왕석 판사/ 집행유예 2년 선고

전공련은 해직된 윤용 교수(부추연 대표, 재벌 2세)는 사무실 임대료조차 후원하지 않아 사무실 보증금을 위해 차용한 400만 원에 대해 1998. 11. 경부터 고발하겠다고 공갈협박 했고, 이에 맞서서 회원들이 적극 싸운 결과 부추련 산하에 있던 전공련은 1999. 2. 29. 독립단체로 새 출발을 해야만 했다. 결국 출범한 지 1년도 안 돼서 단체는 붕괴되고 사피자 출신자들끼리 단체를 운영하게 되었다.

그럼에도 윤용은 무혐의송치 된 사건을 다시 청와대 고발을 하자, 검찰은 고작 사무실 임대료 명목으로 차용한 400만 원과 변호사한테 착수금을 반환받게 해준 감사의 후원금 200만 원, 송남옥 회원에게 30만 원(회비, 출장비)을 받고 3천만 원을 받도록 1년 동안 구조한 사건도 기소한 결과 집행유예 2년에 처하는 유죄판결을 했다.

그러나 필자가 피해를 준 것은 아무것도 없는데, 윤용 대표는 부하직원을 고발했다. 도리어 윤용 회유에 넘어간 윤 씨는 패소한 사건을 뒤집기 위해 단체 도움으로 위증자를 고소했으며, 위승사가 앙심 고백을 하도록 잘 진행되고 있었으나, 윤 씨가 필자를 고소하므로 인해 구조운동은 중지되고, 윤용이 제대로 도움을 주지 못하자 윤 씨 사건은 패소하고 말았다.

2. 전공련 대표가 공권력 피해자를 구조할 자격에 관하여

가. '공권력피해구조연맹(이하 공구련)'은 1998. 6. 26.으로 창립하였으며, 이어 2001.12.10. 사법개혁국민연대도 창립해 두 단체를 운영하면서 공수처 신설 운동과 경찰수사권 독립 운동을 했다.

나. 비영리민간단체로 등록받은 공구련 정관에 보면,
"제10조(회원의 권리) 5항 : 법률구조와 인권옹호를 받을 권리
제11조(회원의 의무) 1항 : 회비를 납부할 의무
2항 : 본연맹의 정관 및 각종 규정을 준수할 의무
제27조 (재정) 본 연맹의 재정은 다음의 수익금으로 충당한다.
1. 회원의 회비, 2. 후원금 3. 각종 출판물의 수입금 4. 기타 본 연맹의 수입금"
이라고 한 바와 같이 회원들이 적극 회비와 자신들에 사건에 드는 비용은 회원 각자가 부담을 해야만 되는 것이다. 또한 대표는 공구련 회원들에 대해 법률구조를 해줄 의무가 있으며, 비영리민간단체지원법 제4조 제1항 및 같은 법 시행령 제3조 제1항의 규정에 의해, 자체규약에 규정한 제반 사항을 성실하게 이행하도록 하였으며, 이에 대표는 '사법연대와 공구련 사무실 운영을 위한 회비 및 후원금 규정'을 만들어 회원들에

게 고지를 한 후, 2004년도에는 연회비 10만 원 그 후, 2015년부터 연회비 100만 원(월 10만 원), 2018. 3. 경부터 연회비 200만 원씩(월 20만 원)을 받고 구조운동을 하고 있다.

다. 대부분 대법원까지 패소한 사건들만 구조를 요청하기 때문에 사건기록을 검토해야만 무엇 때문에 피해를 본 것인지 알 수 있어 우선 무료로 진상조사국장이나 자문 변호사들이 상담을 한 후, 다시 소송을 할 수 있다고 할 경우 자문 변호사들을 선임해 소송하도록 하고, 단체는 공정한 재판을 위한 단체 의견서, 집회, 홈피를 통해 피해자 사건 홍보 등으로 회원들 사건이 구조가 되도록 하고 있다.

단체는 공권력 피해자들만 구조운동을 하기 때문에 당연히 연회비 100만 원을 납부해야만(사무실 운영비 매월 임대료 100만 원, 전기료, 홈피 관리비 등) 사무실을 운영할 수가 있다. 회원들은 부당한 판결로 잃어버린 재산을 찾고 명예회복을 하고자 회원으로 가입하기 때문에 그에 따른 경비는 당연히 회원들 능력에 따라 납부를 해야만 한다. 의뢰인 변호사를 상대로 소송을 할 경우만, 변호사가 변호사를 선임할 수 없기 때문에 피해자가 나 홀로 소송을 하도록 자문 변호사 상담을 받아 도움을 준다.

라. 단체 대표가 회비 및 집회 비용을 받고 사건에 관련된 문서작성에 도움을 준다고 해서 변호사법 위반이 될 수 없다. 대법원 판례도 보면 '제78조 제2호' (95도 3120) 대법원은 "단순한 실비변상을 받은 행위는 위 법 소정의 법률사무 취급이 있어도 범죄가 된다고 할 수 없다."라는 판례가 있다.

3. 경, 검 수사권 독립을 위한 패싸움으로 억울하게 옥살이 하는 법

부당하게 기소송치 한 종로경찰서 사법수사관 진종필
부당하게 구속한 서울중앙지방검찰청 최정숙 검사
(양승태 전 대법원장 변호인)

가. 2004년도 참여정부의 공약사업인 "경찰수사권조정"이 추진 중에 정치학 박사 출신 2명을 사개련 협동사무총장으로 임명한 결과 2개월도 아니 되어 피해 7명을 동원해 수십 차례 집단폭행과 업무방해를 당했으나 경찰은 나 몰라라 했다. 위자들은 검찰의 무소불위의 권력을 타파하는 것은 경찰수사권독립만이 해결책이라고 회유했고, 검찰 피해자들이 많았던 공구련 회원들은 동조를 하게 되었다.

나. 대표를 고발한 정구진(사기, 공갈 상습전과자)은 문씨와 공모하여 연세가 높고, 생각이 부족한 배씨(회비 10만 원), 김씨(100만 원), 안씨(100만 원), 최씨(40만 원), 정신병원에 입원경력이 있는 박씨(30만 원) 등을 선동 및 회유하여 대표가 사건을 해결해 준다고 해서 회비를 줬는데, 해결이 안 됐다고 하면서 돈을 돌려달라고 하면서 무조건 사무실을 점유하고 업무를 방해했으나 종로경찰서는 현행범으로 조사조차 안 했다.

다. 이러한 난동으로 긴급총회를 한 결과 경찰수사권 독립은 반대하던 방희선 변호사와 경찰수사권을 주장하던 문 씨 등과 두 패로 나누어 싸움을 하다가 마침내 5명의 회원들이 방희선 변호사 사무실까지 찾아가 난동을 부렸다. 방 변호사 고소로 위 자들은 업무방해 및 명예훼손으로 처벌받았다.

라. 위 자들은 필자를 몰아내고 단체를 정치적으로 이용할 목적으로 MBC에 허위제보를 하고 필자를 무고한 결과 2005. 1. 6. 최정숙 검사는 수사도 하지 않고 긴급구속을 했다.

4. 최정숙 검사의 부당한 구속 및 기소 사유에 대하여

1) 김성례는 공갈협박죄로 200만 원의 벌금으로 확정된 사건이라 포기하도록 조언하는 한편, 변호사의 부실변론이 있어 200만 원 받아주고, 그동안 경비 100만 원을 후원받았다.

2) 최동순 할머니는 40만 원은 회비 및 출장비를 받고 서울에서 당진까지 현장조사를 한 결과 땅 평수를 잘못 오인한 것으로 밝혀져 스스로 포기하도록 구조했다.

3) 박일남은 정신과병원 입원했던 경력도 있었으나, 변호사의 부실변론으로 피해본 것이 있어, 회비 10만 원, 출장비 30만 원을 받고 구조운동을 한결 변호사로부터 100만 원을 반환받도록 구조했다.

4) 정구진은 공갈협박죄로 재판 중에 있었으나, 돈이 없다고 해서 10만 원의 회비만 받고 홍성법원까지 수차례 구조운동을 했다. 최 검사는 10만 원을 송금한 영수증은 무시하고 정구진 말만 보고 40만 원을 받았다고 허위 공소장을 작성했다.

5) 안동완은 무죄 받도록 도움을 주고, 변호사에게 착수금 200만 원

을 반환받도록 도와준 고마움에 100만 원 후원했다.

6) 한평수는 "사건을 해결애 준다고 하여 행사비용을 준 것이 아니다"라는 진술서가 있었음에도 불구하고 수사도 안 하고 구속했다.

7) 배광심은 아들은 교통사고 사건으로 대법원까지 확정된 관계로 기록을 검토한 후, 다시 할 수 있는지 알 수 있다는 취지로 회비 10만 원을 교부받았다.

이처럼 대법원까지 확정된 피해자들이라 진상조사를 한 후, 투쟁 방법을 알려준 것뿐이며, 사무실 운영비(임대료만 100만 원)는 모두 필자가 부담했기 때문에 아무런 이익이 없었다. 다만, 이러한 사례를 모아서 책으로 폭로해, 사법개혁을 하고자 한 것이며, 사기변론 한 변호사 응징하여 다시는 부실변론으로 피해가 없도록 하고자, 악덕변호사척결운동본부를 만들어 구조운동을 한 것인데도 기소를 했다.

"담장 안에 새들도 노래한다."

▎@사법개혁국민연대

5. 서울고등법원 이호원 부장판사의 부당한 판결에 관하여

사건 : 2005노1033 변호사법 위반
주문 : 10개월의 원심을 파기하고, 집행유예 2년

가. 이호원 부장판사는 자기 손으로 "피고인이 받은 돈은 비교적 소액이고 개인적 이익을 취하기 위하여 범행을 저지른 것으로 보이지 아니하며, 공권력의 피해로 억울함을 호소하는 사람들을 도와주기 위하여 나름대로 노력을 한 것으로 보인다."라고 직권판단을 한 바와 같이 오직 사피자 구조를 위한 운동일 뿐, 개인적 이익을 챙긴 것이 없다. 그럼에도 판결로 집행유예 2년 형을 선고했다.

나. 상고심은 "변호사가 아닌 피고인이 금품, 향응 기타 이익을 받고 법률사무를 취급한 자만이 처벌의 대상이 된다."라고 판결을 하였던 바, 피해자로부터 금품, 향응, 기타 이익을 받은 사실이 없는데도 유죄판결을 했다.

다. 그러나 필자가 무죄를 받기 위해 헌법재판소 위헌 신청한 결정문과 같이 "변호사가 아닌 자의 모든 법률사무 취급을 금지하는 것이 아니라, 단지 금품 등 이익을 목적으로 법률사무 취급만을 금지하고 있다."라고 한 바와 같이 필자는 변호사의 부실 변론으로 의뢰인에게 피해 준 사건만 착수금 일부를 반환받도록 구조했으며, 회원들을 위해 사무실 운영비를 필지가 지원해 가면서 구조한 것뿐인데도 유죄판결을 했다.

6. 은혜를 웬수로 갚는 가해자 고소했다가 무고로 엮이는 법

송남옥에 대한 위증 및 무고죄 수사관 : 강서경찰서 사법경찰관 김정섭

조남숙을 무고죄로 기소한 수사관 : 종로경찰서 사법경찰관 오인곤

사건 : 2008고약 27434 무고 : 서울중앙지원 이정권 판사 500만 원 약
식명령

사건 : 2008고정 5419 무고 : 서울중앙지방법원 한대균 판사 500만 원
벌금

위 사건 내용은 윤 용 대표(부추실)가 부하직원이던 필자를 고소하면
서 전개된 "멀쩡한 사람을 관순 누나로 만드는 법"으로 갈음한다. 회비
30만 원 받은 사건으로 유죄를 무죄로 만들려다 도리어 무고죄로 벌금
500만 원에 판결을 받았다.

7. 사기변론 한 전직 판사출신 변호사 상대로 소송을 하도록 도와준 것도
변호사법 위반

사건 : 기소 송치한 종로경찰서 사법수사관 육만균

사건 : 2014노149변호사법위반 서울중앙지법 재판장 강을환
벌금 100만 원, 추징금 1,900,000원 판결

고소인이 선임한 변호사가 고의적 부실 변론으로 약 2억 원 이상 손
해를 본 사건에 대하여 단체 자문 변호사가 소장과 준비서면 등을 작성

해준 증거가 있었는데도 불구하고 필자가 법률행위(문서제출 심부름)를 하였다고 하면서, 벌금 100만 원에 추징금 190만 원의 판결을 했다.

위 판결문 보면 "고소인은 박00 변호사에게 불성실한 변론으로 피해를 보았다고 하면서 피해구조를 받을 수 있도록 도와 달라."라고 하자, 피의자는 방씨 변호사에게 자문받아 교정하였으며, 박씨 변호사에게 40만 원 자문비를 주고 조정신청서 작성했으나, 패소하여 항소심 인지료, 송달료 등으로 1,597,340원을 지출했으나, 남은 140만 원은 실비변상을 넘은 경제적 이익에 해당한다고 볼 증거가 없다는 이유로 유죄판결을 했다.

그러나 위 판결문대로 필자는 소장 자문비로 40만 원을 지출하였으며, 1년 동안 변호사 자문을 위해 10회 이상 함께 참석해주고, 재판 기일에 법정모니터링 하고, 사무실 운영비도 지출하는 등 대표의 봉사비를 일당 10만 원에 계산해도 10일이면 100만 원이고, 연회비 100만 원인데도 불구하고 140만 원은 실비변상에 넘는 경제적 이익에 해당한다고 볼 증거가 없다면서 유죄판결을 했다.

고소인은 4번씩이나 재혼한 경력이 있는 데다가 김00 변호사 과실을 덮고 패소 판결하자 항소를 포기한 것으로 보아, 전 처와 합의를 했다고 본다. 비정상적 성격으로 도와준 필자를 협박해 300만 원 중 150만 원은 소송비용으로 지출되었으며, 공갈 협박해 100만 원을 반환받고도 그것도 부족하여 필자를 고소했다.

수사경찰관은 고소인에게 도와준 것밖에 없는데, 50만 원 가지고 고소하느냐, 라고 설득하기는 커녕, 공권력 잡는 운동을 하고 있다는 이유로 신나게 조사하고 기소 송치했다. 판사 역시 유죄판결을 했다.

8. 80세 할머니 700만 원 사건을 승소하도록 도와준 것도 죄

기소의견으로 송치한 : 서울종로경찰서 사법경찰관 이용석
사건 : 2018고정1409 변호사법 위반

고소인 할머니는 고령인 80세 나이로 개발부동산에 사기를 당해 민, 형사 다 해보았으나 대법원까지 패소하자, 상대방은 부동산에 가압류했다는 이유로 7백만 원에 상당한 손해배상을 요구하는 소장을 받게 되자 단체 도움을 청했다.

필자는 회비 및 집회 비용으로 100만 원 받고, 가해 회사에 항의 방문해 시정을 촉구하자, 가해자는 할머니가 가압류를 해지하면 손해배상을 받지 않겠다고 했으나, 할머니가 거절하여 할 수 없이 반소장을 제출해 도움을 준 결과 한 푼의 배상도 하지 않도록 승소판결을 받도록 구조했다.

고소인은 "전세보증금에 압류가 들어오면 안 된다."라고 하면서 도움을 청해 도와준 사건마저도, 할머니를 도와주던 부동산중개업자가 느닷없이 변호사법 위반으로 대표를 고소를 하라고 회유하자, 할머니는 "사기당한 2천만 원을 단체가 받아준다고 하여 백만 원을 줬는데, 2천만 원을 안 받아 주었다."라는 이유로 고소를 했다.

이런 경우 경찰은 할머니에게 "승소판결문을 받도록 도움을 받고도 고소하는 것은 잘못된 것이다."라고 할머니에게 바르게 설득은커녕 도리어 필자에게 합의를 보도록 협박했다. 필자는 할머니하고 다투는 자체가 불편해 70만 원 반환해 주고 고소 취하장을 받았다. 그럼에도 경

찰은 기소의견으로 송치했다.

1심 재판장은 할머니를 구조해준 비용에 대해 입증이 부족하다고 하면서 벌금 100만 원에 선고했다. 항소심에서는 1년 동안 구조해준 봉사자들의 사실확인 인증서, 단체 회계장부 등으로 입증했으나 항소심은 비용에 대해서는 계산도 안 하고 원심 그대로 판결을 했다. 100만 원 사건을 위해 법원에 출석한 기간은 2년의 시간이 걸렸다.

9. 대한법률구조공단 이민정 변호사가 관순 누나 잡는 법

사건 2014가소 665348 손해배상 우광택 판사

2004. 9. 경 대표를 무고했던 배광심(회비 10만 원)과 박일남(회비, 현장출장비 30만 원)은 대표가 위 자들을 고소했다가 무혐의 처분받고, 민사 청구했으나 필자가 패소했다는 이유로 각각 5백만 원씩 배상하는 소장을 제출했다.

서울지법 우광택 판사는 이민정 변호사가 어떠한 피해 내역으로 500만 원을 필자가 지급해야만 된다는 피해내역서도 제출하지 아니하였는데도 불구하고 10만 원 낸 회원에게 300만 원을, 40만 원 낸 회원에게 300만 원을 배상하라 판결을 했다. 항소심도 원심대로 판결했다.

위 가해자들은 판결문을 가지고 필자의 은행거래마다 압류로 카드도, 은행도 사용할 수 없도록 했다.

10. 경찰수사권 독립운동 해준 댓 가로 경찰관한테 몰매 맞는 이 시대 관순 누나 & 정의로운재단 만들려다 고소를 당하는 법

고소인은 부동산을 매입하면서 처남을 통해 친척한테 돈을 빌려 매수했다. 그러나 땅값이 상승하자 처남은 자신의 돈으로 매수했고, 매형한테 명의신탁을 했다고 했다. 처남은 고소인을 속여 인감증명서와 도장을 받아 가지고 등기이전을 해버렸다. 재판 결과 고소인이 등기이전을 해주었기 때문에 명의신탁이 맞다는 판결로 10년 동안 투쟁해 보았지만 모두 패소했다.

그러나 법무사가 소유자 확인 없이 처남이 가지고 온 인감증명서만 보고 등기신청을 해준 결과 고소인이 피해를 본 간단한 사건이었다. 그럼에도 고소인은 법무사는 고소하지는 않고, 오직 처남만 고소한 결과 패소한 것인데도 불구하고 검사가 부실수사를 했다고 검사만 징계해 달라고 했다.

필자는 법무사와 처남을 고발하도록 도움을 주었으나, 공소시효가 만료된 결과 공소권없음 처분을 받았다. 이러한 이유로 재심청구를 하자, 법무사는 사무실마저 폐쇄하고 종적을 감추어 버렸다. 고소인은 공시송달이 되자 혼자서도 승소할 것을 예상하고, 단체 후원금 약속을 이행하지 않고자 변호사까지 해임하고 나홀로 소송을 했으나, 재판부는 소용없는 은행거래조회만 채택한 결과 정보공개 5년 경과로 반려 회신만 받게 되자, 고소인은 아무것도 건진 것이 없이 각하되고 말았다.

그러나 처남이 증인으로 채택만 되었다면 부동산 허위 매매계약서에 대해 누가 어디서 작성했는지 질문만 하면, 쉽게 입증이 가능했으며, 처남이 증언한 기록을 가지고 형사고소를 할 수 있기 때문에 이래저래 유리했다.

고소인이 멋대로 진행해서 패소했음에도 불구하고 고소인은 집회비용 낸 1,000만 원을 반환받고자, 필자를 겁박하다 못해 고소를 했다. 당연히 고소인은 필자가 고발 및 집회를 하면 승소한다고 하여 집회비용으로 주었다고 거짓말을 했다.

이런 날을 대비해 고소인에게 사건이 잘못되더라도 단체를 원망하거나 명예를 훼손하는 행위는 하지 않겠다는 자필확인서를 받았다. 더더욱 변호사가 무료로 고발해주고, 재심도 변호사가 변론했고, 서울에서 창원까지 내려가 20명의 봉사자들과 1년 동안 4번 집회를 했다. 사무실 운영비는 필자가 부담을 했다.

그러나 오재형 형사는 변호사가 아닌 자가 고발장과 재심소장을 작성했다는 이유만으로 장장 6개월 동안의 샅샅이 필자의 사무실 운영방법까지 수색한 끝에 기소송치를 했다. 1년 동안 고소인을 위해 노력한 것은 따져보지도 않고 필자만 야단치는 상식 이하의 수사에 회의감이 밀려왔다.

도망간 법무사만 잡으면 50억 재산을 찾는 사건인데도 불구하고 물에 빠진 사람을 건져 준 필자를 고소하는 이 사건을 보니, 더 이상 구조하는 일은 하지 말아야겠다고, 그동안 자료를 수집한 것으로 만족하기로 했다.

필자는 최정숙 검사가 부당하게 구속시킨 후유증과 오 형사의 무리한 수사로 송치했다는 문자를 받게 되자, 부당하게 구속되었던 후유증으로 그만 겁을 먹고 공갈 협박하는 고소인에게 1천만 원을 반환해 주고 소 취하를 하도록 했다. 그러나 집회비용으로 사용한 증거만 있으면 죄가 안 되는 사건인데도 불구하고 경솔하게 반환해준 것이 후회가 되었다.

결국 정의로운재단 설립하기 위해 사무실 운영비까지 차용해 구조운동을 했다가 도리어 고소만 당하고, 이 사건 스트레스로 넘겨져 다치는 사고로 입원치료를 받아야 했으며, 몸이 허약해져 최근에는 코로라19로 입원도 하다 보니 책 발간하려던 계획이 1년 이상 지체되었다.

11. 변호사법 109조는 폐지해야만 되는 이유

변호사법 109조는 "변호사가 아니면서(중략) 대리·중재·화해·청탁 또는 법률사무를 취급한 자는 7년 이하의 징역 또는 5,000만 원 이하의 벌금에 처할 수 있다."고 명시하고 있다. 결국 이러한 포괄적 규정으로 변호사 아닌 자가 제3자를 위해 하는 모든 법률행위를 불법으로 규정할 수 있어 사실상 변호사 아닌 사람이 행하는 모든 법률행위는 불법행위로 사법처리 해야 한다는 것이다.

그러나 위 변호사법 109조는 일제 강점기에 조선총독부의 법령에 따라 시행되다가 지난 1949년 11월 제정되었으며, 우리나라와 일본에만 있는 독특한 법인 변호사법이다. 기득권 세력이 모순된 법조문을 근거로 선량한 시민들의 목을 죄고 있는 악법 중에 악법이다.

따라서 변호사가 아닌 자의 법률행위로 피해를 보았을 경우, 사기죄로 고소하면 된다. 그러나 필자 사건에서와 같이 도리어 도움을 받고도 배신행위를 한 사건들인데도 오직 변호사법 제109조만 적용하여 처벌하는 것은 도리어 변호사법을 악용해, 은혜를 원수로 갚는, 나쁜 짓을 하도록 하는 것이 된다.

더더욱 변호사로부터 피해 본 사건은 변호사가 선임을 해주지 않기 때문에 변호사가 아닌 제3의 사람으로부터 도움을 받아야 소송을 할 수 있다. 그러나 변호사법 109조 때문에 억울하게 패소해도 도와줄 변호사가 없기 때문에 대법원에서 확정되면 무조건 국민은 판결에 복종할 수밖에 없다.

그 결과 남의 재산을 약탈한 가해자들은 무조건 전관예우 출신 변호사를 선임해 힘과 빽으로 대법원까지 승소하면 완벽하게 승리한 범죄자가 된다. 이러한 관행 때문에 판사가 법을 위반해 부당한 판결을 해도 판사를 탄핵할 방법이 없다.

그러므로 변호사법 109조는 폐지 또는 개정하여 '중재, 화해, 조정'은 변호사만 할 수 있도록 하고, 법률행위는 누구든 할 수 있도록 하여 피해당한 국민이 적극 대응할 수 있도록 재판받을 권리를 보장해야만 한다. 그래야 변호사도 변호사 윤리강령대로 기본적 인권을 옹호하고 사회정의를 실현함을 사명으로 하는 변론행위만 할 수 있게 된다.

12. 맺으면서

위에서 본 바와 같이 함께 전공련을 창립한 재벌 2세 윤 씨 대표(강영희 전 부총장과 같은 아파트에 살고 있음)는 운영비 한 푼도 후원 안 하고서도, 단체 살림살이를 꾸려온 필자를 고발함으로 인해, 이때 맞은 검사의 부러진 화살로 인해, 전직 판사출신 신 씨를 대표로 모셨다가 신 씨의 모함으로 내 돈 주고 구조해준 것도 죄가 된다고 450만 원 사건에 10개월의 옥살이를 해야만 했다.

2000년 경 억울하게 유죄 받은 판결문을 뒤집기 위해 30만 원 회비 받고 3천만 원 승소하도록 도움 준 사건을 고소했다가 도리어 필자가 무고했다면서 5백만 원 벌금형으로 판결했다. 마지막 법대 교수 방 씨를 대표로 모셨다가 도리어 골리앗 방 씨와 방 씨들끼리 신바람 나게 고스톱을 치고 있었다.

그러나 윤용은 윤봉길 의사의 손자로서 민족단체 대표가 되었으나, 윤용은 태극기부대를 앞세워 명박과 박통을 위해 목숨 걸고 투쟁해준 결과 윤용의 손주 윤주경은 국민의힘 국회의원이 되도록 하는 데 성공했다. 그런가 하면 존경하는 윤 용 대표는 노무현 대통령이 부정선거로 당선되었다고 하면서 탄핵 운동을 했으며, 이젠 문재인 대통령이 빨갱이라고 앞장서서 탄핵 운동을 하고 있다.

박준영 변호사가 법 집행자들을 바로 세우기 위해 살인사건으로 억울하게 구속된 사건만 진상 조사하여 구조운동을 한 결과 재심청구로 피해자가 국가배상도 받게 되었듯이, 필자 역시 대법원까지 패소(사형선고 받은 사건)한 사건만 접수 받아 자문 변호사 상담을 통해 다시 소송을 하는 방법을 알려주고, 집회 비용만 받고 집회해주고, 변호사한테 피해 본 피해자들만 나 홀로 소송을 하도록 법률적 도움을 주었다. 이러한 구조운동으로 판, 검사 고발 운동과 함께 책으로 피해사례를 폭로함으로 인해 사법개혁이 되는 것이다.

그러나 비정상 회원들이 단체 도움으로 일부 승소하였음에도 불구하고, 도리어 집회 비용을 반환받고자 공갈 협박하는 비정상 고소인들을 도리어 수사관들이 적극 도와준 덕택에 5번씩이나 부당하게 유죄판결을 받았으며, 경찰과 검찰, 법원이 담합해 필자를 22년 동안 처벌한 경과이다.

그러나 국가는 변호사도 아님에도 사피자들의 구조운동을 하라고 필자에게 시민단체로 등록을 해줬다. 더더욱 헌재 결정문에는 필자가 변호사가 아니어도 시민단체 대표이기 때문에 법률행위를 할 수 있다고 했다. 다만 금품을 목적으로 사기행위를 하였을 때만 처벌하는 법인데도 법을 왜곡해, 아무런 이익을 본 것이 없는데도 처벌하는 것은 지극히 부당한 공권력 남용행위이다. 도리어 외국은 시민단체가 구조운동으로 성공할 경우 10%는 후원하도록 법을 만들어 시행하고 있다.

필자는 2005.11. 석방된 후 명예를 회복하고자 언론중재위원회에 MBC문화방송국을 상대로 정정보도 신청을 한 결과 언론중재위는 "허위 보도한 것이 맞다" 면서 추후보도를 하라고 했다.

필자를 무고했던 임원진들을 상대로 3년 동안 소송한 결과 문 씨한테만 100백만 원을 배상하라는 승소 판결을 받았으나 100만 원마저도 문 씨는 재산을 다 빼돌려 한 푼도 받지 못했다. 결국 이 시대 관순 누나 몸값은 100만 원이고, 피해자 구조해준 죗값은 10개월 실형에, 추징금이라는 명목으로 모든 재산은 공권력이 강탈해 갔다.

부당하게 유죄판결을 한 이호원 부장판사는 법복을 벗고 연세대학교 법학전문대학원 로스쿨 교수로 재직하고 있다가, 2018년부터 대한상사

중재원 원장으로 근무하고 있다. 조사도 하지 않고 구속영장 청구한 최정숙 검사는 법무법인 유한로고스 변호사이며, 양승태 전 대법원장을 변호하고 있으니 다들 잘나가고 있다.

그러나 마지막 엉터리 판결한 판사들 응징하기 위해 이호원 부장판사 상대로 국가 배상 청구를 했으며 진행 중에 있다(2018가단 70326 손해배상). 결국 남편의 명예 회복을 위해, 비리 판, 검사, 경찰, 변호사 잡는 운동 했다가 있는 재산 다 날리고 기초수급자가 되었으며, 남편은 명예회복도 못하고 억울하게 저세상 사람이 되었다. 아이들마저 정상적인 생활도 못 하게 피해만 준 엄마가 되었다.

다만, 10개월 동안의 옥살이 끝에 "돈 받고 집회해준 것 무죄"라는 필자의 판결문을 벤치마킹 한 박통은 태극기 단체를 만들어 봉사비 주고 노인들을 앞세워 합법적 집회를 했다. 박통은 태극기부대의 경호까지 받으며 국정을 이끌어 갔으며, 태극기부대는 지금도 광화문을 누비고 있다. 필자가 만든 '돈 받고 집회해주는 법'으로 어르신들 용돈 챙겨주는 효녀 법을 만든 것이나 다름이 없다 하겠다.

사피자 구조운동을 한 결과 피해자 10명 중 5명은 비정상(인격장애자, 망상증, 우울증) 회원들이었고, 5명은 사건 충격으로 불신병과 불안증으로 아무리 정상적인 조언을 해도 잘 듣지 않아 스스로 자살골을 넣는 회원들이 많았다. 고기 잡는 방법을 알려주면 배신하는 회원들이 나 홀로 소송해보았으나 다시 패소했다. 이러한 결과로 더 이상은 구조운동을 할 수도, 자랑할 만한 성공한 사례도 없고 피해사례만 가득해, 구조운동을 접기로 했다.

목차에서와 같이 98. 6. 26. 전공련을 창립한 후, 1998. 11. 경 국회에 특별재판부 신설을 위한 입법청원 운동을 했으며, 2000. 4. 경 서울법대 20회 학생회가 사법피해 사례집을 발간하도록 하였으며, 이에 힘받은 사피자 회원들은 국회에 비리 판, 검사 탄핵을 요청하는 운동을 하였다.

2001. 6. 5. 경에는 검찰로부터 손해배상을 당한 MBC방송국 구조운동을 했으며, 2004. 4. 경에는 고 노무현대통령 탄핵철회 촉구운동도 전개했다. 2004. 7. 17. 변호사 피해사례집을 발간했으며, 2007.3.2. 검사 피해사례집을 발간했다.

2013. 6. 경에 참여연대는 전두환 전 대통령의 미납 추징금을 환수하기 위한 법안을 2010년경 제안했으나 국회는 무대책으로 시종일관한 결과 2013년 10월인 추징금 시효를 4개월 정도 앞두게 되자, 민주당의 몇몇 의원들은 '전두환 특별법'을 6월 임시국회에서 통과시키기 위해 때늦은 노력을 하고 있었다.

이에 필자는 제16대 박근혜 대통령과 새누리당에 "전두환 특별법(추징법)" 통과해야만 된다는 공문을 발송한 후, 새누리당 당사 앞에서 촉구대회를 한 결과 국회는 2013.6.25. 통과시켰다. 결국 전두환 법을 통과시키기 위해 참여연대는 3년의 시간이 걸려야 했으며, 5.18. 민주화운동가들은 연희동 전두환 집 앞에서 2013.3. 경부터 6월 달까지 광주에서 서울까지 버스를 대절해 대대적인 집회를 해야만 했다. 그러나 법을 통과시키는 칼자루는 한나라당 국회의원들에게 있었기 때문에 박근혜 대통령과 한나라당을 압박한 결과 단 한 번의 집회로 국회가 통과시키도록 하는 데 성공했다.

2015. 3. 경부터는 하창우 전 대한변협 회장과 손잡고 전관예우 척결을 위해 악법에 도전하는 시민단체들은 "전 대법관 31명, 전 검찰청장 18명은 변호사 개업 신고증을 반납해야만 된다."라는 서명운동을 전개하는 반면, 하창우 전 변협회장은 차한성 전 대법관에게 변호사 개업 신고를 수리하지 않게 되자, 이때부터 전 대법관들은 변호사 개업신고를 하지 않도록 하는 데 성공했다.

한편, 필자는 남편을 사망하게 한 김용담 전 대법관은 현직, 판, 검사, 변호사들이 4천명 이상 회원가입을 하고 있는 한국법학원 원장을 하면서도 변호사 업무를 하고 있었다. 이에 필자는 김용담 한국법학원장은 자진사퇴를 해야만 된다고 각 단체에 자료집을 배포해 서명운동을 한 결과 김용담은 자진사퇴하고, 변호사 업무만 하도록 하는 데 성공했다.

위에서 본 바와 같이 사피자 구조운동은 집회를 통해서만 피해를 알릴 수 있고, 피해자 사례는 그때그때 발생하는 검찰, 사법부 비리 사건과 연결해 집회를 해야만 피해 사건도 보도가 된다.

그러한 연관성 때문에 성명서와 피켓 구호로 그 집회가 무엇을 위한 집회였는지 보여줘야만 하고, 인터뷰도 잘해야만 된다. 그뿐인가 프랑카드를 들고 구호를 외쳐주는 운동가들이 절대적으로 필요하다. 이러한 요건들을 다 갖춰 줘야 뉴스시간에 1분이라도 보도가 된다. 그래서 시민운동은 종합예술이라고 한다.

위와 같은 운동을 22년 동안 해온 결과 보람된 일도 많았으나 씁쓸한 기억이 더 많다. 이제는 그동안의 운동이 밑거름되어 공수처가 설치되었는가 하면 사법개혁도 한 걸음씩 나아가고 있다. 또 이 같은 역사적 진보에 미력하나마 일조를 했다는 데 보람을 느낀다. 그동안 법 공부한 실력으로 억울한 사연들을 책으로 폭로하고, 유튜브와 SNS를 통해 사피자 구조운동을 하려고 한다.

필자가 법 전공을 안했어도 원, 피고의 소송대리인 변호사들이 제출한 준비서면 등을 보면, 누가 피해를 보고, 누가 이익을 봤는지만 판단하면 된다. 따라서 이익을 본 사람이 가해자가 된다. 그러므로 법은 약자를 보호하기 위해 만든 법이므로 판사들은 인권을 우선으로 하는 판결을 할 때, 국민이 상식적으로 이해가 가능한 판결을 할 때, 국민들은 사법부를 신뢰하게 될 것이다.

정경심 교수는 자식 상장을 위조했다는 이유로 4년 형을 받고 구속이 되었다. 연세대학교는 남편의 인사카드를 변조해 승소하므로 인해 남편은 장장 25년 동안 법적투쟁만 하다가 마침내 육체적, 정신적 쇼크로 정신과병원에서 10년 동안 갇혀 생활하다 저세상 사람이 되었다. 연세인들은 제자이자 교직원이었던 남편의 인권을 유린한, 고 방우영 전 재단이사장과 스승인 강영희 전 부총장을 대신하여 지금이라노 온 국민들에게 머리 숙여 사죄하길 촉구한다.

　정의를 지키려는 존경하는 모든 국민들께서는 남편의 명예회복을 위해 32년 동안 달려온 필자가 정의로운 언덕을 성공적으로 잘 넘을 수 있도록 힘찬 응원의 박수와 용기를 주시길 바랍니다.

2021. 5. 30
사법연대 집행위원장 조남숙

부록

전국공권력피해자연맹

1998.6.26.'부추련 백만시민감시단' 을 전국공권력피해자연맹으로 개명

판사 양심에 석궁을 쏘는 여자

부정부패추방시민연합
부설전국공권력피해자연맹

110-100 서울특별시 종로구 교남동 51번지 덕산빌딩 4층 TEL : (02)325-4888 FAX : (02)735-8119

문서번호 : 전공련 9811 -15	선 결			지 시		
시행일자 : 1998. 11. 9.	접 수	일자/시간				
		번 호		결 재 · 공 람		
수 신 : 김대중대통령님, 국회의장님,	처리과					
대법원, 법무부장관, 검찰총장 각 시민단체						
참 조 : 국회의원 및 담당자	담당자					

제   목 : 국민특별재판제도 신설을 위한 입법 청원

1. 어려운 난국을 맞아 불철주야 국민의 법익과 국가 발전에 헌신하시는 김대중대통령님과 귀 수신처 담당자님들께 깊이 감사드립니다.

2. 본 부정부패추방시민연합 부설 전국공권력피해자연맹(이하 "전공련")은 공권력에 의한 부당한 피해가 없는 정의로운 나라, 깨끗한 나라를 만들기 위해 시민들이 합심 참여하여 활동하는 시민단체입니다.

3. 우리 연맹은 사법피해자들이 속출하고 각계 전문가들도 법조인들이 불공정하게 판단하는 사례가 만연하고 있어 오판하는 판, 검사도 소환, 파면할 수 있는 제도가 필요하다는 의견을 피력하고 있어, 그 뜻을 모아 이의 입법추진을 위한 노력을 계속하고 있으며, 백만시민감시단과 자원봉사 학생들로 구성된 법정모니터링 제도를 실시하고 있습니다.

4. 지금 일부 특권층을 제외한 대다수 국민들은 IMF 환란을 맞아 형용하기 어려운 고통을 겪고 있습니다. 국민들 때문이 아니라 특권층 때문입니다. 정치 권력과 기업 권력이 합작하여 저지른 부정부패 때문입니다. 경찰,검찰을 포함 사법부가 공평정대하였다면 이런 난국은 없었을 것입니다.

5. 돈에 눈이 멀어 브로커와 결탁한 판사들의 비리가 의정부에 국한된 일이겠습니까? 판, 검사들이 호텔과 골프장 이용 특권을 받아 챙긴 것이 광주에 국한된 일이겠습니까? 법조인들에 대한 불신의 벽이 어쩌나 높은지 국민과 법조인은 남남이 돼버린 느낌입니다. 퇴출과 구조조정의 피해자들이 끊임없이 이어지는데 비리 법조인들은 태평성대를 누리고 있습니다.

-39-

6. 김대중대통령님은 공권력에 의한 최대의 피해자였습니다. 그러므로 피해를 근절하는데 앞장서야 합니다. 국민은 피해자가 영도자가 되었으니 사법부가 말끔히 개혁되리라고 고대하고 있는데 눈앞이 캄캄하니 누구를 믿어야 합니까?

7. 정부가 안으로 상정했다가 흐지부지 해버린 특별검사제도는 특권층만을 대상으로 한 제도이므로 힘없고 백없는 대다수 국민들을 권력 남용으로부터 보호하는 '국민특별재판제도'를 신설해야 합니다. 다른 선전국에서는 이미 오래 전부터 특별재판소나 위원회 등 제3의 감독장치가 제도적으로 마련되어 운영되고 있습니다.

8. 그러므로 최우선으로 법조계 개혁 청사진을 제시하고 그 청사진 안에 국민특별재판제도를 반드시 포함시켜 주시기 바랍니다. 이것은 역사의 순리이며 국민의 염원이며, 김대중대통령님의 약속입니다. 진정한 개혁을 위한 사필귀정을 외면하지 말고 절대절명의 제도를 신설하는 데 총력을 경주하여 주시기 바랍니다.

9. 위 제도가 이 나라의 부정부패를 추방하고 경제를 회복되는 데 가장 바람직하다고 생각하시면 서명하여 팩스나 우편으로 보내 주시기 바랍니다.
"끝"

부정부패추방.시민연합
부설전국공권력피해자연맹

공동의장 윤 용, 정기웅

부정부패 추방하여 정의사회 이룩하자!

나를 기소하라!

살아있다는 것은 싸우는 것이다
제20대 서울법대 학생회

"나를 기소하라!"

사법비리 피해자들이 고소장을 보여주시면서, 진정 자신이 무고한 사람을 고소한 것이라면 자신을 무고죄로 기소하라며 하신 말씀입니다. 진정 자신의 역할에 충실했던 판사, 검사, 변호사를 무고한 것이라면, 피해자분들이 어떠한 법적 책임도 지겠다는 것입니다. 오히려 자신이 조사받기를, 그래서 다시 수사가 이뤄질 수 있기를 기다리고 있다고 하십니다.

서울법대라는 이름이 가지는 상징성에서 우리는 사회적 특권을 발견하기 보다는 한국사회를 바꿔갈 수 있는 지점을 찾고 싶습니다. 하지만, 학생회실에 쌓여 있는 수많은 사

- 1 -

법비리 사례자료집을 보면서, 작게는 우리가 직접적으로 해 드릴 수 있는 일이 아무것도 없다는 점에서, 크게는 비리 판, 검사들이 우리의 선배이고 결국 우리의 모습이 아닐까 하는 의구심이 두려워질 수밖에 없었습니다.

이에 선언적인 의미로 사법비리 피해사례들을 모은 자료집을 만들고자 합니다. 우선 그동안 법대에 쌓여 있던 사법비리 피해 자료들을 모아 정리하여 그 내용을 알려냄으로써 한국사회 사법비리의 한 면을 제시하겠습니다. 이것은 어떠한 대표성을 지닌다기보다는 말 그대로 한국사회의 한 모습을 보여주는 것이며 이후에 있을 피해자분들의 고소, 고발에 작은 도움이 되었으면 하는 의도입니다.

이는 동시에 구체적인 사례를 통해 우리 법대생 스스로 선을 긋는 과정이기도 합니다. 추상적이고 관념적인 언어로서가 아니라 직접 현실을 체험하면서 기존의 사법관행과 선을 긋고자 합니다. 개개의 한 명으로서는 아무 의미도 가질 수 없기에, 이 일을 이후 법대에서 있을 사법개혁운동의 시발점으로 삼아 지속적으로 운동을 전개해나가고자 합니다.

그러나 막상 우리 한국사회의 사법현실을 대하는 과정에서 우리 스스로 자괴감이 많이 들었습니다. "귀찮아서", "일이 많아서"라는 직무유기, 심리미진은 한국사회에서 그렇다 치더라도, 약간의 이익에, 그것도 정당한 방법으로는 얻을 수 없는 것들에 의해 사건을 담당한 판사, 검사, 변호사가 도저히 이해될 수 없는 행동을 하는 것을 보게 되었습니다.

사건이 분명한데도 불기소처분하고, 판결을 뒤집고, 공판조서를 조작하는 모습들을 보면서도, 한편으로는 이들도 법조인으로서의 포부를 안고 법조계로 뛰어들었던 사람들이기에, 굳이 이들의 성품을 탓하기에 앞서 제도적 모순에 대한 비판을 명확히 하고자 합니다.

사법비리 피해자들이 겪게 되는 것은 혐의자가 아예 기소조차 되지 않거나 혹은 대단히 비합리적이고 권위주의적인 재판이 진행되는 과정입니다. 특히 이러한 과정은 기소권을 독점한 검찰에 의해 혐의자들이 무혐의처리 되는 식으로 일체의 사법비리가 옹호되고

404   판사 양심에 석궁을 쏘는 여자

있습니다. 이는 기소남용을 방지한다는 명분아래, 사실상 더욱 많은 피해자들을 양산하고 이에 더욱 alsgdms 고소를 유발하고 있습니다. 이는 검사동일체원칙에 의한 폐쇄주의와 한국사회에서 검찰이 그동안 수행해 온 폭압적 억압주의에 의한 것입니다.

이에, 우선 다음과 같이 제안합니다.

고소된 사안들에 대해 그것이 진정 무고라면 이를 무고죄로 엄하게 벌하며 그것이 아니라면 "사실오인에 의한 무협의 처리"라는 불분명한 자세를 보여서는 안 될 것입니다. 이번에 우리와 함께 해온 피해자분들이 제출하는 비리 판사·검사·변호사에 대한 고소고발에 대하여 그것이 진정 협의가 없는 것이라면 그분들을 무고죄로 수사할 것이며, 아니라면 고소,고발에 대한 합리적인 수사를 진행해야 할 것입니다.

동시에, 사법비리 척결을 위한 하나의 작은 제안을 하고자 합니다.

한국사회 사법관행을 당장 개혁하기가 불가능하다면, 이를 제어할 수 있는 제도적 장치로서 검찰기소독점주의의 철폐를 요구합니다. 근본적으로는 검찰조직에 대한 감찰을 강화하고, 부분적으로는 유신이후 축소되어온 재정신청의 범위확대를 요구합니다.

이번 일에 같이 참여하신 사법비리 피해자 12분의 사건을 크게 3가지 부류로 나누었습니다.

(1) 회사나 출판사 등이 힘없는 개인을 억압하고 아를 사법부가 방조하는 군력편향적인 사례
(2) 고의성 여부나 그 정도를 떠나서 법조인의 직무를 유기한 사례, 심리미진 사례
(3) 사법부 나름의 권위주의를 만들어 내세우면서 한 개인의 인권을 억압하는 사법권위 사례

이 세가지 부류입니다.
각각의 사례에는 우선 사실관계를 정리하였고, 이어서 사법비리로 의심되는 각 부분에 대해서 조목조목 구체적인 증거를 제시하였습니다. 사건마다 진행된 방식이나 기간에 있어 차이가 있으므로 실제의 구성도 각각 다를 수 있습니다.

- 3 -

한겨레
THE HANKYOREH
사 회　2000년 3월 22일 수요일　19

大學新聞
1521호 2000년 4월 24일(월)

"사법 피해자
기막힌 사연
너무 많더군요"

■ 서울대 법대생 사례집 펴내

"사람들을 만나보니 억울한 피해자가 너무 많았습니다. 무엇보다 법조계 전체가 특권화돼 잘못된 관행조차도 쉽게 용인되는 것 같아 안타까웠습니다."

법조인을 꿈꾸는 서울대 법대생들이 기성 법조계의 잘못을 파헤치며 지적한 <사법비리 피해자 자료집>을 발간하고 사법개혁을 촉구하는 활동을 벌이기로 해 관심을 모으고 있다.

조계희 법대 학생회장 등 4명의 법대생들은 지난 1월부터 전국적으로 피해사례를 모으고, 법률적 검토를 하는 등 준비를 해온 끝에 이번 주말께 12명의 피해사례를 담은 자료집을 내기로 했다.

'눈감고 귀막은' 판·검사들

이름이 걸리기를 수밖에 없는 선배 법조인들의 문제를 공론화하기로 한 것은 한 사법피해자 김아무(50·여)씨의 기막힌 사연을 접하고부터다.

이 전국에 적지 않다는 것을 알고 사례를 모으기로 마음 먹었다.

"대부분의 피해자들은 우리의 사법구조에 절망하고 있었습니다. 판사와 검사, 변호사까지 모두 한 묶음의 '모비 구조'에 묶여 있어 아무리 당사자가 해명해도 소용이 없다는 것이었습니다."

조씨는 "물론 법률적 판단이야 다를 수 있지만, 적어도 이들의 사정을 법조인 가운데 단 한명이 진지하게 들어주고 도움을 줬다면 이들의 억울함도 덜했을 것"이라며, "법조계가 시민을 위한 공공서비스를 하기보다는 법조인을 위한 특권적 권력기관으로 변질됐음을 보여주는 사례들"이라고 말했다.

법조계 잘못 과감히 지적

준비팀 간사 박지훈(20·법학3)씨는 "저도 법률가를 꿈꾸는 예비 법조인이지만, 법률계 전체의 잘못된 관행이 만연한 상황에서 흥자서만 활동지 않기란 불가능하다고 생각해 이 일에 나섰다"며 "작은 실천이지만, 우리 사법현실을 다시 짚어보고 고민하는 계기가 됐으면 좋겠다"고 말했다. 서울대 법대 학생회 (02) 880-7543.

손원제 기자 wonj@hani.co.kr

선배들의 잘못
우리가 바로잡자

법대 학생들이 선배들이 몸담고 있는 기성 법조계의 잘못을 지적하고 나섰다.

법대 학생회는 8일(토) 현행 사법제도의 문제로 인해 피해를 입었다고 주장하는 사람들의 사례를 모아 「사법비리피해자사례집」을 발간했다. 사례집은 이미 학내에 많이 알려진 김경란씨의 저작권 관련 사례, 이산해씨의 사기사건 등 12건의 사례들을 심리의 부족으로 인한 사례, 사법계의 권위적인 태도로 인한 사례 등의 유형으로 묶어 담고 있다.

법대 학생회는 이후 10일 기자회견을 열어 사례집에 실린 피해자들에 대한 전면적인 재수사를 요구하고 검사의 기소독점주의를 비롯해 극소수의 법조인에 의해 좌지우지되는 현 사법계의 잘못된 구조를 비판했다.

법대 부학생회장 심준씨(법학·4)는 "이번 사례집에 실린 사례들은 모두 사법계 비리와 관련이 있다"며 "이번 사례집 발간을 계기로 다른 대학 법대학생회 등과 연계해, 사법개혁운동을 추진할 것"이라고 밝혔다. 김정주 기자 slj@snu.ac.kr

전국공권력피해자연맹

世界日報

2000년
4월27일
목요일
(안내판면) 50면

"非理 판·검사 처벌해 달라"

전국공권력피해자연맹
검사·변호사등 30여명
직무유기등 혐의 고소

"시민의 힘으로 비리 판·검사를 처벌하자."

최근 법조인을 꿈꾸는 서울대 법대 학생들이 기성 법조계를 비판하는 '사법비리 피해자 사례집'을 낸 데 이어 이 사례집에 실린 9명이 판·검사 수십여명을 검찰에 고소해 파문이 일고 있다.

전국공권력피해자연맹 비리 판·검사 기소추진운동본부는 26일 이들이 판검사 변호사 등 30여명을 직무유기 등 혐의로 대검찰청에 집단고소한 뒤 법조인 비리를 규명해 달라고 요구했다.

◇피해 주장 사례＝김경란(50·여)씨는 "사법부와 변호사의 직무유기를 밝혀 달라"며 수년간 서울대 법대 게시판에 대자보를 붙여 학생들로 하여금 선배 법조인의 문제를 공론화하도록 한 장본인. 김씨는 한 유명출판사와의 저작권 소송에서 진 뒤 각종 증거들이 재판과정에서 조작되고 빠졌다며 사법당국에 억울함을 호소했지만 받아들여지지 않았다.

서울대생들이 조사한 결과 증거자료가 복사·제출된 과정에 날짜가 바뀌거나 저작권 계약서가 아예 빠지는 등 의혹이 있고 계속 재심을 요구한 김씨는 오히려 무고죄로 처벌까지 받았다.

◇집단고소 배경＝고소인들은 "사건을 맡았던 판·검사들이 정의로운 판단을 외면한 채 독점적 권력을 누리면서 변호사 등과 결탁해 오히려 부정부패를 조장하고 있다"고 주장했다.

(박범진기자)

京仁日報

회장 李吉女/발행·편집·인쇄인 朴瀷賢/편집국장 李永光

2000년 4월 27일 목요일 (陰3월 23일) 제 12304 호

"사법비리로 피해"

시민12명 검찰상대 고소투쟁

'사법비리'로 피해를 봤다는 시민들이 연대해 검찰에 매일 고소장을 제출하는 고소투쟁을 벌이기로 해 결과가 주목된다.

서울대 법대생들이 최근 펴낸 '사법비리 사례집'에 피해자로 올랐던 시민 12명은 26일 "기소권을 독점한 검찰은 판·검사 관련 고소사건을 조사도 해 보지 않고 불기소처분을 해 왔다"면서 "검찰의 권위에 도전키 위해 27일부터 매일 검찰에 고소장을 내기로 했다"고 밝혔다.

최근 서울대 법대 학생회는 사법비리 사례집을 발간, ▲힘없는 개인을 억압하고이를 사법부가 방조하는 사례 ▲고의성 여부나 그 정도를 떠나 법조인의 직무를 유기한 사례 ▲사법부 나름의 권위주의를 내세우면서 개인의 인권을 억압한 사례 등 크게 3가지 유형의 12가지 사례를 소개했다.

전국공권력피해자연맹
The Sufferer's Association of National Civil Rights

110-062 서울특별시 은평구 응암1동 96-19 2층 TEL : (02)722-4889, 336-5003 FAX : (02)720-9244

공권력피해자연구소 02) 336- 5003.

문서번호 : 전공련 2000 - 0193

시행일자 : 2000. 9. 18.

수　　신 : 국회의원님

참　　조 : 보좌관

선 결			지 시		
접 수	일자/시간		결 재 · 공 람		
	번 호				
처리과					
담당자					

제　　목 : 비리 판, 검사 탄핵소추 및 국정감사, 청문회 개최 동의 서명 건

1. 제 2 건국을 위해 노력하시는 국회의원님들의 노고에 깊은 감사의
말씀을 드립니다.

2. 본 전국공권력피해자연맹(이하 "전공련")은 총체적인 부정부패를 추
방하고 피해자의 인권회복 운동에 노력하는 시민단체입니다.

3. 지난 20년 동안 삼청교육, 강제적 언론통폐합, 5.18. 광주민주항쟁등
정치적인 이유로 인권을 박탈당한 수많은 피해자뿐만 아니라, 민주화 이
후에도 부정부패로 인한 경제적, 사법적 피해가 만연되어 본 연맹에서는
구국 일념으로 피해자 구조활동과 "비리 판, 검사 부정을 미연에 차단하
기 위한 국민특별재판제도 " 입법청원 등에 노력하고 있습니다.

4. 이 나라 부정부패는 매우 고질적인 구조가 되었는 바, 그 주 원인은
법치의 최후 보루인 사법부 마저 공정성을 잃었기 때문이라 생각합니다.
따라서 법질서를 바로 세우기 위 하여는 사법부만큼은 뼈를 깎는 고통
을 감수하더라도 진정한 개혁이 불가피한 것입니다.

408　　판사 양심에 석궁을 쏘는 여자

5. 아직 학생 신분으로 사회에 때묻지 않은 제20대 서울법대학생회가 사법비리를 객관적으로 분석한 "사법피해자 사례집"을 2000년4월8일 발간하고, 4월 10일에는 사법비리 규탄 기자회견을 가진 바 있습니다.

6. 그리고 4월26일 사법피해자 10명이 비리 판, 검사를 고소하고, 그 중 17명은 4월27일부터 고소장을 대검찰청에 등기로 우송하는 기소투쟁운동을 하였으나, 검찰에서는 또 다시 "사실오인에 의한 고소"라는 평계로 비리 판, 검사 고소사건을 조사도 없이 아예 기각하였는데, 이 것이 바로 비리 판, 검사 부정을 부추기는 수단이기도 한 것입니다. 이에 본 연맹 "비리 판, 검사 기소추진운동본부"에서는 "사실 오인에 의한 고소"라는 이유로 검찰권이 불행사되는 것을 더 이상 용납하지 않는 방안으로 국회 탄핵소추 청원에 이르게 되었습니다.

7. 물론, 국가 공권력의 권위는 유지되어야 합니다. 그러나 그 것만을 지키기 위해 사법정의와 사회 정의마저 팽개처 버릴 수는 없는 일입니다.

8. 국회는 독립하여 행정부와 사법부를 감시, 견제할 의무가 있고 그러함에도 불구하고 건국이래 비리 판. 검사에 대하여 단 한차례도 탄핵소추를 발의해 본 적 없다는 사실과 이로써 마음대로 공권력이 남용되는 실태 때문에 수많은 법조피해자가 생명을 걸고 절규하고 있으며, 국민이 정부를 신뢰하지 못하고 있다는 현실을 감안하여 새 천년은 부디 국민을 위한 진정한 정부로 개혁되기를 기원하고 있습니다.

9. 법이 국가의 근본이라면 법질서부터 바로 세워야 할 것이며, 법조인의 양심을 되찾는 것이야말로 이 나라 총체적 부정부페를 추방하는 국가 흥망의 과제라고 생각합니다.

10. 그 동안 대검찰총장님 면담 신청과 집회를 통해 수차 비리 판. 검사 기소를 촉구한 바 있으나, 면담조차 할 수 없었으며, 도리어 고소장을 진정서로 둔갑시켜 기각시켜 버리기도 하였습니다. 국민의 정부인 김

대중대통령께도 면담을 신청하였지만 쓰레기 취급받기 일쑤였습니다.

11. 이에 본 연맹 '비리 판. 검사 기소추진운동본부'에서는 부득이 이번 정기국회에 아래와 같은 법률에 근거하여 비리 판. 검사에 대한 탄핵소추를 청원하는 바, 의원님들께서는 탄핵소추 발의 및 청문회 개회에 적극 동의해 주시기를 바라고 있습니다.

아   래

비리 판, 검사로부터 부당한 판결 및 결정으로 인해 피해를 입은 청원인들은 국회법 123조와, 헌법 65조, 106조, 112조, 청원법 4조, 헌법재판소법 8조, 48조, 국회법 65조, 국정감사 및 조사에 관한 법률8조(진행중인 재판, 수사만 금지), 법원조직법 46조 1항, 검찰청 법 37조에 의거하여 별첨과 같이 탄핵소추 및 청문회 개최를 청원합니다.

첨부 : 1. 서울법대 사법피해자 사례집

전 국 공 권 력 피 해 자 연 맹
The Sufferer's Association of National Civil Rights
비리 판. 검사 기소추진운동본부
http://www.yesno.or.kr

전국공권력피해자연맹

The Sufferer's Association of National Civil Rights

110 - 062 서울특별시 종로구 신문로 1가 7-2번지 세종빌딩 311호 TEL : (02)722-4889 FAX : (02)722-4820
공권력피해자연구소 02) 722-4889. 구조담당 : 조남숙

문서번호 : 전공련 2001 - 0169

시행일자 : 2001. 6. .

수　　신 : 각 시민단체

참　　조 :

선 결			지 시		
접 수	일자/시간				
	번 호		결 재 · 공 람		
처리과					
담당자					

제　　목 : MBC방송국 구제를 위한 서명에 대한 건

1. 귀 단체의 무궁한 발전을 기원합니다.

2. 본 전국 공권력 피해자 연맹(이하 전공련)은 총체적 부정부패추방 운동의 주 사업으로 '공권력의 남용이나 불행사'를 감시하면서 국민의 생존권과 인권회복을 위해 노력하는 시민단체입니다.

3. 정부 수립 50년간 삼청교육, 강제 언론통폐합, 5.18 민주항쟁등 정치적 이유로 인권을 박탈당한 수 많은 피해자 뿐 만 아니라, 본 연맹에서는 구국의 일념으로 피해자 구조활동에 노력하고 있읍니다.

4. 1999년 1월 MBC가 고발한 대전 이 종기변호사의 전관예우 및 수임비리 사건으로 법조비리의 일부가 만천하에 폭로되었으며 이로 인하여 법조 사상 최초로 검사장이 면직처분되었고 이에 검찰총장에 대한 항명이 평검사들의 집단행동으로 이어져 검찰 조직의 철저한 상명하복 구조에 금이 간 바 있습니다. 그 후 동 사건은 이 종기 변호사 와 김 현시무총장에 대한 형사 처벌과 수수의 판,검사 징계로 막을 내린 듯 했습니다.

5. 그런데 평검사등 22명의 전, 현직 검사들이 2000년 4월 16일 서울지법 남부지법에 위 사건을 보도한 MBC를 상대로 13억원의 손해배상 소송을 제기한 것입니다.

6. 이 나라의 절대 다수인 국민의 80%가 법조계를 불신하는 풍조 속에서 국민의 혈세로 봉급을 받으며 국가 업무의 중책을 짊어진 일부 검사들이 국민 앞에서 겸허하기는 커녕 적반하장격으로 오히려 자신들의 치부를 폭로한 방송국을 상대로 명예훼손을 제기하는 집단이기적인 추세마저 보이고 있으니 국가의 장래를 크게 염려하지 않을 수 없습니다.

7. 법률규정이 잘 되어 있어도 양심을 져버린 일부 법집행자들이 그 법을 악용하여 오히려 선량한 국민들에게 피해를 주어도 막을 방법이 없는 것입니다. 따라서 총체적인 부정부패를 척결하기 위해서는 언론기관의 직접적이고 투명한 보도가 필수적인 것입니다.

8. 이에 본 연맹은 검찰의 문화방송을 상대로한 손해배상 소송제기에 있어 이 나라의 부정부패 척결과 진정한 언론의 자유를 위해 각 시민단체의 협조를 요청하면서 재판부의 공정한 판결을 촉구하기 위해 서명운동을 벌이고 있으니 각 시민단체의 입장을 표명하시어 서명운동에 적극 동참해 주시기를 바랍니다.

첨부 : 서명서

전국공권력피해자연맹

비리 판, 검사 기소 추진운동본부

" 공권력 피해자를 구조하여 정의 사회 이룩하자 "

서 명 서

서명내용 : 비리 판,검사 기소사건을 철저히 조사하여 위법한 판,검사
는 지위고하를 막론하고 기소하고, 만약 사법피해자들에게 고소당한
판,검사들이 정당하다면 고소인들을 무고죄로 기소해야 된다는 운동에
적극 동참하는 바입니다.

소속단체 : ~~한국어방송치으르~~

직 위 : ~~사무국장~~   ~~경삼구~~

                               ~~국장~~

성 명 : ~~조 세~~ [도장]   ~~오 세현 (吳世鉉)~~
_____

주관단체 : 전국공권력피해자연맹
비리 판,검사 기소촉구 운동본부

후원단체 : 정신개혁시민협의회, 부정부패척결시민연합. 부정부패추방실천회

후원대학 : 서울법대 학생회 , 한국외국어대 총학생회과 법대학생회, 국민
대학교 법대학생회, , 서울시립대학교 법대학생회, 숭실대학교 법대학생회,
중앙대학교 자주법대 학생회, 서울대학교 사법대학 총학생회, 동국대 법대
학생회, 동아대학교 총학생회, 경희대학교 법대학생회,경성대학교 법대학생
회,한국해양대학교 총학생회 및 법대학생회, 동아대 법대 및 총학생회, 동의
대학교 총학생회 및 법대학생회, 부경대학교 국제지역학생회, 부산대학교총
학생회 및 법대학생회,부산외국외대 총학생회

검찰은 MBC방송국에 대한 손해배상을 즉시 취소하라

전국공권력피해자연맹. 비리판사, 비리검사 기소추진운동본부 02-722-4889, 4820

판사 양심에 석궁을 쏘는 여자

사 법 정 의 국 민 연 대
(People's Solidarity for Judiciary Justice)

110-092 서울시 종로구 통일로 150-1 3층

전화 : 02-730-2581,팩스:02-730-4887,http://www.yeslaw.org

공권력피해문제연구소, 비양심법조인척결운동본부,

미래영상감정연구소, 정의언덕출판사

비리 판, 검사도 탄핵 못하는 국회가
대통령 탄핵이라니(2004. 4. 20. 성명서)

사개련 기자회견

사개련과 공구련은 22일 기자회견을 갖고 "비리 판.검사도 탄핵하지 못하는 국회는 대통령에 대한 탄핵을 철회하라"고 주장했다.

사법개혁국민연대와 전국공권력피해구조연맹은 4월22일 느티나무까페에서 기자회견을 갖고 대통령 탄핵 철회와 비리 판,검사에 대한 탄핵제도 마련을 국회에 공식 요구했다. 이 자리서 사개련은 "법조피해자들이 피눈물로 신청한 탄핵 청원서에 서명조차 하지 않았던 16대 국회가 정략적인 이해관계에 따라 대통령 탄핵안은 매우 신속하게 결정했다"고 비판하며 "16대 국회는 임기가 끝나기 전에 임시국회를 열어 탄핵을 철회해야 한다"

고 강조했다. 사개련은 또 대통령은 탄핵하면서도 사법피해자들을 양산한 비리 판, 검사 탄핵을 거부한 한나라당과 국회의 반성과 사과를 촉구하며 "새로 구성될 17대 국회는 조속히 비리 판, 검사 탄핵제도를 채택해야 한다"고 주장했다.

사개련은 만약 16대 국회가 국민의 바램을 외면할 경우 이들을 직권남용죄로 고발할 것을 천명하며 16대 국회가 '결자해지'의 자세로 탄핵을 철회할 것을 강력 요청했다. 다음은 사개련의 성명서 전문이다.

....

" 국회의 권능은 나라와 국민을 위해 존재 한다 ! "

국민들의 천부적 권리인 기본권은 절대 평등해야 한다. 그럼에도 불구하고, 작금 우리나라 사회에서는 권력과 돈이 사법정의를 좌우하는 경우가 흔하다. 이른바 '유전무죄 무전유죄' '유권무죄 무권유죄'가 현실이다. 국민들이 일상적으로 고통을 받고 있는 이런 현실은 물론이고, 노무현 대통령이 대통령이로되 국회권력에서 극소수 의석만을 가졌던 탓에 무권유죄가 되어 탄핵소추가 통과되고 말았던 것도 그 한 사례이다.

하지만 권력과 돈이 없는 국민들은 부패 권력의 좋은 먹이 감이 되어만 왔다. 약자인 국민들의 사법피해는 부패하기 짝이 없는 행정 관료를 거쳐, 그리고 부패한 검찰과 법원이 결정하고 판결하는데 그 원인이 있다. 이번 대통령 탄핵사태에서 여실히 드러난 것처럼 국민들 의사가 전혀 반영되지 않고 있는 사법심리란 일반 사법피해자들이 당하고 있는 엄청난 고통과, 대통령과, 전체 국민들이 감내해야 하도록 만든 계기가 되었다.

배심제는 물론이며 참심제조차 거부하고 있는 법조계, 검찰동일체 및 실질적인 법원동일체 원칙 등으로 인해 공정한 재판을 기대하기란 심히 어려운 것이 우리나라 사법현실이다. 결국 우리나라 법조인들이 이를 악용한 결과가 곧 우리나라를 부패지수가 세계적으로 높은 나라로 만들었다고 해도 과언이 아니다. 국회를 부패정치인들이 점령하도록 방조한 것도 기실 법조계의 잘못된 제도와 관행에 바탕을 두고 있는 측면이 강하다.

우리는 탄핵을 발의하여 통과시킨 한나라당과 민주당에 대한 국민들의 총선 심판, 바로 이것이 헌법임을 강조하고자 한다. 법조인 아닌 피해자 중심의 사법피해 구조에 발 벗

- 2 -

고 나선 것은 법이란 곧 상식이며 도덕이고 윤리이며, 正義란 법조문 아닌 상식과 진실이기 때문이다.

이제 국민들 상식에 입각하여, 국회와 한나라당과 민주당 및 자민련은 노무현 대통령 탄핵을 철회해야 한다. 한나라당 박근혜 대표 역시 상생과 통합의 정치를 하겠다고 공약한 바 있다. 하지만 그럼에도 탄핵에 대해 '법대로'를 외치며 헌법재판소에 맡기라고 주장하는 것은 표리부동의 극치라고 아니할 수 없다. 국민들 중 70%가 사법부를 신뢰하지 않는 작금의 현실에서 이런 자세는 배격되어 마땅하다. 기각 당하더라도 대통령을 마음껏 우롱이나 해보자는 것은 결국 국민을 우롱하는 처사이다.

진정한 정치를 위해서는, 부정부패를 척결하며 투명사회를 만들겠다는 공약대로 부질없는 탄핵으로 인해 발목이 잡혀 있는 민생문제 논의와 해결을 지연시키지 말고, 즉시 탄핵을 철회해야 한다. 박 대표의 말대로 넓은 어머니 마음을 보여줘야 할 것이다.

전국의 수많은 사법피해자들은 가진 자들의 폭거에 가정이 무너져 내렸다. 하지만 사법개혁을 외치던 제16대 국회는 지금까지 단 한 명도 비리 판검사에 대해서도 법조피해자들이 피눈물로 신청한 탄핵청원서(2000년 9월)에 서명조차 하지 않았다. 없는 국민들 외침은 무시한 제16대 국회가 무슨 권리로 대통령을 탄핵할 자격이 있단 말인가?

16대 박관용 국회의장은 국민의 심판을 받은 이제라도 즉각 임시국회를 소집하여 노무현 대통령 탄핵 철회의 건을 심의 의결토록 하라. 열린우리당 정동영 의장, 최병렬 대표(탄핵 당시)에서 박근혜 대표로 바뀐 한나라당, 조순형 대표(탄핵 당시)에서 한화갑 비대위원장으로 바뀐 민주당 등은 열린우리당 정동영 의장 및 각 당 원내대표들은 임시국회 소집에 즉각 합의해야 한다.

17대 국회는 비리 판검사, 그리고 탄핵 심판을 부당하게 강행한 헌법 재판관을 탄핵하고, 17대 국회는 국회 과반수 의석을 준 국민들 뜻을 받들어 열린우리당을 중심으로, 사법피해자들에게 살아있는 정의를 보여주기 위해 비리판검사 탄핵에 앞장서야 한다.

한발 더 나아가 17대국회는 노무현 대통령 탄핵소추 건에 대해 각하시켜야 마땅했음에도 불구하고 그 탄핵 이유가 상당하다고 보아 그 심리를 억지춘향 식으로 강행하고 있는 헌재 재판관들도 탄핵하도록 적극 검토해야 한다. 이렇게 판검사들에게도 재판을 잘못하면 국민을 대변하는 국회로부터 탄핵 당할 수 있다는 엄중한 경고의 본보기를 위해 다음과 같이 촉구한다.

- 다 음 -

1. 박관용 국회의장과 한나라당은 즉시 임시국회를 열어 탄핵을 철회하라.

2. 한나라당은 대통령도 탄핵하면서도, 비리 판검사 탄핵을 거부했던 사태를 사과하라.

3. 17대 열린우리당은 비리 판검사 탄핵과, 대통령 탄핵심판을 강행한 헌재 재판관 탄핵을 적극 검토하라.

4. 17대 국회가 국민의 함성을 외면하는 경우, 대통령 탄핵에 찬성한 각 당 대표와 국회의원들을 직권남용죄로 고발할 것임을 천명한다.

2004. 4. 22.
사법개혁국민연대. 공권력피해구조연맹

- 4 -

사기변론, 부실변론 너 떨고 있니?
"자질없는 불량변호사들 너무 많다"

부실변론, 사기변론, 너 떨고 있니?

재판이냐 개판이냐
짜고 치는 고스톱 청산을 위하여

사법개혁국민연대 · 공권력피해구조연맹

yeslaw.org (사개련), yesno.or.kr (공구련)

사법개혁국민연대 부설 정의로운재단

목 차

사기치는 법,
사기당하는 법

| 한번 '고'는 영원한 '고'는 타파! |

공권력피해구조연맹, 사법정의국민연대
yesno.or.kr(공구련), yeslaw.org(사법연대)

사법정의국민연대 부설 정의로운언덕

차　례

사법정의국민연대

(People's Solidarity for Judiciary Justico)

110-092 서울시 종로구 통일로 150-1 금호빌딩 3층

전화 : 02-730-2581, 팩스 : 02-730-4887, http://www.yeslaw.org

공권력피해문제연구소, 양심법조인운동본부,

미래영상감정연구소, 정의로운언덕출판사

새누리당은 전두환법(추징법)을 즉시 의결하여 민족정기 구현하라! (성공했습니다)

'전두환 법' 의결촉구 기자회견 및 성명서

사법정의국민연대 회원들이 24일 서울 영등포구 여의도 새누리당사 앞에서 기자회견을 열고 전두환법(추징법) 의결을 촉구하고 있다. 2013.6.24./뉴스1

신속한 전두환법 의결 촉구하는 시민단체

[IPM=정의철 기자] 사법정의국민연대가 24일 정오 서울 여의도 새누리당사 앞에서 '전두환법 신속한 의결을 위한 범시민 촉구대회'를 하고 있다. 참가자들은 4대강 사업으로 진 빚을 국민세금으로 메꾸려고 하지말로 전두환 전 대통령의 추징금으로 충당하라고 주장했다.

성 명 서

새누리당은 전두환법(추징법)을 즉시 의결하여,

부정부패한 대한민국을 정의로운 사회로 살려내라!

민주주의는 법치주의이다. 법이 건실해야 나라가 건실해 질 수 있으며, 견제와 균형이 조화를 이루게 될 때 나라가 바로설 수 있다. 법이야말로 민주국가의 근간이다. 대한민국을 바로 세우려면 법부터 바로 세워야 한다.

삼권분립은 입법, 행정, 사법기관이 서로 견제하면서 균형을 이루기 위한 민주주의의 가장 기본적 원칙이다. 그러나 현실은 각각의 권력기관이 저마다의 이익 챙기기에 급급한 총체적 야합체제를 이루고 있는 것이 대한민국 법치주의의 현주소라 해도 과언이 아니다. 오죽하면 '빳다제 분리법'이란 말이 나돌고 있겠는가.

- 2 -

세계적으로 유례가 없는 전관예우와 학연, 지연으로 결탁한 법조인들의 범죄행위가 연이어 터지자 지난 18대 국회에서는 사법개혁추진위원회가 신설되기에 이르게 되었으나, 짐작했던 대로 용두사미가 되고 마는 꼴을 다시 한 번 지켜보는 수밖에 없었다.

그 결과 검찰개혁 및 사법개혁이 박근혜 정부 및 제19대 국회의 가장 큰 과제로 떠오르게 되었던 것이나, 검찰개혁과 사법개혁이 번번이 실패하고 마는 꼴을 수십 년이나 지켜보고 있는 국민은 지쳐서 기대조차 하지 않는 실정이다.

이런 와중에서 전두환 전 대통령의 미납 추징금을 환수하기 위한 법안을 참여연대에서 2010년도에 제안했으나 국회는 무대책으로 시종일관한 결과 2013년 10월인 추징금 시효를 4개월 정도 앞두게 되자, 민주당의 몇몇 의원들이 '전두환 특별법'을 6월 임시국회에서 통과시키기 위해 때늦은 노력을 하고 있으나, 새누리당의 반대에 부딪쳐 시효연장에만 합의를 한 상태다.

또한 최근 남양유업과 편의점 사건들을 통해 갑의 횡포가 얼마나 심각한 수준인지가 드러나자, 국회는 뒤늦게 '남양유업 방지법'을 만들어서 갑의 횡포를 방지하기 위한 제도를 입법화하겠다고 한다. 이처럼, 불법적인 관행이 곪아터지고 마는 지경에 이르러 국민의 분노가 폭발하는 상황이 된 뒤에야 마지못해 대책을 세우는 척 뒷북만 치고 있는 것이, 대한민국 법치주의의 현주소이자 대한민국의 정치현실이다.

한 가지를 보면 열 가지 백가지를 알 수 있는 법이다. 수많은 국민의 생명을 잔인하게 유린하고 국민의 재산을 철저히 약탈하여 수천억 원대의 비자금을 조성했던 전두환 노태우의 숨겨둔 재산이나마 철저히 환수해서 일벌백계로 삼기 위한 대책을, 장장 16년이나 세우지 못하고 있다.

프랑스는 1944년 해방이 되자마자 민족반역자의 처리부터 서둘렀다고 한다. 그 이유는 민족정기와 사회정의를 바로 세우기 위해 반드시 거쳐야할 '의식'이라고 판단했기 때문일 것이다. 그로부터 50여년 이상, 그들은 일관되게 당시의 민족반역자들을 색출하여 처벌했다. 그렇게 오랜 세월동안 민족반역자들을 끈질기게 추색

해서 엄벌에 처할 수 있었던 근거가, 1964년 12월 상하원 합동회의에서 만장일치로 통과된 '전쟁범죄에 관한 시효 제거를 규정한 법률'이라는 소급입법에 의한 것이다. 그들은 해방 후 20년이나 지난 시점에서, 시효자체를 없애버렸던 것이다.

그렇게 처형(사형)당한 반민족행위자 수가 공식적으로 발표된 것만 무려11,200명이라고 한다. 그리고 약 1만명의 사람들이 강제노역 형에 처해졌고, 약3천명이 중노동 무기형을 선고받았으며, 공민권 박탈을 당한 사람은 4만명에 달한다고 한다.

대한민국에서의 반민족 행위자의 처벌 실태와 너무도 대조되는 것이 아닐 수 없다. 특히 언론에 대한 조치는 더더욱 엄격했다고 한다. 독일이 점령하고 있던 4년 동안 15일 이상 발행한 신문은 모두 나치에 협력한 것으로 간주, 폐간조치를 하고 신문사 재산을 몰수했다.

프랑스가 언론에 대해 그렇게 가혹한 처벌을 했던 것은 이들이 신문을 통하여 독일의 정책수행을 도왔고, 대중의 여론을 오도하는데 결정적 역할을 했다고 판단했기 때문이다. 반민족행위에 대한 강력한 처벌은 두 가지 의미가 있다. 하나는 말 그대로 죄에 대한 응징과 재발 방지이고 다른 하나는 국민화합이다. 죄를 지었는데 벌주는 것을 소홀히 한다면 정의가 무너진다. 더 중요한 것은 국민을 배신한 자를 가혹하게 다룸으로써 양심을 가지고 살았던 대다수의 국민들에게 자긍심을 심어주어 진정한 애국심을 가지게 되는 것이다.

우리가 다른 나라들에게 가장 부끄럽게 생각해야 할 부분이 바로 이 것이다. 세계 어느 나라를 보더라도 민족반역자들이 큰소리치며 사는 나라는 없다. 그 결과 '정신없는 민족은 정신없는 역사를 낳는 다' 라는 말 그대로 자살인구 세계 1위 국가가 되었고, 총체적인 부정부패가 판을 치는 나라로 전락하고 말았다.

- 4 -

대한민국의 법은 일제로부터 물려받아 군사독재 30년 동안 개악에 개악을 거듭한 지경이다, 게다가 제각각의 이익단체들이 로비활동을 통해 조직이기주의를 충분히 반영한 것이 대한민국 법치주의의 현주소다. 그와 같은 결과가, 갑의 불법적인 횡포도 부족해, 슈퍼갑의 불법적인 횡포와 만행으로 나타나는 수밖에 없었던 것이었다.

따라서 갑과 슈퍼갑을 위한 법과 제도를 개선하기 위해 제일 먼저 해결해야할 과제는 민족정기를 바로 세우는 것이며, 전두환 전 대통령의 추징금 환수 문제는 물론 노태우 전 대통령의 비자금 문제로 인해, '민족정기'가 국민적인 화두가 될 수 있는 기회를 갖게 되었다.

제아무리 불법적인 방법으로 조성한 자금이라 할지라도, 그리고 당연히 추징되어야 할 불법자금이라 할지라도, 공소시효나 추징시효가 완료될 때까지 조세피난처에 페이퍼 컴퍼니를 만들어서 슬그머니 숨겨둘 경우 안전하고 확실한 자산으로 둔갑될 수 있는 우리의 법률적 환경이, 은닉해야할 자산을

- 5 -

갖고 있거나 가질 수도 있는 자들은 영원히 유지되기를 바랄 것이다.

따라서 박근혜 정부가 전두환 전 대통령이 고의적으로 숨겨놓은 은닉재산을 시효가 지나 영원히 추정할 수 없도록 방치한다면, 과연 온갖 부정부패를 척결하고 갑의 횡포를 기필코 저지할 의지와 능력이 없다 할 것이다.

그러나 권력을 가지고 온갖 악행을 저지른 <<전직 국가 흉악범죄자들만을 위한 특별법>> 이라고 할 수 있는 <<전두환법>>의 제정은, 권력을 가지고 해먹고 튀면 그만이라는 패악의 사슬을 끊음으로써 역사 앞에 공소시효가 없음을 만방에 알리고, 현직은 물론이고 전직 고위 관리들에게 충분히 일벌백계의 효과를 거둘 수 있을 것이다. 그로인해 유전무죄 무전유죄, 무권유죄 유권무죄인 세상을 바로잡을 수 있는 좋은 본보기가 될 것이다.

이에 본 사법연대는 다음과 같이 촉구한다.

- 다   음 -

1. 박근혜 대통령은 총칼로 국가를 정복한 후 국민재산 강탈한 전두환법(추징법) 먼저 의결하라!

2. 새누리당 황우여 대표는 연좌제 및 이중처벌, 과잉금지 등으로 반대하지 말고, 전두환 법 즉시 의결하라!

3. 새누리당은 전두환추징법을 만들어, 실업자 구제하는데 사용하라!

4. 새누리당은 전두환추징법을 만들어, MB가 4대강 삽질한다고 탕진한 국가 빚을 충당하라.

5. 전두환은 숨겨둔 재산 모두 국가에 반환하고, 자식들과 손잡고 국민들에게 머리 숙여 사죄하라 !

2013. 6. 24.

사법정의국민연대, 공권력피해구조연맹,
중소기업살리기운동본부, 민족정기구현회, 충북환경연대

사법정의국민연대

(People's Solidarity for Judiciary Justice)

110-092 서울시 종로구 통일로 150-1 금호빌딩 3층

전화 : 02-730-2581, FAX : 02-730-4887, http://www.yeslaw.org

공권력피해문제연구소, 비양심법조인척결운동본부,

미래영상감정연구소, 정의언덕출판사

대법원장은 전 대법관들에게 변호사 개업신고서 반납을 권고하라!!

성 명 서

서울중앙지방법원에서는 근대사법 및 한성재판소 설립 120주년을 맞아 오늘(11일) '1895~2015 소통 컨퍼런스'를 개최한다고 한다.

'역사에 비춰 본 바람직한 법관상'을 주제로 한 이번 컨퍼런스는 법원이 국민과 대화·소통의 장을 갖고 이를 제도 개선의 기회로 삼기 위해 마련한다고 하니 국민으로서 환영

할 만한 일이다. 서울중앙지법의 이러한 움직임은 그동안 전관예우에 기대어 자행된 고위직 법관의 도덕적 해이에 대한 자기반성의 결과물이라고 이해하고 받아들이고 싶다.

법 집행자들은 국민이 준 권력이다. 그러나 그 권력을 남용해 국민을 재산과 인권을 약탈하는 사건들이 부지기수인데도 이를 저지할 국가도 기관도 없다면 국민은 민주주의 국가에 사는 것이 아닌,「사법(司法)독재국가」에서 살고 있다 할 것이다.

그러한 증거로 이 나라 법조계는 세계에서 유례를 찾아 볼 수 없는 전관예우와 학연, 지연, 직연, 청탁 등이 판결과 처분을 좌우하면서 판. 검사는 대통령보다 더한 초법적 권력을 행사하는 집단독재자로 군림하고 있기 때문이다. 이러한 사법풍토 때문에 돈만 주면 어떠한 범죄도 세탁되다보니 소송사기꾼들이 판을 치고 있다. 한 시민단체의 여론 조사에서도 국민 80% 이상이 사법부를 불신하는데도 불구하고, 그 누구도 이에 대한 책임 있는 발언을 하는 사람은 없다.

그런 와중에 대한변호사협회 신임 회장 하창우변호사는 공익재단법인 동천 이사장으로 내정된 차한성(61·사법연수원 7기) 전 대법관의 변호사 개업신고를 23일 반려한데 이어 박상옥(59·11기) 대법관 후보자에 대해서도 '대법관 퇴임 후 변호사 개업을 포기하겠다' 는 내용의 서약을 요구해, 전관예우 근절을 위한 '하창우식 법조개혁'의 신호탄이란 평가도 나오고 있다.

대한변호사협회가 차한성 전 대법관의 변호사 개업 신고를 수리하지 않은 것은 법조계의 고질적인 전관예우에 극약처방을 내린 것으로 해석된다. 그럼에도 현재 서울에서 변호사로 활동 중인 전직 대법관은 37명이다. 김앤장 법률사무소, 법무법인 태평양, 세종. 율촌, 화우, 바른 등은 2명 이상의 전직 대법관을 고용하고 있다. 개인 사무소를 개업한 전직 대법관은 14명이라고 한다.

변협이 차 전 대법관에게 개업신고 철회를 권고하며 근거로 내세운 것은 대법관 출신 변호사들의 전관예우가 지나쳐 제동을 걸 필요가 있다는 업계 지적 때문이다. 퇴직 대법관 들은 개인에 따라 차이가 크지만 보통 짧은 기간 안에 수십억 원대 소득을 올리는 것으로 법조계에 알려져 있다. 고액 수임료 논란으로 총리 후보에서 낙마한 안대희 전

판사 양심에 석궁을 쏘는 여자

대법관은 퇴직 후 개인사무소를 차려 5개월간 16억원을 벌었다.

이용훈 전 대법관은 2005년 퇴직 후 5년 동안 약 60억원을, 박시환 전 대법관은 18개월 간 19억5,000만원 상당의 수임료를 받았다는 것이 업계의 정설이다. 전수안·김영란 전 대법관이 개업 포기를 선언하면서 사회적 반향을 일으킬 만큼 '대법관 퇴직→변호사 개업→고액 수임료'는 당연한 코스로 인식되기도 했다.

이들의 몸값이 전관예우 정도에 따라 결정된다는 것 또한 법조계의 '검은 상식'이다. 법정에서 직접 변론하지 않고 본인 명의가 들어간 서면 제출만으로도 후배 법관들의 판결에 영향을 미칠 수 있다고 해서 이들의 수임료가 '도장 값'으로 불리기도 한다. 변호사 2만 명 시대에 상당수 변호사들이 사무실 유지조차 힘든 상황도 전관예우에 대한 불만이 높을 수밖에 없는 이유다.

하지만 이 같은 법조직역에서의 자기반성에도 불구하고 법무부는 차한성(61·사법연수원 7기)전 대법관에 대해 지난 4월 29일 '대한변호사협회가 개업신고서를 반려한 것과 상관없이 변호사 업무를 할 수 있다'는 유권해석을 내놓았다.

법무법인 태평양에 따르면 법무부는 "변호사 개업 신고는 형식적인 요건만 갖춰지면 가능하다" 며 "개업신고서가 대한변협에 도달하면 변호사 개업이 된 것"이라고 유권해석을 했다는 것이다. 하지만 이 같은 법무부의 유권해석은 전직대법관에 의한 약탈적 수임행위를 방임하겠다는 것이다.

법무부의 유권해석 직후, 대한변협의 지적과 같이 '차 전 대법관이 변호사로 등록은 돼 있기 때문에 공익법인의 이사장으로 활동이 가능함에도 공익법인이 아닌 법무법인 태평양의 소속변호사로 채용되려는 것은 공익활동을 하려는 게 아니라 사건 수임을 목적으로 하는 것으로 보인다'고 비판한 것에 본 단체들은 전적으로 공감하기 때문이다.

따라서 대한변협 하창우 회장의 전관예우 척결운동이 사법개혁으로 까지 이어질 수 있는 길은 차한성 전대법관만이 변호사 영업을 못하게 하는 것이 아닌 전 대법관 37명들에게 자진해서 변호사 개업 신고서를 반납하는 운동만이 법치주의를 실현하는 길이요. 유전무죄, 무전유죄를 척결하는 길이며, 나아가 공정하고 공평한 사회가 되는 길만이 자살인구 세계 1위인 대한민국을 바로 세우는 길이 될 것이다.

따라서 전관예우를 척결을 위한 전 대법관들의 변호사 업무를 포기하는 운동이 없는 한, 바람직 법조인 상을 그릴 수조차 없을 것이다. 이에 본 단체들은 바람직한 법조인 상 구현위해 다음과 같이 촉구한다.

- 다 음 -

1. 박근혜 대통령은 전 대법관들 36명에게 변호사 개업신고서를 자진 반납하도록 권고해, 청년 변호사들이 변호사 업무를 할 수 있도록 하라 !

2. 대법원장 양승태와 법무부장관 황교안은 전 대법관들에게 변호사 개업신고서를 자진 반납하도록 권고해, 부정비리로 타락한 사법부를 바로세우고, 사법정의가 강물처럼 흘러 정의가 꽃피는 사회로 만들어 주길 촉구한다.

3. 전 대법관들은 지금부터라도 변호사 자격증을 이용해 돈 버는 업무는 포기하고, 법조인 명예와 품위를 지켜라!.

- 4 -

4 목영준 전 헌법재판관과 이홍훈 전 대법관, 김석수 전 대법관, 김용담 전 대법관등은 변호사 개업신고서는 자진 반납하고, 정의로운 법치국가 만들기에 앞장서라!

2015. 5. 11.

사법정의국민연대, 공권력피해구조연맹, 민족정기구현회, 충주환경시민연대

- 5 -

사법정의가 아니면 차라리 나를 쳐형하라!
(돈은 구걸 말고 당당히 요구하라!)

사법정의국민연대

성 명 서

"사법정의가 아니면 차라리 나를 쳐형하라!"

역사를 돌이켜 보면 왕조의 멸망은 법과 제도의 문란에서부터 비롯됐으며, 몇몇 폭군이 신하들의 간언을 무시하고 법 위에 군림했을 뿐, 전제군주 시대의 왕도 법위에 군림하지 아니하였다.

역대의 군주들이 법위에 군림하는 것을 스스로 경계한 이유는 법 기강이 무너질 때 윤리와 도덕이 함께 무너지면, 그것이 왕조 멸망의 전조가 되기 때문인 것이다.

- 1 -

국가와 국민을 위한다는 집권자(권력자)는 통지수단으로 공권력을 앞세운다. 하지만 그 공권력을 절대적으로 공평할 수도 없고, 이성적일 수가 없다는 데에 문제가 있는 것이다. 대한민국 정부가 수립 된지 반세기가 지난 현재까지 과연 집권자는 공권력을 행사함에 있어서 자기의 현명함과 이성에 충실했던가를 역사에 묻지 않을 수가 없다.

성명인은 여기에서 먼저 긍정적 보다는 부정적 울분을 감출수가 없다. 용공분자를 색출한다는 명분으로 관제 빨갱이를 만들어 이들 가족까지 연고제를 적용했고, 사회 질서를 바로 잡는다는 구실 아래 삼청교육대를 만들어 수많은 사람의 인권을 유린했으며, 언론을 정화하고 개혁한다는 명분으로 수많은 언론인을 강제 해직시켜 생존권을 박탈하지 않았던가?

광주민주화운동희생자, 6.10 민주항쟁희생자, 각종 민주화 구국운동에 참여하다가 피해를 입고 희생된 학생, 노동자, 기업인, 종교인, 교수, 문인, 연예인 등 실로 공권력 피해자는 그 수를 헤아리기조차 어렵다.

이처럼 통치권자의 공권력 남용을 방지하기 위하여 공권력의 남용이나 불행사에 대해 감시, 감독을 해온 유일한 단체였다. 참여정부와 함께 사법개혁을 이루고자 '사법개혁국민연대"를 창립하여 사법개혁위원회가 설치되도록 기여를 했다. 또한 "공권력비리조사처" 신설이 되도록 하고자 지난해에 "변호사피해사례집"을 발간을 했으며 이어 "공권력피해사례집" 을 발간하기 직전에 구속되는 수모를 당했다. 그러나 성명인의 단체는 공권력피해구조 뿐만이 아닌, 공권력이 학연, 지연, 전관예우, 정치적 압력이나 청탁" 등으로 해방시켜주는 역할도 하게 된다.

그 이유는 비리 공권력을 고발하여 비리 공권력이 처벌받아야 피해자가 구조되기 때문에 필연적으로 비리 공권력을 고발할 수밖에 없으며, 따라서 공

판사 양심에 석궁을 쏘는 여자

권력은 공구련에 지적당하지 않기 위해서는 공권력 스스로 법과 양심에 따라 집행할 수밖에 없기 때문이다.

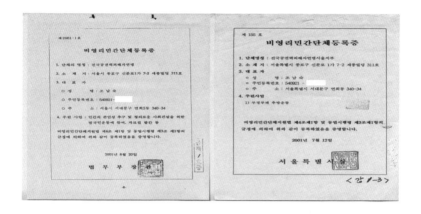

참여정부의 공약사업인 "경찰수사권 조정" 이 추진 중에 있던 차에 '경찰도 파업 할 수 있다" 의 저자이며, 정치학박사요, 자치경찰연구소장인 문성호와 17대 총선에 낙선한 김 씨를 사개련 협동사무총장으로 임명한 결과 2개월도 아니 되어 수 십 차례 성명인은 집단폭행과 업무방해를 당했으나 경찰은 나 몰라라 했다. 위자들이 단체를 강탈한 명분은 다름 아닌 검찰의 무소불위의 권력을 타파하는 것은 경찰수사권독립 만이 해결책이라고 회유하였고, 검찰 피해자들이 많았던 공구련 회원들은 동조를 하게 되었다.

1999. 1.경 단체 내분으로 발생된 사건으로 부당하게 2002년경 유죄판결로 집행유예기간 이었던 것을 기화로 다시금 1999년도 무고했던 상습사기꾼 (100회 이상 고소 하다가 무고죄로 2회 구속된 고소병에 걸린 비정상적인 할머니) 송남옥을 앞세워 모방범죄를 하였고,

서울지검 최정숙 검사는 유죄 판결문이 이미 "무혐의" 되었던 사건을 성명인 의 운동을 못하게 할 목적으로 조작된 유죄 판결문인지도 모르고 최정숙검 사는 구속영장을 신청했다.

- 3 -

성명인이 구속되자 회비조차 내지 않은 문씨와 김씨는 사문서위조, 전과가 수십 건인 정구진과 시기석을 앞세워 사무실을 강제 점유하였고, 사개런 홈 피마저 절도하여 문씨 멋대로 허위 사실로 성명서를 발표했다. 그러나 검찰 조사나 재판결과 "변호사 알선료, 신문방송보도 알선료, 책출판비용, 시위동 원비" 등 돈을 갈취하기는커녕 성명인의 남편 퇴직금까지 털어 책 내주고 사 무실운영비를 사용했던 것이며, 조사조차 받지 않은 금 600만원을 기소한 결과 무죄판결을 받았다.

그럼에도 1심 재판장마저도 금 450만원짜리 사건에 보석신청마저도 허가하 지 않았으며, 비정상적인 할머니들을 선동하여 무고 교사한 문씨와 김씨는 증인으로 채택조차 아니하고 유죄판결을 했다. 그 뿐인가, 법무부에 허가 난 단체 정관대로 운영한 것이 사실이라면 무죄가 분명했던 관계로 고의적으로 법무부에 문서송부촉탁신청을 채택치 아니한 채 날치기 유죄선고를 해버렸

- 4 -

다. 2002년도 사건 역시 무고했던 자들이 제출한 녹취록에 의한 증거신청을 했으나, 단3회 날치기 재판으로 유죄를 판결했다.

이처럼 대법원까지 패소한 사형선고를 받은 피해자들을 구조하는 운동임에도 원심 재판장은 성명인이 회원들 상대로 "사건을 해결해 주겠다고 꼬여 그것도 연 회비 10만원을 받은 것이 맞다" 라고 무고했음에도 검사나 판사는 연회비 10만원을 받고도 구조할 능력이 있다고 보아 고소인들의 손을 들어주었다. 결국 성명인은 고소한자들을 모두 구조해주었으며 구조에 감사표시로 경비와 사무실 운영비를 후원한 것 밖에 없다.

그러나 법무부장관은 변호사가 아닌 성명인에게 '공권력피해자들을 구조하라고 등록을 허가했다' 그런데도 재판장은 '변호사가 아닌 자가 피해자들을 구조했다 "고 실형을 선고했다. 법무부 역시 "진상확인을 위한 조사는 공공의 이익이 아닌 회원들의 이익을 운동이다" 라고 비영리민간단체 등록을 말소를 했다.

훌륭하신 영감님들의 꿈을 해몽한다면,

"님은 보지 말고 뽕만 따는 운동을 해야 한다. " 라는 것이다.
　　즉 피해자구조 없이 - 인간의 존엄성을 외치고,
　　　　피해자 없이- 정의사회 외치고,
　　　　피해자 없이- 사법개혁 외치고,
　　　　피해사례 없이- 세미나 개최하고,
　　　자료집 발간을 해야 한다." 라는 취지로 말소를 했다.

즉 법무부의 말소 취지가 현 사법부의 현주소요, 법조인의 인격과 양심수준
이다. 결국 사법부는 그 누구에게도 관섭이나 감독, 감시를 받지 않겠다는
것이며. 받아서도 안 된다는 것이 사법개혁을 하겠다는 사법부의 의지인 것
같다. 그러나 공권력은 올바르게 행사되어야 한다. 특히 공권력의 남용을 견
제하는 사법부는 그 재판에 공정성이 지켜져야 하고 독선과 편견을 일소하
고 오류와 오판이 없도록 하여야하며 국민에게 봉사하는 기관으로 거듭 태
어나야 할 것이다.

공권력은 인간이 인간답게 살 수 있도록 봉사하는 일에 행사되어야하고 특
히 개인의 사유물로 악용되어 인간을 탄압하는 폭력으로 무기화 되어서는
아니 될 것이다. 이시대의 독립군이 공구련은 독재사법부와 참여정부를 향해
다음과 같이 촉구한다.

1. 사법정의가 아니면 차라리 성명인을 처형하라!

2. 참여정부는 국민과 약속한 즉시 공수처를 설치하라!

3. 검찰은 독립군 텃밭을 (공구련과 사개련) 공중분해 시키기 위해 짜고
   치는 탄압이 아니라면 문성호와 그 일당들을 즉시 구속하라!

4. 은혜를 원수로 갚는 무고한자들을 구속하여 법질서를 바로 세워라!

5. 연 회비 금10만원 짜리 사건도 누가 범죄자인지 수사도 재판도 못하는
   수준미달 판, 검사 즉시 징계하라!

6. 사법부는 비영리민간단체 지원법을 인정하여 즉시 무죄로 선고하라!

7. 법무부는 성명인의 단체등록 말소에 대하여 국민 앞에 사과하라!

8. 헌법재판소는 성명인에 대한 변호사법위반은 위헌임을 결정하여 국민의
   자유권, 구조받은 권리를 보장하라!

2005. 12. 1.

사법정의국민연대, 공권력피해구조연맹